HARTWIG HAUSDORF
Das chinesische Roswell

HARTWIG HAUSDORF

Das chinesische Roswell

NEUE AUSSERIRDISCHE SPUREN IN OSTASIEN

Mit 40 Abbildungen

HERBiG

Bildnachweis:
Alle Abbildungen aus dem Archiv des Autors, außer:
Peter Krassa 6, 8 (Walter Hain); Luc Bürgin 16, 17; Erich von Däniken 21, 25, 28-33; Alex Knörr 22; Robert M. Schoch 34, 35, 37

© 2013 F. A. Herbig Verlagsbuchhandlung GmbH, München,
für die deutschsprachige Ausgabe
Alle Rechte vorbehalten
Umschlaggestaltung: Wolfgang Heinzel
Umschlagmotiv: ARTSILENSE/Shutterstock-images
Satz: EDV-Fotosatz Huber/Verlagsservice G. Pfeifer, Germering
Gesetzt aus: 11,25 pt/14,5 pt Minion Pro
Druck und Binden: GGP Media GmbH, Pößneck
Printed in Germany
ISBN 978-3-7766-2726-8
Auch als ebook

www.herbig-verlag.de

Inhalt

Vorwort
Erich von Däniken 9

Einleitung
Kein Blatt vor den Mund
Dank und Gedanken an meine Leser 14

1 Stets eine Nasenlänge voraus
   Die genialen Söhne der »gelben Götter« 18
   »Der vom Himmel Gekommene« 20 · Steinzeitliche Helmträger 22 · Särge in den Bäumen 24 · Überwindung der Schwerkraft 25 · Wer hat's erfunden? 27 · Auf dem Prüfstand 29 · »Beam me up« 31 · Faszinierende Darbietung 32 · Nackt im ewigen Eis 34

2 Das Mysterium von Baian Kara Ula
   »Chinesisches Roswell« vor 12 000 Jahren? 36
   Riesenköpfe auf kleinen Körpern 37 · Die eigentliche Sensation 39 · Abgestürzt! 41 · Gute Übersetzer 43 · Auf Spurensuche 45 · Chemische Analysen 48 · Unverhofft kommt oft 49 · Wie vom Erdboden verschluckt 52 · Zwergenaufstand 53 · Verhängnisvolles Schwermetall 55 · Inzucht und Isolation 56 · Immer wieder: Begegnungen mit Zwergenwesen 58 · Neue Spuren und Wege 60

3 **Auf alten Spuren zu neuen Ufern**
Expedition zu den Pyramiden Chinas 62

Bodenlose Abgründe und kuriose Funde 63 · Der Schacht existiert! 65 · Magische Spiegel 67 · »... eine gigantische weiße Pyramide« 69 · 1000 Fuß sind 300 Meter 70 · Wenn Träume wahr werden 73 · Im »Tal der Pyramiden« 75 · Unterirdische Einblicke 77 · Arbeit für künftige Generationen 79 · Standortbestimmung 81 · Die unterirdische Welt von Huangshan 84 · Wie mit dem Buttermesser 86

4 **Chinas allgegenwärtige Drachen**
Wunderwaffen am Himmel über Fernost 88

Im Schatten der Riesenechsen 89 · Der Strom der Unterwelt 92 · Verwirrend viele Drachentypen 94 · Von Himmelssöhnen und Urkaisern 96 · Höhenflüge 99 · Das geflügelte Pferd vom Fuxian-See 101 · Die Wege der Drachen 103 · Gerade angeordnet 105

5 **Astronautengötter auf dem Dach der Welt**
Fliegende Perlen und eherne Schlangen über Tibet 107

Zeichen und Visionen 108 · Im »Jahr des eisernen Drachen« 110 · Die schwebenden Läufer des Lunggom 112 · Fliegende Kugeln und Eier am Himmel 113 · Abstieg vom »Himmelsseil« 114 · Ein Lehrmeister entschwindet 116 · Die Schwerelosen 118 · Expedition Roerich 120 · Die Krieger von Shambhala 122 · Holografische Illusionen oder heißer Draht zu E.T.? 124

6 Geheimnisse der Mongolei
Schreckensklöster im Lande der Dämonen 127

Durch albtraumhafte Landschaften 129 · Schrecken aller Mönche: Der Tschöd 131 · Wahnsinn oder missverstandene Technik? 132 · Rüsselwesen in aller Welt 134 · Im Kloster von Tuerin 135 · Grünes Leuchten 137 · Grenzenloses Entsetzen 138 · »Silbermenschen« von den Sternen 140 · Mysterien der Salzwüste 141 · »Man würde mir nicht glauben ...« 143 · »Filmriss« 145

7 Die Söhne der Sonnengöttin
Japans Mysterien –
zu Land, zu Wasser und in der Luft 148

Steinzeiträtsel 150 · Aus dem Orbit zur Erde 152 · Schlag nach bei Einstein 154 · Das Volk ohne Stammbaum 156 · Mord am Mittler zwischen Mensch und Göttern 158 · Prähistorische Raumanzüge 159 · »Unsere Beobachter sind der Ansicht ...« 161 · Megalithisches Japan 164 · Yonaguni: Pyramide unter Wasser? 165 · Landbrücke nach Taiwan 167 · Schatten auf den Mauern 169 · »Jedenfalls in neuerer Zeit« 171 · Geheimnisvolle »Schilfmenschen« 173 · UFOs am Himmel über Japan 175 · »Nichts rechtfertigt es zu bestreiten ...« 177

8 UFOs im Reich der Mitte
Der unzensierte Himmel über China 180

Der lange Weg zurück 181 · »Schattenjäger« und »Foo Fighter« 183 · Darwin und das *Kommunistische Manifest* 186 · Nachholbedarf in Sachen UFOs 187 ·

In politischen Kategorien 189 · Liberaler als im Westen 191 · Qualifizierte Augenzeugen 192 · Massensichtung mit tragischem Ausgang 194 · Auf Kollisionskurs 195 · Vorreiter in Sachen offene Archive 197 · Wie in uralten Zeiten 199 · Unheimliche Begegnung auf der Landstraße 201

9 **Inbegriff des Albtraums**
   Das nächtliche Grauen geht um 203

Unheimliche Begegnungen der vierten Art 204 · Kleinwüchsiger Albtraum 206 · »Mischung aus Grille und Hornisse« 208 · Whitley Striebers hartnäckige Besucher 210 · Deckerinnerungen 212 · Beklemmende Einsichten 214 · Der berühmteste Fall 216 · Starker Tobak 218 · Nichts Neues unter unserer Sonne 221 · Im Schutz der Nacht 223

10 **»Alte Rechte«, oder:**
   Der Sinn hinter der Maske des Absurden 225

Archetypische Erfahrung 226 · Schöpfung im Genlabor 228 · Besitztum oder Verzweiflung? 231 · Verblüffend gleiche Erscheinungsbilder 233 · Dramatische Konsequenzen 235 · Die Zeichen stehen günstig 237 · Von Angesicht zu Angesicht 239

Anhang
Begriffserklärungen 242
Danksagung 257
Quellenverzeichnis 259
Register 267

Vorwort

Erich von Däniken

Lieber, verehrter Leser,

Muss eigentlich jeder, der von einer Sache angetan ist, gleich ein Buch darüber schreiben? Ertrinken wir nicht längst in der Papierflut? Werden nicht alleine im deutschsprachigen Raum jährlich über eine Million Manuskripte angeboten? Wer soll das alles drucken, verbreiten, lesen? Und überhaupt: Wozu noch Bücher, wo die elektronischen Medien ohnehin viel bequemer zu konsumieren sind?

Die Präastronautik, oder – etwas wissenschaftlicher – die Paläo-SETI-Hypothese, ist ein junger Forschungszweig. Jung, gemessen an den alten, etablierten Schulen der Mathematik, der Geometrie, der Medizin oder meinetwegen der Religionswissenschaften. Im letzteren Falle hat uns die viel gepriesene wissenschaftliche Methode der Recherche, der Analyse und des Vergleichens keinen Deut weitergebracht. Jahrhundertelanges Nachdenken von klugen und sicher integren Gelehrtengehirnen erbrachte weder Antworten noch Beweise zur Frage von Gott und den Göttern. Zwar versinkt man in einer unendlichen Literaturflut über »die Exegese«, die Deutung, doch ihre Resultate entsprechen bestenfalls der Ansicht des betreffenden Gelehrten. Seit x Generationen streiten sich die klugen Köpfe über den Sinn irgendeines Wörtchens, über den Stamm einer Silbe, die Bedeutung eines Anhängsels. Klargemacht worden ist gar nichts. Aus dem theologischen Nebel stiegen dauernd neue Wolken – nur nie plausible Antworten über Gott und die Götter.

Hätte nicht die Presse aufwachen, die cleveren Journalisten mal rebellieren sollen? Schließlich geht es uns alle an. Oder interessiert es Sie nicht, welcher Gott – wenn schon – uns erschuf? Was für seltsame »Götter« mit unseren Vorfahren herumspielten? Wozu wir eigentlich leben, und weshalb unser Gehirn so programmiert ist, wie es seit Olims Zeiten programmiert ist? Ist es Ihnen schnurzegal, ob es von der Vergangenheit bis in die Gegenwart »unbefleckte Empfängnisse« gegeben hat? Ist dies Ihnen auch dann wurst, wenn die Produkte dieser rätselhaften Geburten Ihr persönliches Leben und das Ihrer Urururgroßväter beeinflusste?

Wie bitte? – Aber, verehrter Leser, wir leben doch alle in einer Welt, die seit Kindesbeinen von der Religion und der Wissenschaft beeinflusst wird. Die Vorschriften, die uns allen gemacht werden, sind in der Vergangenheit gewachsen. Viele dieser Vorschriften sind gut, sogar brillant, und müssen eingehalten werden, damit wir uns nicht gegenseitig umbringen, bestehlen und belügen. Andere Vorschriften stinken wie vergammelter Käse bis in unsere Gegenwart. Sie vernebeln die Sinne und verhindern die Sicht.

Weder von theologischer noch von naturwissenschaftlicher Seite ist eine logische und rundum akzeptable Antwort auf die Frage nach Gott und den Göttern zu erwarten. Die Religionen bunkern. Sie wollen nichts Neues. Die Stange, um im Nebel zu stochern, wird weitergereicht. Und die Journalisten haben nicht gemerkt, wo echte Sensationen zu holen sind. Aber die Naturwissenschaft, muss die nicht an neuen Erkenntnissen interessiert sein?

Was wir heute als »Naturwissenschaft« bezeichnen, ist knappe 400 Jährchen alt. Damals, im Jahre 1620, veröffentlichte der britische Staatsmann Sir Francis Bacon (1561–1626) ein Werk des Titels *Novum Organum*. Darin wurde detailliert festgelegt, wie wissenschaftliche Forschung zu funktionieren habe. Sir Francis Bacon ärgerte sich regelrecht über die Unwissenschaftlichkeit und den Aberglauben seiner Zeit. Um diesem Zustand ein Ende zu bereiten, verlangte Bacon das jederzeit wiederholbare Experiment. Ausgangspunkt jeder Erkenntnis sei die Erfahrung, schrieb Bacon, und zwischen der Erfahrung und dem Verstand müsse eine »Ehe« geschlossen werden. Für Sir Francis Bacon war Wissen ein Mittel zum Zweck (»Wissen ist Macht«). Auf dem direkten Weg zur Erkenntnis müssten alle Trugbilder (die sogenannten »Idole«) ausgeschaltet werden. An diese Spielregeln von Sir Francis Bacon halten sich alle Naturwissenschaftler bis auf den heutigen Tag. Sie wollen nicht zur Kenntnis nehmen, dass dadurch ein verzerrtes Bild der Realität entsteht. »Intuition« oder »Fantasie« gelten genauso als »Trugschlüsse« wie eine UFO-Sichtung. Der Dialog eines Menschen mit einem »himmlischen Lehrmeister« muss a priori ein »Trugschluss« sein, denn »himmlische Lehrmeister« gab es nie. Die wissenschaftliche Methode à la Francis Bacon hat keinerlei Sensoren. Man wiegt sich rasch in einer »exakten Sicherheit«, die übermorgen über den Haufen geworfen werden kann. Wenn es keine wissenschaftlichen Messgeräte gibt, um Telepathie nachzuweisen, dann gibt es auch keine Telepathie. Wenn weder Menschen noch das Material derart haarsträubende Flugmanöver aushalten, wie sie von UFOs beschrieben werden, dann gibt es auch keine UFOs. Wenn jahrtausendealte Felsbilder ein UFO mit einem Männchen im Astronautenlook zeigen, dann handelt es sich niemals um das, was von der Felswand prangt, sondern um die Fantasie des Felsbildkünstlers oder um die Reproduktion eines Naturereignisses. Wenn in uralten Überlieferungen – niedergeschrieben in der ersten Person, der Ichform – behauptet wird, irgendwelche Göttergestalten hätten dieses oder jenes verlangt, verkündet, befohlen: dann war der Schreiber ein Fantast, ein Träumer, ein Lehrer, der in Gleichnissen sprach, oder meinetwegen sonst ein Hornochse. Nur eines nicht: Ein Realist, der ein wirkliches Ereignis beschrieb und ein wirkliches Gespräch wiedergab. Erstaunlich ist bei dieser Logik eigentlich nur, weshalb die Theologen aus dem (angeblich falschen) Ereignis eine Religion mit dem ganzen Wissenschaftsschwulst darum herum bauten. Die Naturwissenschaft lehnt die »Nicht-Ereignisse« (»Trugschlüsse«) ab – doch die Theologie zementiert exakt darauf ihre Wissenschaft.

So erweist sich der von Francis Bacon vorgeschlagene Weg zur Erkenntnis in mancher Beziehung als Einbahnstraße. Er verleitet zu vorschnellen Positionen, die nur schwer wieder rückgängig gemacht werden können.

Daraus ergibt sich, dass die Naturwissenschaft an irgendwelchen Göttern der Vorzeit nicht interessiert ist – und die Theologie noch weniger, denn die versucht ja eben seit Jahrhunderten, ihre alten Vorurteile zu tradieren. Beide Haltungen müssen sich auf die Gesellschaft auswirken, in der wir leben. Deshalb wagt sich auch kein seriöses Magazin, keine Tageszeitung an eine vorurteilsfreie Behandlung des Themas. Außerirdische im Altertum? Eine Beeinflussung des Menschen von außerhalb der Erde? UFOs? Gibt es nicht. Alles »Trugschlüsse«!

Und sollte es gar einer wagen, dennoch diese unmöglichen Dinge zu publizieren, so landet er rasch im Netz der Lächerlichkeit, ausgelegt von den selbst ernannten Hütern der wahren Lehre. Das sind (unter anderem) die Damen und Herren des »Committee for Scientific Investigation of Claims of the Paranormal«, abgekürzt CSICOP. Die Mitglieder dieser neuen Inquisition tragen zwar keine Kutten mehr, doch bearbeiten sie alle möglichen Institutionen mit »wissenschaftlichen« Briefen und Argumenten, damit die bisherige »reine Lehre« nicht verwässert werde.

Wie man sieht, ist es tatsächlich notwendig, dass jeder, der von seiner Sache angetan ist und auch noch das Glück hat, einen guten Verleger zu finden, Bücher schreibt. Ohne das Buch würde sich gar nichts bewegen. Die Theologie und die Wissenschaft blocken ab. Über neue Ideen und Theorien kann es nicht genug gute Bücher geben. Bücher liefern den Gesprächsstoff. Und was Hartwig Hausdorf in diesem Buch mitzuteilen hat, ist bislang noch nicht geschrieben worden. Ich wünsche Ihnen eine spannende Reise in den fernen Osten!

Erich v. Däniken

Einleitung

Kein Blatt vor den Mund
Dank und Gedanken an meine Leser

Ein Schreckgespenst geht um. Wann es das Licht der Welt erblickte, ist nicht ganz klar. Mir selbst ist es zum ersten Mal gegen Mitte der 1990er-Jahre unangenehm aufgefallen. *Wo* es geboren wurde, ist indessen ziemlich sicher auszumachen: In den kranken Köpfen einiger selbst ernannter »Gutmenschen« und ideologisch versauter »Berufsaufreger«, die uns kleinklein vorgeben wollen, wie und was wir zu denken und zu sagen haben. Dies ist die schmutzigste aller Ideologien, da sie über die Grenzen politischer Gesinnungen hinweg funktioniert. Und sie versucht, uns möglichst in alle Bereiche des Lebens hineinzufunken, Denkverbote aufzuerlegen und Sanktionen für Verstöße wider das »Diktat des korrekten Denkens« anzudrohen und durchzusetzen.

Leben wir wieder, ohne es zu merken, in einer Diktatur? Ja, und zwar in einer ganz perfiden. Die Rede ist von der sogenannten »Political Correctness«, die sich wie ein gefräßiger Parasit in unser aller Leben eingenistet hat. Da kündigte beispielsweise ein Verlag in Stuttgart Anfang 2013 an, aus Kinderbuch-Klassikern wie Otfried Preußlers *Die kleine Hexe* Ausdrücke wie »Negerlein« und Ähnliches ersatzlos zu streichen. Ja, geht's noch? Inzwischen haben Meinungsforscher ermittelt, dass 70 Prozent des Publikums solche Aktionen für das halten, was sie sind: für absolut hirnrissigen Quatsch!

Es ist bestürzend, aber offenbar ist es wieder mal so weit, dass viele Dinge nicht mehr frei ausgesprochen werden dürfen. Irgendwer könnte sich ja auf den Schlips getreten fühlen, deshalb werden – oft in vorauseilendem Gehorsam – freie Gedanken abgewürgt und durch sinnleeren Einheitsbrei ersetzt. Oder die »Sprechblase« bleibt gleich völlig leer, wie bei den ersatzlos gestrichenen »Negerlein« (die »Toten Hosen« haben sie ja durch »Jägermeister« ersetzt: wann werden *die* wohl Anstoß erregen?).

Willfährige Handlanger dieser mehr oder weniger getarnten Zensur sind Medienclowns, die sich »Qualitätsjournalisten« nennen und sich dabei unendlich gescheit vorkommen. Tatsächlich aber versuchen sie nur, es denen möglichst zu 200 Prozent recht zu machen, die sich ihren Doktortitel in künstlicher Entrüstung redlich verdient hätten.

Ähnlich wird mit Themen verfahren, die an die Grenzen unseres Wissens führen und damit Anlass zu Spekulationen wie kontroversen Diskussionen geben. Da empört sich der wissenschaftliche »Mainstream« schnell einmal, als ob man dessen Allerheiligstes geschändet hätte. Und würde am allerliebsten all jenen einen Aufenthalt in der entsprechenden psychiatrischen Einrichtung verordnen, die an die Existenz von UFOs und Außerirdischen oder Gespenstern und Poltergeistern glauben. Löbliche Ausnahmen bestätigen inzwischen diese üble Regel.

Es ist bizarr: Wer bei uns betet, an Gott und seine Wundertaten glaubt, gilt als geistig integer. Behauptet aber jemand, Kontakt mit Aliens gehabt zu haben oder gar von fremden Intelligenzen entführt und medizinisch-gynäkologischen Untersuchungen unterzogen worden zu sein, dann wird der Ruf nach sofortiger Einweisung in die Klapsmühle laut. Wo liegt eigentlich der Unterschied zu den ungezählten Erscheinungen, von denen unsere Religionen berichten? Die Beweislage liegt hier im Grunde keinen Deut besser (oft eher noch schlechter) – müssten somit bei Anlegung gleicher Maßstäbe nicht zahllose »Heilige«, »Erleuchtete« und »Glaubensstifter« kurzerhand zu Psychopathen erklärt und noch im Nachhinein entmündigt und zwangsweise eingewiesen werden? Die unglaublichen Dinge, von denen dieses Buch berichtet, werden ebenfalls ein »rotes Tuch« sein für jenen »Mainstream« der Wissenschaft und eine Kampfansage an traditionelle Weltbilder wie unumstößlich gehaltene Lehrmeinungen. In steinalten Mythen werden technische Wunderwerke beschrieben, sensationelle Funde stellen unser Schulwissen gnadenlos auf den Kopf. Wer sind die Erbauer eines erst vor ein paar Jahren entdeckten künstlichen Höhlensystems, das mit einer Fläche von Hunderten Quadratkilometern beispiellos auf Erden ist? Sind zwergwüchsige Menschen, die gegen Ende der 1990er-Jahre unweit der östlichen Ausläufer der Berge von Baian Kara Ula auftauchten, die letzten Nachfahren von Überlebenden eines »chinesischen Roswell« vor ungefähr 12000 Jahren? Welchem Zweck diente jenes geheimnisvolle Unterwassermonument vor der Küste von Yonaguni, einer kleinen japanischen Insel südlich von Okinawa? Und wer waren die Vorbilder für ein ebenso schauriges wie gefährliches Ritual, das noch heute in einigen mongolischen Schreckensklöstern mit lebenden tödlichen Giftschlangen praktiziert wird?

Bei uns wird über solche Funde und Fakten nur zu gerne hinweg- und zur Tagesordnung übergegangen. Nicht so in China. Dort wurde – man höre und staune! – ein mysteriöses Röhrensystem in der Provinz Qinghai offiziell als »Ruinen der Außerirdischen« bezeichnet! Die UFO-Forschung findet offen, ohne jede Zensur oder die hierzulande bis zur Perfektion getriebene Lächerlichmachung statt. Auch müssen Piloten der Luftwaffe keine Repressalien fürchten wie ihre Kollegen in den USA, wenn sie über Begegnungen mit UFOs berichten.

Seit ich als erster Ausländer weltweit die damals noch gesperrte Pyramidenzone westlich von Xian aufsuchen durfte, ist man in China begierig, mehr über Rätsel und Geheimnisse aus grauer Vorzeit zu erfahren. Derzeit darf ich erleben, wie ein ums andere meiner Bücher in chinesischer Übersetzung im Reich der Mitte erscheint.

Das hätte ich mir vor 20 Jahren wahrlich nicht träumen lassen, als ich mit meinem Erstling *Die weiße Pyramide* sozusagen den Urtext zu dem hier vorliegenden Buch verfasste. Inzwischen sind viele neue außerirdische Spuren und rätselhafte Artefakte in Ostasien entdeckt worden, die ich meinen Lesern auf keinen Fall vorenthalten möchte. Schließlich haben sie es möglich gemacht, dass mein erstes Buch bereits zwei Jahrzehnte überdauert hat. Dafür kann ich nicht oft genug danken.

Die neuen außerirdischen Spuren im Fernen Osten werden noch eindrucksvoller zeigen, dass die alten »Götter« auch in jenem Teil der Welt einstmals allgegenwärtig waren. Und ich werde ganz bestimmt kein Blatt vor den Mund nehmen, wenn ich über diese fantastischen Dinge berichte, die unser überkommenes Weltbild zum Einsturz bringen dürften.

1 Stets eine Nasenlänge voraus

Die genialen Söhne der »gelben Götter«

Eigentlich dürften sie überhaupt nicht existieren. Aber ich habe sie mit eigenen Augen gesehen. Zwar noch nicht bei meinen ersten Besuchen im Provinzmuseum von Xian – entweder hatte ich da überdimensionale Tomatenscheiben auf meinen Augen, oder die bewussten Objekte hingen noch nicht an ihrem Platz in dem gläsernen Schaukasten. Dafür brannten sie sich bei einem späteren Anlauf umso mehr in mein Gedächtnis ein.

Die Rede ist von zwei bronzenen Schwertern, deren Alter auf deutlich mehr als 2000 Jahre datiert wird. Ihre Oberfläche ist hart verchromt. Nach unserem Wissensstand ist dies jedoch schlichtweg unmöglich. Das silbrig glänzende Metall wurde erst im Jahr 1797 von dem französischen Chemiker Nicolas Louis Vauquelin (1763–1829) entdeckt. Und es dauerte bis 1854, bis dessen deutscher Berufskollege Robert Wilhelm Bunsen (1811–1899) das seltene Metall mithilfe des Elektrolyseverfahrens in Reinform darzustellen vermochte.[1] Nichtsdestotrotz: Die alten Chinesen kannten Chrom und verwendeten es wie wir heute zum Härten und Veredeln anderer Metalle.

Sie sind schon etwas Besonderes, die Chinesen und die anderen Angehörigen der »gelben Rasse«. Zu ihr zählen auch Tibeter, Mongolen und Japaner, um hier die zahlenmäßig wichtigsten Volksgruppen aufzuführen. Das Lexikon spricht von dem sogenannten »mongoliden Rassenkreis« und teilt diesen ein in Tungide, Eskimide, Sibiride und Sinide, zu denen die oben genannten Hauptgruppen gerechnet werden.

Allein im zentral- und ostasiatischen Bereich gibt es eine geradezu unübersehbare Anzahl an Völkern. Aus diesem Grund wäre es beispielsweise falsch, von »den Chinesen« als einem einheitlichen Volk zu sprechen. Von den inzwischen eineinhalb Milliarden in China lebenden Menschen sind rund 93 Prozent Han-Chinesen, die ihre Wurzeln auf die aus dem Norden stammende Han-Dynastie (206 v. Chr. – 220 n. Chr.) zurückführen. Die restlichen sieben Prozent der Bevölkerung aber sind auf zusammen 55 anerkannte *nationale Minderheiten* verteilt. Diese haben jeweils ihre eigene Kultur, ihre eigene Sprache und oftmals sogar eine eigene Schrift.

Die Zhuang stellen dabei mit über 13 Millionen Angehörigen die größte der Minderheiten dar, während die in der nördlichsten Provinz Heilongjiang lebenden Hezhe mit ungefähr 1400 Häuptern die kleinste sind. In der Volksrepublik leben sogar an die eine Million Menschen, die bis dato keiner der bekannten Volksgruppen zugeordnet werden konnte. Sie gehören rund 25 verschiedenen Stämmen an, die ständig darum bemüht sind, durch die Zentralregierung in Beijing (Peking) als nationale Minderheit anerkannt zu werden.[2]

Alle diese, dem mongoliden Kreis zugehörigen Völkerschaften unterscheiden sich in ihrer Physiognomie sichtlich von den anderen Menschenrassen auf Erden. Mit wenigen Ausnahmen sind sie viel kleiner und feingliedriger gebaut. Warum? Woher kommt der unübersehbare Unterschied? Als Autor eines Themengebietes, das die Meinungen so stark zu polarisieren vermag, stelle ich hier die provozierende Frage: Stellt die gelbe Rasse die Nachfahren einer besonderen, nicht von dieser Welt stammenden Spezies dar? Und spiegelt sie deshalb das Aussehen und die Merkmale der von den Sternen gekommenen »Götter« wider?

Dass es zahllose Hinweise auf Eingriffe durch fremde Intelligenzen in Ostasien gibt, werde ich in den folgenden Kapiteln zeigen. Unübersehbar haben sich außerirdische Spuren in Mythen wie auch in Artefakten erhalten. Überlieferungen aus frühesten Epochen berichten nicht nur vom Besuch, sondern verweisen ganz konkret auf eine Abstammung der »gelben Rasse« von jenen Wesen, die einst Wissen, Kultur und Zivilisation auf unseren Planeten brachten.

»Der vom Himmel Gekommene«

Die sogenannte *Chi*-Handschrift berichtet, dass in grauer Vorzeit China 18 000 Jahre lang von einem göttlichen Herrschergeschlecht regiert wurde, dessen Angehörige vom Himmel kamen. Andere Überlieferungen bezeichnen sogar die Vorfahren der »gelben Rasse« direkt als göttlichen Ursprungs. Diese sollen mit »feurigen Drachen« aus den Weiten des Alls gekommen sein und hätten von China aus die Erde besiedelt.[3]
Nicht nur uralte Mythen weisen auf so ein Szenario hin. Selbst in den Urformen der chinesischen Schriftzeichen finden wir Anspielungen auf von den Sternen gekommene Wesen. Die heutzutage gebräuchliche Schrift geht auf hieroglyphenähnliche Bildzeichen zurück, welche vor etwa 5000 Jahren in Gebrauch kamen. Ursprünglich benutzte man sie, um orakelartige Inschriften in Knochen und Schildkrötenpanzer zu ritzen. Früheste chinesische Schriftzeichen fand man 1899 in der Umgebung von Anyang in der südlich von Beijing gelegenen Provinz Henan. Tönerne Gefäße mit schematischen Abbildungen von Menschen und Tieren, welche in der Provinz Gansu gefunden wurden, datiert man gleichfalls auf das dritte vorchristliche Jahrtausend.[2]
Stets lassen sich die chinesischen Schriftzeichen auf reale Vorbilder zurückführen, lässt sich die Entwicklung von der reinen

Bilderschrift bis zu den heutigen, abstrahierenden Zeichen ablesen. Klar und deutlich treten in der ursprünglichen Bilderschrift die Formen konkreter Gegenstände – wie etwa Waffen oder Werkzeuge – oder auch von Lebewesen hervor. Ein Hirsch oder ein Fisch zum Beispiel sind unschwer als solche zu identifizieren. Und die Idiome für Ochse, Schaf, Hund oder Kröte sind sogar in der heutigen modernen Schreibform noch relativ leicht als solche zu erkennen.

Doch wer weiß eine Antwort auf die Frage, warum das ursprüngliche Zeichen für Himmel (»tian« oder »thien«) so frappant einem humanoiden Wesen mit dünnen Extremitäten und einem großen klobigen Kopf ähnelt? Ist es Zufall, dass die primäre Bedeutung des Wortes für Himmel »der vom Himmel Gekommene« war? Dieses Wort, »tian«, stammt angeblich aus der relativ jungen Zeit der Zhou-Dynastie (ca. 1100–221 v. Chr.) und bekam später weitere Bedeutungen wie Himmelsbewohner, Sternenkörper, Weltraum, Götter und dergleichen mehr.[4] Wie auch immer: In jenen Tagen muss Beeindruckendes vor sich gegangen sein, wenn dieser Begriff so deutlich mit einer Personifizierung behaftet ist, die in ihrem Ursprung auf die Sterne hinweist. Ist es möglich, dass man auf diese Weise einfach konkret Gesehenes, Erlebtes wiedergab? In diesem Fall menschenähnliche Wesen, die vom Himmel – sprich: aus dem Weltall – zur Erde herniederkamen?

An dieser Stelle fällt mir ganz spontan das Jahrhunderträtsel des »chinesischen Roswell« ein, auf welches ich im folgenden Kapitel eingehe. Im Hochgebirge von Baian Kara Ula, in der westchinesischen Provinz Qinghai, fand man 1938 Skelette kleinwüchsiger Wesen und seltsame Steinscheiben mit hieroglyphenartigen Inschriften. Dort kennt man von alters her Überlieferungen, die uns aufhorchen lassen. Sie erzählen von geheimnisvollen kleinen Wesen mit riesigen Köpfen auf spindeldürren Körpern, die vor Zeiten aus den Wolken herabgekommen sein sollen. Diese wurden anfangs von der eingeborenen Bevölkerung ohne Gnade gejagt, ja regelrecht massakriert. Waren es Fremde aus dem All?

Steinzeitliche Helmträger

Erst Ende 2010 wurde im Rahmen einer ausgedehnten archäologischen Vermessung im Grenzgebiet zwischen den südchinesischen Provinzen Guangxi und Guangdong eine Felsritzung entdeckt, die ganz ähnliche Fragen aufwirft. Sie stellt eine Person dar, die einen runden Helm mit zwei »Fühlern« sowie einer »Antenne« in der Mitte trägt. Einer der beteiligten Archäologen meinte, das Felsbild »sehe einem Alien ähnlich«. Andere hielten es für die Darstellung eines Häuptlings der Baiyue, eines vor Jahrtausenden in jener Region ansässigen Stammes. Man ist sich jedoch einig, dass das Bild mit Steinwerkzeugen angefertigt wurde und aus der Jungststeinzeit stammt. Neben dem Helmträger sind auf dem Relief auch eine Tierdarstellung, diverse Zeichen sowie Sternenkonstellationen (!) zu erkennen.[5]

Es ist sternenklar: Wie in praktisch allen Regionen unserer Welt wurde auch der steinzeitliche Himmel über China mit Eifer beobachtet. Warum sollte auch dieser Teil der Welt eine Ausnahme machen? Im Jahre 2006 berichtete die amtliche Nachrichtenagentur Xinhua, dass ein Archäologenteam eine über 4000 Jahre alte Anlage ausgegraben hatte, die ohne Zweifel als Observatorium gedient hatte. Diese neu entdeckte Anlage von Taosi liegt in der nordchinesischen Provinz Shanxi – nicht zu verwechseln mit der Shaanxi-Provinz mit ihren Pyramiden! –, nahe der Stadt Linfen. Die Konstruktion, deren äußerer Durchmesser 60 Meter beträgt, wird durch konzentrische Ringe festgelegt. Mathematisch-astronomische Rekonstruktionen ergaben, dass insgesamt 13 jeweils etwa vier Meter hohe Steinpfeiler zwölf Öffnungen formten, die Bezug zu Himmelskörpern und Sternbildern hatten. Die ganze Ausgrabungsstätte von Taosi besitzt eine Ausdehnung von ungefähr drei Quadratkilometern. Örtliche Überlieferungen bringen sie mit jenen fünf legendären Urkaisern in Verbindung, die China in vordynastischer Ära regierten.[6] Sie betonen ständig, nicht von irdischen Vorfahren abzustammen, sondern von den »Himmelssöhnen«, die mit feurige metallenen Drachen aus den Tiefen des Kosmos zur Erde gekommen waren.[3]

Sie sind nicht die Einzigen: In der an die Staaten Myanmar, Laos und Vietnam grenzenden südchinesischen Provinz Yünnan leben die Thai (Dai), mit ungefähr einer Million Angehörigen eine der bedeutenderen Nationalen Minderheiten. Sie sind eine eigenständige Völkergruppe innerhalb der Mongoliden und teilen sich auf in die Hauptgruppen Shan, Lao und Siamesen. Die Letzteren bewohnen vornehmlich das Königreich Thailand.[1]

Auch die Abstammung der Thai wird mit dem Kosmos in Verbindung gebracht. Der Wortstamm »t'ai« bedeutet wörtlich so viel wie »ur« oder »höchste«, »t'ai«-gung wird mit Weltall übersetzt, während »t'ai-xü« für den Weltraum benutzt wird.

Die Mythen dieser Völkergruppe, deren Ahnengalerie mit T'ai Hao beginnt, der vor 5000 Jahren gelebt haben soll, präsentieren uns so manche technisch anmutende Details. Von der Schildkröte Nai wird zum Beispiel berichtet, sie habe einen dreibeinigen Unterbau besessen. Seltsam: Auch der legendäre Huang Di, erster der oben erwähnten Urkaiser Chinas, soll ein »Dreibein« mit nach modernstem Hightech klingenden Eigenschaften besessen haben (siehe Kap. 4). Der metallene Fisch Ao bei den Thai wiederum soll wie ein Drachen ausgesehen haben und imstande gewesen sein, Feuer zu fressen. Und die mysteriösen »Thai-Eulen«, die nächtens als »Geisterwagen« mit einem unheimlichen »hohlen Sausen« über den Horizont flogen, dürften wohl eher hoch entwickelte Flugobjekte gewesen sein, als die gleichfalls nachtaktiven Mäusejäger.[7] Missverstandene Technologie.

Särge in den Bäumen

Sie zählen zu den Tungusenstämmen, die auch zu den Mongoliden gehören, jedoch ein weiträumiges Gebiet im Norden zwischen dem Jenissei und der Pazifikküste bewohnen. In den unendlichen Weiten Ostsibiriens, zwischen den Flüssen Jana und Kolima sowie zwischen dem arktischen Eismeer und den Bergen von Werchojansk, leben die letzten der Jukagiren. Dieser Volksstamm, der auf einem Breitengrad ansässig ist, der noch weit nördlicher liegt als Island, besteht nur noch aus einem Bruchteil seiner früheren Bevölkerung. Umsiedlung und andere Zwangsmaßnahmen in der unseligen Zeit der stalinistischen Schreckensherrschaft trugen ebenso zu ihrer Dezimierung bei wie die Vermischung mit anderen Tungusenvölkern der Umgebung.
Die besagten Jukagiren versichern, von unförmigen Wesen aus dem Himmel abzustammen, die sich durch geheimnisvolle Zauberkräfte in Menschen verwandelt hätten. Mit modernen Augen gesehen: Bestünde der ganze »Zauber« im Ablegen eines klobigen und voluminösen Overalls, aus dem sich ein menschenähnliches Wesen schält, wird die Kernaussage des Mythos klar.
Seltsam sind auch ihre Begräbnisbräuche, welche sie mit einer weiteren sibirischen Volksgruppe, den Jakuten, teilen. Sie stellen die Särge mit den Verstorbenen auf Pfähle oder auf die Äste hoher Bäume. Bisweilen sind es auch eigens errichtete Gestelle, die gleich einer Abschussvorrichtung schräg gen Himmel weisen. Dann stimmen sie das folgende Klagelied an: »Schlaft,

schlaft, bis die Geister auf ihren leuchtenden Wagen herab von den Sternen kommen werden.«[8,9]
Auch eine Erinnerung an jene »Götter« aus dem All? Hinweise auf Abstammung und wiederholte Besuche durch die »Lehrmeister« sind natürlich nicht auf Asien beschränkt, sondern ziehen sich vielmehr als gemeinsames Merkmal aller Schöpfungsmythen um die Erdkugel. So wissen die Überlieferungen der Piute-Indianer aus Kanada von »Gitchi Manitu« zu berichten, dem Großen Geist, der einen mächtigen Donnervogel herabsandte. Er wollte einen Platz finden, an dem seine Söhne leben könnten. Der Donnervogel fand unsere Erde und brachte die Indianer hierher.

Überwindung der Schwerkraft

Ich habe zu Beginn die Überlegung formuliert, ob vielleicht die »gelbe Rasse« von einer speziellen Gruppe außerirdischer Besucher abstammen könnte. Haben sie von diesen auch ganz besondere Fähigkeiten geerbt? Tatsächlich scheinen manche Vertreter der fernöstlichen Völker über Begabungen zu verfügen, die weit über die Norm dessen hinausgehen, was ein Durchschnittsmensch zu tun vermag. Einmal abgesehen von Angehörigen als »primitiv« herabgewürdigter Gesellschaften, welche noch über Fähigkeiten verfügen, die wir in Ermangelung einer längst fälligen Erweiterung unseres Weltbildes als paranormal definieren.
Galt Asien nicht schon von jeher als Kontinent der Heiligen und Hexer, der Mysterien und Wunder?
Im November 1992 verbrachte ich einige interessante Tage in Shanghai, der atemberaubend wachsenden, größten Wirtschaftsmetropole Chinas. Die Stadt liegt etwa 30 Kilometer landeinwärts am Huang-Pu und gilt auch als drittgrößte Ha-

fenstadt der Welt. Einen der Abende nutzte ich zum Besuch der »Shanghai Akrobatik«, welche weit über die Grenzen der Volksrepublik China hinaus berühmt geworden ist.
Es ist völlig unglaublich, mit welcher Leichtigkeit die Artisten die Schwerkraft außer Funktion zu setzen schienen. Bald ertappte ich mich bei dem Gedanken, der eine oder andere hätte ein gänzlich abweichendes Verhältnis zu den bekannten Gesetzen der Physik als wir »Normalsterblichen«. Verrückte Ideen, welche dem Betrachter dieser unfassbaren Kunststücke so durch den Kopf gehen. Sicher haben auch diese Akrobaten, ebenso wie ihre Kollegen in anderen Ländern, oftmals schon von Kindesbeinen an bis zum Umfallen geübt. Aber könnte ihnen nicht irgendein unbekanntes Faktum zugutekommen, das ich hier in Ermangelung einer genaueren Definition einmal als »geheimes Erbe der Götter« bezeichnen möchte?
Seltsamerweise spielen alte chinesische Schriften oft genug auf die Aufhebung der Schwerkraft an. So soll im 2. vorchristlichen Jahrhundert der Alchimist Liu An ein Getränk fabriziert haben, mit dem es möglich gewesen sei, die Wirkung der natürlichen Gravitation vollkommen aufzuheben. Menschen, die von diesem Gebräu probierten, sollen sich mühelos in die Luft erhoben haben. Mutig wie er war, probierte Liu An die Wirkung des Wundertrankes mit demselben Ergebnis auch an sich selbst aus.[7]
Haben wir es hier mit einem bewusstseinsverändernden Rauschmittel zu tun, hatte Liu An eine frühe Designer-Droge kreiert? Oder war er dank seiner Rezeptur tatsächlich in der Lage, eine Art Levitation zu vollführen? Von dieser Fähigkeit sollen die tibetischen und mongolischen Mönche regen Gebrauch gemacht haben. Große Massen buddhistischer Pilger hatten die Gelegenheit, bis zum 14. Jahrhundert im tibetischen Kloster von Chaldan die nicht verweste Leiche ihres Reformators Tsong Kaba gut 20 Zentimeter frei über dem Boden schweben zu sehen.[8]

Last but not least möchte ich in diesem Kontext die »Schwebeläufer« von Tibet – »lung-gom-pa« genannt – nicht unerwähnt lassen, welche offenbar durch eine unbekannte, besondere Meditationstechnik ebenfalls imstande sind, die Schwerkraft aufzuheben. Doch darüber mehr im Kapitel über Tibet.

Wer hat's erfunden?

Es sollte zu denken geben, dass unglaublich viele Errungenschaften und Erfindungen, auf die unsere abendländische Kultur so stolz ist, im Reich der Mitte oft weitaus früher zur Verfügung standen als bei uns. Was immer wir als Beispiel anführen, meist waren die alten Chinesen uns gleich um mehrere Nasenlängen voraus. Und ohne die hervorragenden innovativen Leistungen dieses Volkes schmälern zu wollen, frage ich mich doch, ob die genialen Erfinder nicht auf die »Entwicklungshilfe« außerirdischer »Lehrmeister« zurückgreifen konnten, um dem Rest der Welt buchstäblich turmhoch überlegen zu sein. Die nachfolgende Auswahl soll uns dies verdeutlichen.

- Dezimalsystem: China war das erste Land, in dem das Dezimalsystem genutzt wurde, und zwar noch etwa 1000 Jahre früher als in Indien, wo es im 4. Jahrhundert v. Chr. in Gebrauch kam.
- Kompass: Vor mehr als 2000 Jahren wurde in China der Kompass erfunden, während er in Europa erst ab dem 13. Jahrhundert zur Navigation in der Seefahrt benutzt wurde.
- Papier: Bereits 100 v. Chr., während der Han-Dynastie, führte man im Reich der Mitte das Papier ein. Es wurde zunächst beim Waschen von Rohseide gewonnen, später verar-

beitete man die Faser der Flachspflanze. Und das ach so fortschrittliche Europa? In unseren Breiten begann man erst im 13. Jahrhundert mit der Herstellung von Papier.
- Schießpulver: Um das Jahr 220 n. Chr. kam in China eine aus Salpeter, Schwefel und Holzkohlenstaub bestehende Mischung in Gebrauch. In der Zeit der Song-Dynastie ließ Kaiser Zheng-Zong (998–1022) in der damaligen Hauptstadt Kaifeng eine Pulverfabrik errichten. Erst im ausgehenden 12. Jahrhundert gelangte das Schießpulver ins Abendland. Es ist merkwürdig, dass die Chinesen das Gemisch anfangs nicht für militärische Zwecke benutzten, sondern überwiegend für Feuerwerkskörper: An bestimmten Festtagen schickte man Raketen zu Ehren der Götter in den Himmel.
- Seismometer: Das weltweit erste Gerät zum Aufspüren von Erdbeben wurde im Jahr 132 n. Chr. vom Ingenieur Chang Heng konstruiert. Dieser Seismometer war ein bronzenes Gefäß, an welchem ringsum acht Drachenköpfe hervorstanden, von denen jeder eine Bronzekugel im Maul trug. Darunter wartete jeweils ein Frosch, in dessen weit aufgerissenes Maul die Kugel plumpste, wenn die Erde sich bewegte. Je nachdem, in welchem Froschmaul die Kugel landete, ließ sich die genaue Richtung des Epizentrums bestimmen. Eine gut gelungene Nachbildung von Chang Hengs Seismometer konnte ich vor wenigen Jahren in einem kleinen Museum in Hongkong fotografieren. Bei uns im Abendland wurde das erste Seismometer im 19. Jahrhundert konstruiert.

Und, wie es aussieht, wurde im alten Reich der Mitte keineswegs nur mit der Hand gearbeitet. Denn ein Ring aus Jade, der in einem etwa 2500 Jahre alten Grab gefunden wurde, stützt die Vermutung, dass bereits zu dieser Zeit mit komplexen Maschinen gearbeitet wurde. Die gewundenen Rillen des filigranen, nur 27 Millimeter im Durchmesser großen Jaderinges

sind so gleichmäßig und präzise, dass sie schwerlich auf manuelle Art bearbeitet worden sein können.
Archäologen gingen bislang davon aus, dass Jadeschnitzereien aus dem alten China entweder per Hand oder auf einfachsten Hilfsvorrichtungen, mit denen nur ein einziger Bewegungsablauf vollzogen werden konnte, angefertigt wurden. Wie der US-amerikanische Physiker Peter J. Lu von der Harvard-Universität herausfand, muss ein wesentlich komplexeres Gerät mit mindestens zwei ineinandergreifenden Komponenten hier zum Einsatz gekommen sein. Auf sehr präzise Weise wurden lineare und drehende Bewegungen kombiniert.[10] Dieser Fund, der in die Zhou-Dynastie datiert werden kann, vermag einmal mehr unsere gesamte Geschichte der Technik über den Haufen zu werfen.

Auf dem Prüfstand

Jene besonderen Fähigkeiten, über die offenbar nicht wenige Angehörige der mongoliden Rasse verfügen, werden von der konservativen Wissenschaft als paranormal oder paraphysikalisch eingestuft. Zu Zeiten des »großen Steuermannes Mao« im besten Falle ignoriert (alles Metaphysische und Nichtirdische wurde von der kommunistischen Ideologie marxistischer Prägung als nichtexistent abgelehnt), hat im modernen China eine intensive Erforschung parapsychologischer Phänomene eingesetzt. Dies nicht nur mit Duldung, sondern großem Interesse und Engagement durch die Regierung. PSI auf dem Prüfstand: Ganz besonders das Militär bekundet hier, wie überall auf der Welt, lebhafte Anteilnahme an jedem noch so kleinen Fortschritt auf diesem Gebiet.
Das gilt vor allem, wenn es sich um Experimente handelt, in deren Mittelpunkt Teleportation, Materialisation und Demate-

rialisation stehen. Es geht hier um die Fähigkeit, auf rein psychischem Wege materielle Gegenstände nicht nur zu bewegen (Telekinese[11]), sondern an einem Ort verschwinden und an einem anderen Ort wieder auftauchen zu lassen.
Hervorragende Erfolge konnte eine unter anderem von der Armee geförderte Forschungsgruppe der Universität Beijing verbuchen, die Experimente mit jugendlichen Psychokinese-Medien unternahm. Die Aufgaben bei der Versuchsreihe, an der auch Mitarbeiter der Institute für Hochenergiephysik und Normenkontrolle beteiligt waren, bestanden darin, einen Minisender und lichtempfindliches Fotopapier zu teleportieren.
Die Versuchsserie wurde von zwölf Wissenschaftlern der Universität Beijing strengstens kontrolliert. Die zwei Testpersonen versuchten, allein durch ihren Willen einen Miniatur-Peilsender, der sich in einer versiegelten Dose befand, die sie in ihren Händen hielten, innerhalb des Versuchsraums sowie in einen Nebenraum zu befördern. Das Siegel durfte dabei nicht verletzt werden. Die Peilsignale wurden ständig über einen Monitor verfolgt. Und die Geräusche, die beim Schütteln des Behälters entstanden, zeigten an, dass sich der Minisender noch in der Dose befand. Plötzlich brach das Peilsignal zusammen, und auch beim Schütteln war kein Geräusch mehr zu vernehmen. Die Dose wurde sofort geöffnet, doch sie war leer! Das Ganze wiederholte sich mehrmals. Meist setzte das Signal nach kurzer Zeit wieder ein, und der Minisender wurde irgendwo am Boden des Versuchsraumes oder eines Nebenraumes gefunden.[12]
Der Leiter dieser Testreihen, Dr. Lin Shuhuang, hielt fest, dass es zwischen 24 Sekunden und 61 Minuten dauerte, den kleinen Peilsender verschwinden zu lassen. Bis der Minisender wieder auftauchte, benötigten die Versuchspersonen zwischen null Sekunden und 24 Minuten. Dr. Lin und seine Kollegen beobachteten während der Phasen, in denen das Objekt offensicht-

lich dematerialisiert wurde, wilde Signalschwankungen auf ihrem Bildschirm. Was noch verblüffender war: Zeitweilig verschwand das Peilsignal sogar völlig von den Überwachungsgeräten.[13]

Im Verlauf einer ähnlichen Versuchsreihe forderten die Wissenschaftler ihre Probanden auf, unbelichtetes Fotopapier aus einem versiegelten Beutel in einen anderen, aber leeren Behälter zu bringen. Die Beutel wurden hierzu mit Sicherheitsnadeln an den Jacken der Versuchsteilnehmer befestigt. Nun bekam eine der Personen die Aufgabe, das Fotopapier aus seinem Behälter in den leeren Beutel der anderen Person zu teleportieren. Dieser Versuch war ebenfalls erfolgreich. Das Fotopapier verschwand aus dem einen und tauchte in dem anderen Behältnis, das bis dahin vollkommen leer gewesen war, wieder auf. Die Siegel beider Beutel blieben absolut unversehrt. Als man den »Empfängerbeutel« in der Dunkelkammer öffnete, stellte sich heraus, dass das hochgradig lichtempfindliche Fotopapier nach wie vor unbelichtet war.[13]

»Beam me up«

Bevor ich in diesem Zusammenhang noch ein eigenes Erlebnis zum Besten gebe, möchte ich kurz darauf eingehen, dass in China auch die »konventionellen« Wissenschaften dem Geheimnis der Teleportation auf der Spur sind. Im Sommer 2012 gelang es Physikern aus Shanghai, Photonen – dies sind masselose, sich mit Lichtgeschwindigkeit fortbewegende Elementarteilchen aus dem elektromagnetischen Strahlungsspektrum[1] – über eine Distanz von 96 Kilometern zu teleportieren. Damit schaffte es die akademische Elite der University of Technology and Science in China bereits zum zweiten Mal, Photonen in Nullzeit über eine große Entfernung zu transportieren.

»Scotty, beam me up!« – dem in der Science-Fiction schon lange bekannten Verfahren des »Beamens« ist man damit einen kleinen Schritt nähergekommen.

Bereits 1997 war es Forschern der Innsbrucker Universität erstmals gelungen, Teilchen von A nach B zu teleportieren, ohne sie dabei durch den Raum zu bewegen. Allerdings trat seinerzeit ein Problem auf: Die Teilchen veränderten sich während des Transportes. Seither versuchen Forscher in aller Welt, die Technik des »Beamens« zu optimieren. Nun haben die Physiker in Shanghai mittels eines Laserstrahls ein sogenanntes Quantenbit verschickt, und zwar ohne Fehler.[14] Aber kehren wir wieder zurück ins Reich des Paranormalen.

Faszinierende Darbietung

Am 28. November 1992 wurde ich selbst Zeuge einer Präsentation, die stark an die Experimente an der Universität von Beijing erinnert. Meines Wissens waren zwar keine Wissenschaftler zur Überwachung dabei, aber die Anwesenheit vieler aufmerksamer Zeugen spricht gegen ein Täuschungsmanöver. In der bereits erwähnten »Shanghai Akrobatik« trat ein Mann mit einem »Kunststück« auf, an dem sich Illusionisten auf unseren Showbühnen die Zähne ausbeißen dürften. Die Vorführung geschah bei voller Beleuchtung und unter den Augen von Hunderten wortlos erstaunten Zuschauern. Mit einem jener übergroßen japanischen Radiorecorder betrat der Mann die Bühne. Er entnahm das Gerät seiner Originalverpackung, einem stabilen Pappkarton. Dann reichte ihm ein Assistent eine bespielte Tonbandkassette, die er in den Kassettenschlitz des Recorders steckte, der auch gleich Musik in schönster HiFi-Qualität wiedergab. Nachdem der Mann das spielende Gerät den Zuschauern ringsum gezeigt hatte, steckte er es – noch immer in Betrieb – wieder in den Pappkarton, der die ganze Zeit unberührt neben ihm gelegen hatte.

Hunderte Augenpaare blickten voller Erwartung auf den Mann. Ich saß nur eineinhalb Meter vom Ort des Geschehens, ungläubig und in Erwartung eines Ablenkungsmanövers. Der Standardtrick aller Bühnenmagier, wenn sie vor den Augen ihrer erstaunten Zuschauer Dinge ins Nichts verschwinden lassen wollen. Was dann aber geschah, kann ich bis heute kaum fassen. Knappe zehn Sekunden nachdem der Deckel des Pappkartons geschlossen worden war, hörte das Gerät darin zu spielen auf. Vom Augenblick des Hineinlegens bis zum Zeitpunkt seines Verstummens war der Recorder wie auch die Schachtel nur und ausschließlich in den Händen des Vorführenden. Die beiden Objekte wurden weder auf dem Boden noch auf irgendeiner Ablage oder Podest abgestellt. Was sich da auf der Bühne abspielte, war vollkommen und von allen Seiten her einsehbar. Kein Netz, kein doppelter Boden. Die Schachtel war nur minimal größer als das Gerät. Als der Mann den Karton öffnete, herrschte darin gähnende Leere.

Nachdem »der Magier« dem staunenden Publikum die inhaltsleere Packung präsentiert hatte, verschloss er sie erneut. Dies lief ebenso einsehbar ab wie alle anderen Vorgänge im Verlauf jener faszinierenden Darbietung. Es vergingen abermals nur zehn Sekunden, da hörte man den Recorder wieder spielen. Der »Zauberkünstler« zog das rematerialisierte Gerät aus dem Karton.

Der frenetische Applaus, der nun folgte, war der schier unfassbaren Vorführung angemessen. Zugegeben, ich hielt die ganze Sache selbst für einen gut gemachten Varietézauber, bis mir der Bericht über die Experimente an der Universität Beijing in die Finger kam. Wie sich die Vorgänge gleichen – seither bin ich von dem Abend in der »Shanghai Akrobatik« doppelt beeindruckt.

Mit diesem Abstecher ins Gebiet des Übersinnlichen verknüpfe ich eine wichtige Fragestellung: Haben die kosmischen Lehrmeister, die auch in der Geschichte der »gelben Rasse« auftauchen, selbiger eine Reihe außergewöhnlicher Fähigkeiten hinterlassen? Die Verbindung von Parapsychologie und Paläo-SETI-Forschung könnte sein, dass man diesen fremden Intelligenzen auch die gezielte Anwendung von PSI-Techniken zugesteht. Die Mythen vieler Völker auf diesem Planeten scheinen den Gedanken zu bestätigen.[15]

Nackt im ewigen Eis

Ich möchte diese Betrachtungen mit einem in der Schneewüste des Himalaya von »heiligen Männern« vorgeführten Phänomen beenden. »Tumo« (tibetisch: Gtummo) ist die Bezeichnung für die Fähigkeit, auf paranormalem Weg Körperwärme zu erzeugen. Meister des Gtummo sollen fähig sein, einen ganzen Winter lang völlig nackt zu überleben, ohne zu frieren oder etwa gesundheitlichen Schaden zu nehmen. In der Literatur ist das Phänomen auch als »der warme Mantel der Götter« bekannt.

Es gibt mehrere Grade, die zu erreichen die Novizen anstreben. Die Übungen dazu beginnen im Morgengrauen und müssen noch vor Sonnenuntergang beendet sein. Die Schüler sind unbekleidet oder allenfalls in ein dünnes Baumwollgewand gehüllt. Anfänger dürfen sich auf eine Matte oder ein Brett setzen, dagegen müssen Fortgeschrittene auf der bloßen Erde oder sogar im Schnee Platz nehmen. Während der Übungen ist jegliche Nahrungs- oder Flüssigkeitsaufnahme strengstens verboten. Ziel dieser für uns völlig unverständlichen Tortur soll sein, den durch die Nacktheit bedingten Wärmeverlust durch Erzeugung jenes »Tumo« auszugleichen.

Zöglinge, die einen höheren Grad erreicht haben, erzeugen sogar so viel Körperwärme, um ihnen aufgelegte Tücher zu trocknen. Diese Übung wird in der Nacht, zwischen Sonnenuntergang und Sonnenaufgang, durchgeführt. Auch diese Schüler setzen sich nackt auf den Boden und werden von Helfern mit in Eiswasser getauchten Tüchern umwickelt. Ihre Aufgabe ist es dann, die bei den tiefen Minustemperaturen stocksteif gefrorenen Tücher an ihrem Körper wieder aufzutauen und trocknen zu lassen. Ist dies geschehen, beginnt das Spiel von Neuem. Es klingt unvorstellbar, aber geübte Gtummo-Meister sollen die Tücher im Laufe einer einzigen Nacht bis zu vierzig Mal getrocknet haben![11,16]

Bei uns werden diese Dinge nur allzu gern als Fantasie abgetan. Vor allem von »Spezialisten«, die am liebsten von ihrem Schreibtisch aus urteilen. Aber auch die Fähigkeiten eines Fakirs lassen sich nicht leugnen, indem man sich selbst nur unter Höllenqualen durchbohren lässt.

Der asiatische Kontinent hält noch weitere Überraschungen für uns in petto. Manche davon klingen derart unglaublich, dass sie die Wissenschaft bei uns im Westen am liebsten ignorieren, unterdrücken und totschweigen würde.

Aber Totgesagte leben bekanntlich länger …

2 Das Mysterium von Baian Kara Ula

»Chinesisches Roswell« vor 12 000 Jahren?

Ich gebe es zu: Die Geschichte klingt so »abgefahren«, dass ich größtes Verständnis aufbringe für alle unter uns, die hier buchstäblich die Notbremse ziehen. Aber nach langjähriger Beschäftigung mit diesem Jahrtausendrätsel muss ich eindringlich dafür plädieren, selbiges nicht vorschnell ins Reich der Fabel zu verweisen. Denn trotz mancher Widersprüche und nach wie vor ungeklärter Fragen deutet einiges auf mehr als nur das sprichwörtliche Körnchen Wahrheit, das darin steckt.

Es war Anfang der 1960er-Jahre, als uns Berichte über einen vollkommen bizarren, prähistorischen Fund erreichten. Den hatte man bereits ein Vierteljahrhundert zuvor in China gemacht. Seit mittlerweile 50 Jahren rätselt man darüber, seit dieser Zeit sorgen die Relikte für ebenso hitzige wie kontroverse Diskussionen. Alles dreht sich um Artefakte, die gegen Ende der 1930er-Jahre in einer unzugänglichen Bergregion der Provinz Qinghai entdeckt worden waren, die offenbar von Außerirdischen stammen. Man vermutet, dass die Fremden wegen ernster technischer Probleme zu einer Notlandung auf diesem Planeten gezwungen gewesen seien.

Doch alles der Reihe nach. In den Jahren 1937/38 unternahm der chinesische Archäologe Professor Chi Pu-Tei eine Expedition in eine Nebenkette des westchinesischen Kun-Lun-Gebirges. In Felsenhöhlen stieß das Forscherteam auf zahlreiche exakt ausgerichtete Reihengräber. In diesen Gräbern fanden sie die Skelette seltsamer Wesen, deren durchschnittliche Körpergröße mit 1,20 Metern erheblich unter jener der meisten Völker und Rassen unseres Planeten lag. Nicht einmal die Pygmäen, die in Zentralafrika zwischen dem Atlantik und dem Victoriasee leben, sind so klein. Nur eine fossile Menschenart, der fast 70 Jahre später entdeckte »Homo florensis«, der noch einmal deutlich kleinwüchsiger war, kann zu einem größenmäßigen Vergleich herangezogen werden.

Auf der Sunda-Insel Flores hatten Paläontologen eines indonesisch-australischen Forscherteams im Jahr 2004 die Überreste einer nur 90 bis 100 Zentimeter großen Menschenrasse ausgegraben, die zwischen 95 000 und 12 000 Jahren vor unserer Zeit dort lebte. Obwohl diese Flores-Menschen nur über eine sehr geringe Gehirnkapazität verfügten – ihr Kopf besaß gerade einmal die Größe einer Grapefruit –, hatten sie doch ausgeprägte kulturelle Fähigkeiten. Da dies aber eklatant gegen das evolutionäre Credo »Je größer das Gehirn, umso größer der Intellekt« verstößt, bezweifeln Experten inzwischen, ob man diese extrem zwergwüchsigen Wesen überhaupt schon zur Gattung Mensch zählen darf.[17,18]

Doch kehren wir hier wieder zu den überraschenden Entdeckungen der Expedition des Archäologen Chi Pu-Tei zurück.

Riesenköpfe auf kleinen Körpern

Was an den in den Gräbern bestatteten Skeletten jedoch noch deutlicher ins Auge stach als deren Kleinwuchs, waren die riesigen Köpfe. Sie wollten so gar nicht zu dem restlichen, ausgesprochen feingliedrigen Körperbau passen. Durch deren monströse Dimensionen ließen sie die Wesen missgestaltet und fremdartig erscheinen – wie Geschöpfe aus einer anderen Welt.

Gut möglich, dass jener Eindruck nicht so weit hergeholt ist, wie es im ersten Moment scheint.
An den Höhlenwänden fand das Archäologenteam zudem halb verblasste Felszeichnungen. Diese stellen Wesen mit runden Helmen auf dem Kopf dar. Auch die Gestirne – Sonne, Mond und die Planeten unseres Sonnensystems – waren in die Felswände eingeritzt. Was auffiel: Die Himmelskörper schienen durch Bündel erbsengroßer Punkte miteinander verbunden.[19]
Es lohnt sich, die Region, in der sich die geheimnisumwobenen Vorgänge abgespielt haben sollen, einmal genauer unter die Lupe zu nehmen. Es handelt sich um eine der abgelegensten und unzugänglichsten Gebirgslandschaften Chinas, und es gibt für sie mehrere Bezeichnungen: Bajankalashan, Payenk Ara Shaan, Bayan Har Shan oder Baian Kara Ula. Die Letztere ist zwar nicht ganz korrekt – da sich diese Schreibweise aber in der einschlägigen Literatur eingebürgert hat, möchte ich sie hier beibehalten. Die Region liegt auch nicht »im Grenzgebiet zwischen China und Tibet«, wie man vorwiegend in älteren Publikationen lesen konnte.[9,19,20] Denn bis zur Grenze von Tibet, seit 1959 als »Autonome Region Xizang« im Staatsverband der Volksrepublik China, sind es noch über 200 Kilometer. Die Bergregion von Baian Kara Ula befindet sich vielmehr in der Provinz Qinghai und erstreckt sich bis in die östliche Nachbarprovinz Sichuan.
Geografisch gesehen zieht sich die Hochgebirgskette von 96 bis 99 Grad östlicher Länge und von 33 bis 35 Grad nördlicher Breite. Zwar nimmt sie von der flächenmäßigen Ausdehnung annähernd die Größe der früheren DDR ein, aber durch das ganze Gebiet führt nur eine einzige größere Straße, welche den Baian Har Pass in 5100 Metern Höhe überwindet.
In dem Gebiet entspringen die Flüsse Ya Lung und der gewaltige Jangtsekiang, ebenso der Mekong, der danach eine südliche Richtung einschlägt und zur Lebensader von Laos, Thai-

land, Kambodscha und Vietnam wird. Die Berge steigen bis über 5000 Meter an, aber in den Tälern, die selbst auch noch über 2000 Meter hoch liegen, wird es im Sommer angenehm warm. Einige Wissenschaftler nehmen an, dass dort vor 20 000 Jahren ein viel wärmeres Klima herrschte. Älteste Spuren menschlicher Besiedlung reichen in dieser Region bis weit in prähistorische Zeiten zurück.[21]

Ein amüsanter Einwurf am Rande: Nördlich der Hauptkette des Baian Kara Ula liegen auf 4237 Metern ü. d. M. die Seen Ngoring Hu und Gyaring Hu, welche der kaum der Quelle entsprungene Huang He, der »Gelbe Fluss«, durchquert. Auf älteren Karten tragen diese beiden Seen noch die hintergründige Bezeichnung »Sternen-Meer«.[22]

Die eigentliche Sensation

Uralte Überlieferungen aus diesem Teil Asiens berichten von kleinwüchsigen, rachitischen Wesen, die aus den Wolken zur Erde herniederkamen. Wegen ihrer abstoßenden Hässlichkeit sowie der absoluten Andersartigkeit ihres Aussehens wurden diese von den umliegenden Stämmen immer wieder angegriffen und gnadenlos massakriert.[19,23]

Selbst in unseren Tagen scheint die Gebirgsregion bei der abergläubischen Bevölkerung unter einem Tabu zu stehen. Vielleicht ist dies der Hauptgrund, dass die Artefakte bis zu ihrer Entdeckung durch die Expedition Chi Pu-Tei völlig unberührt und auch unbehelligt von Grabräubern blieben. Außerdem ist die Gegend unglaublich abgeschieden.

Der Pekinger Archäologe fand nicht nur die kleingewachsenen Skelette. Als eigentliche Sensation sollten sich insgesamt 716 runde, steinerne Scheiben erweisen, die den in den Höhlen bestatteten Wesen als Beigabe in die Gräber gelegt worden waren.

Unseren Schallplatten nicht unähnlich, waren diese etwa einen Zentimeter dicken, im Durchmesser bis zu 30 Zentimeter großen Steinteller in ihrer Mitte mit einem runden, fingerdicken Loch versehen. Auch Rillen waren vorhanden. Im Gegensatz zu unseren Tonträgern mit Kultstatus jedoch ist die Laufrichtung der Rillen auf diesen Granitscheiben vom Mittelloch beginnend, doppelt spiralförmig, bis zum Rand. Zwischen diese Doppelrillen eingravierte Zeichen stellen die wohl seltsamste Schrift dar, die jemals ans Licht des Tages gekommen ist.
Es waren diese Artefakte mit den anfänglich unübersetzbaren Rillen-Hieroglyphen, die den Archäologen lange Zeit Kopfzerbrechen bereiteten. Der erwähnte Professor Chi Pu-Tei hatte große Schwierigkeiten, in den Steinscheiben Grabbeigaben der in den Felsengräbern bestatteten, kleinwüchsigen Kreaturen zu sehen. Vielmehr stellte er 1940 die Theorie auf, bei diesen hätte es sich um eine mittlerweile ausgestorbene Gebirgsaffenart gehandelt. Seiner Ansicht nach waren die 716 beschrifteten Scheiben erst viel später von Angehörigen einer jüngeren Kultur in diesen Höhlen deponiert worden.[19] Reihengräber für Affen? Wie wir wissen, bestatten selbst heute noch Affen ihre toten Angehörigen nicht in irgendwelchen Gräbern.
Wäre es Chi Pu-Tei vergönnt gewesen, bereits in jenen Tagen wenigstens Bruchstücke der Hieroglyphen zu übersetzen, so wäre er nicht auf die lächerliche »Affengräber-Hypothese« gekommen. Da jedoch die Zeit für Erkenntnisse dieser Art anscheinend noch nicht reif war, musste dies noch ein paar Jahre warten.
Um genau zu sein, waren es mehr als 20 Jahre, die da ins Land gingen. Erst 1962 gelang es einer Gruppe von fünf Wissenschaftlern an der Akademie für Vorgeschichte in Beijing, unter Leitung eines gewissen Professors Tsum Um-Nui, einige Passagen der Inschriften weniger Scheiben zu entziffern. Der »Lohn der guten Tat« ließ indes nicht lange auf sich warten: Tsum

Um-Nui standen in der Folge große Probleme ins Haus, ganz abgesehen von Spott und Häme seitens seiner akademischen Kollegenschaft. Auf was war der Professor gestoßen, das imstande war, solchen Sturm zu entfesseln, der sich nicht allein auf das sprichwörtliche Wasserglas beschränken sollte?

Abgestürzt!

Die Rillen-Hieroglyphen erzählen von den Abenteuern auf der Erde gestrandeter außerirdischer Weltraumfahrer, die sich zu einer Zeit ereignet hatten, in der es nach unserem Geschichtswissen unmöglich eine bemannte Raumfahrt gegeben haben konnte. Den unbekannten Chronisten zufolge, die ihre Mitteilungen für die Nachwelt den steinernen Scheiben anvertraut haben, sei eine Gruppe ihres Volkes auf den dritten Planeten dieses Sonnensystems verschlagen worden. Und dies von heute zurückgerechnet vor etwa 12 000 Jahren! Die Menschheit befand sich zu dieser Zeit im ausgehenden Paläolithikum. Sicher verlief auch die Altsteinzeit anders, als uns die Historiker erzählen – ein paar Tausend Kilometer weiter westlich entstand mit Göbekli Tepe in Südost-Anatolien gerade die älteste Stadt der Welt[24]–, der »Griff nach den Sternen« aber lag noch in unerreichbarer Ferne.

Bei der ziemlich unsanften Landung in dem unwegsamen Gebirge seien die Raumfahrzeuge jener Fremden schwer beschädigt worden. Eine Reparatur oder der Bau neuer Fahrzeuge sei unmöglich gewesen. Gestrandet in einer für sie unbekannten Welt, sei ihnen nichts anderes übrig geblieben, als sich in den Bergen von Baian Kara Ula anzusiedeln.[7,8,19,20,23]

Mit anderen Worten: Vor zirka 12 000 Jahren kam es in dieser Bergregion zu einem Vorfall, den man – in Anlehnung an ein ähnliches Ereignis im Jahre 1947 – als »chinesisches Roswell«

bezeichnen könnte. Dieser Begriff hat sich übrigens im anglo-amerikanischen Sprachraum fest eingebürgert, was nicht zuletzt an meinem dort erschienenen, gleichnamigen Buch über ungelöste Rätsel in Ostasien liegen dürfte.[25]
Der Übersetzung Professor Tsum Um-Nuis zufolge ist auf den Steinscheiben von einem Volk mit Namen *Dropa* die Rede, womit offenbar die Fremden aus dem All gemeint sind. Auch ein Volk namens Kham ist in die Geschichte involviert – bei diesem könnte es sich um ein damals in der Region ansässiges Volk gehandelt haben. Dessen Konfrontationen mit den Fremden dürften ziemlich konfliktgeladen verlaufen sein, wie die Rillen-Hieroglyphen zu berichten wissen:
»Die Dropa kamen mit ihren Luftgleitern aus den Wolken herab. Zehnmal bis zum Aufgang der Sonne versteckten sich Männer, Frauen und Kinder der Kham in den Höhlen. Dann verstanden sie die Zeichen und sahen, dass die Dropa dieses Mal in friedlicher Absicht kamen.«
Aber auch umgekehrt soll es für die Neuankömmlinge nicht so ungefährlich gewesen sein. Wurden sie doch von den Männern auf schnellen Pferden – damit waren möglicherweise in einem späteren Berichtszeitraum die Krieger der Mongolen gemeint – erbarmungslos gejagt und getötet.[26]
Ich habe eingangs vorgewarnt: Die Geschichte klingt ungemein bizarr. Im Kontext der beginnenden 1960er-Jahre, zudem in einem Land, das damals völlig einem materialistischen Weltbild marxistischer Prägung verhaftet war, konnte sie eigentlich nur als ungeheuerlicher Affront aufgefasst werden. Es sollte nicht verwundern, wenn Professor Tsum Um-Nui von der Pekinger Akademie der Wissenschaften zuerst einmal vehement zurückgepfiffen wurde, als er seinen Forschungsbericht zu veröffentlichen versuchte. Der trug zu allem Unglück auch noch die ebenso langatmige wie provokante Überschrift: »Rillenschriften, Raumschiffe betreffend, die, wie auf den Scheiben

aufgezeichnet, vor 12 000 Jahren existierten.«[8] Das roch mächtig nach Ärger.

Gute Übersetzer

Tsum Um-Nui war wohl mit einem ordentlichen Dickschädel gesegnet, denn er schaffte es trotz heftigen Gegenwindes, seinen Bericht zu publizieren. In China und in der Sowjetunion wurde dieser eher widerstrebend zur Kenntnis genommen. In der wissenschaftlichen Welt vor allem im Westen wurde die Geschichte einhellig als Nonsens abgetan und der Verfasser als Scharlatan diffamiert. Derartige Dinge passen einfach nicht in das gängige Weltbild, darum wurden auch diejenigen, die sich erdreisteten, darüber zu schreiben, bestenfalls belächelt.
Professor Tsum, der die wertvollsten Jahre seines Lebens der Entwirrung eines beispiellosen Mysteriums geopfert hatte, quittierte in der Folge seinen Dienst an der Akademie in Beijing und emigrierte verbittert nach Japan. Dies dürfte auch seine ursprüngliche Heimat gewesen sein. Sein in China ungebräuchlicher Name beruht nämlich auf japanischen Silben, die sozusagen »geografisch angeglichen« worden waren.[27] Dort starb er kurze Zeit später. Aus Japan kamen denn auch im Frühjahr oder Sommer des Jahres 1962 die ersten Informationen zu uns nach Europa.
Der Berliner Historiker Dr. Jörg Dendl begab sich vor einigen Jahren in Archiven auf die Suche nach diesen frühen Informationen. Seine Absicht war, die ganze Geschichte entweder als Zeitungsente zu entlarven – oder einer fantastischen Wahrheit auf die Spur zu kommen. In einem längst vergessenen Monatsheft für Vegetarier wurde er fündig. Die Zeitschrift *Das vegetarische Universum* enthielt in ihrer Ausgabe vom Juli 1962 einen Beitrag mit dem Titel »UFOs in der Vorzeit?«, dessen Kern-

punkte sich sukzessive in zahlreichen Publikationen auf der ganzen Welt wiederfanden. Trotz der vielen Übersetzungen hielten sich die Abweichungen in den einzelnen Versionen doch in überraschend engen Grenzen. Was beweist, dass seinerzeit gute und sorgfältige Übersetzer am Werk gewesen waren.[26,28]
Hinter dem »Eisernen Vorhang« berichtete die populärwissenschaftliche russische Monatszeitschrift *Sputnik* über die Angelegenheit. Der Philologe Dr. Wjatscheslaw Saizew, einer der Forscher, die die Theorie vom vorzeitlichen Besuch außerirdischer Raumfahrer auch in der Sowjetunion vertraten, befasste sich mit dem Vorgang in den Ausgaben des *Sputnik* vom Februar und April 1968.[29]
Im akademischen Russland jener Tage schlugen die Berichte hohe Wellen. Im Mai 1968 hörte Erich von Däniken von der ominösen Geschichte und flog auf der Stelle nach Moskau. Dort interviewte er den Schriftsteller Alexander Kasanzew zu dem Thema und präsentierte das Rätsel in seinem Bestseller *Zurück zu den Sternen* einem Millionenpublikum.[19]
In der damaligen Sowjetunion war es Professor Matest M. Agrest (1915–2005), der aufgrund etlicher augenfälliger »Kulturkuriosa« bereits 1959 als Erster über mögliche Eingriffe außerirdischer Intelligenzen in unserer frühen Vergangenheit spekulierte.[30,31]
Vor allem die möglicherweise nukleare Vernichtung von Sodom und Gomorrha sowie die gigantische »Landeplattform« von Baalbek im Libanon ließen Agrest zum frühen Paläo-SETI-Pionier werden. Ebenso die mysteriösen Tektiten – schwarze, glasartige, radioaktive Steine unbekannter Herkunft –, die man im Vorderen Orient und anderen Gegenden der Welt fand. Diese Tektiten weisen eine verblüffende Ähnlichkeit mit Steinverglasungen auf, wie sie bei atomaren Testexplosionen in heutiger Zeit entstanden sind.[31] Ich selbst durfte den Professor, der später in die USA emigrierte und den ich zu meinen geisti-

gen »Wegbereitern« zähle, 1997 während einer Konferenz in Orlando (Florida) persönlich kennenlernen. Doch kehren wir hier wieder zurück zu den Funden von Baian Kara Ula.

Die ursprüngliche japanische oder chinesische Quelle aufzustöbern ist bisher leider noch immer nicht gelungen. In welchen verstaubten Archiven sich der damalige Untersuchungsbericht verbergen mag oder ob das Dokument mittlerweile den Weg alles Irdischen gegangen ist, ist im Augenblick nur Spekulation. Die Skeptiker vermuten ohnehin, dass der unglaublich klingende Bericht nie existiert habe. Lacht sich ein unbekannter Fabulant heimlich ins Fäustchen? Oder gibt es Informationen, welche für einen Wahrheitsgehalt dieser abgefahrenen Geschichte sprechen?

Auf Spurensuche

Mittlerweile stehen wir nicht mehr auf dem Wissensstand von 1962, der seinerzeit von zahlreichen Autoren meist unverändert weitergetragen wurde. Das einzig Gute an dieser Stafette ist, dass die Sache nicht in Vergessenheit geriet.
Der bekannte Bestsellerautor und Forscher Johannes von Buttlar berichtet von einer Spur, die in eine ungewohnte Richtung weist. Er traf gegen Ende der 1980er-Jahre mit einem Völkerkundler aus Malaysia namens Ang Nin-Kah zusammen, der seinerseits Recherchen über die steinernen Scheiben angestellt haben will. Ang Nin-Kah habe die Artefakte nicht nur zu Gesicht bekommen, sondern mit Linguisten gesprochen, die an der Übersetzung der Rillen-Hieroglyphen gearbeitet hätten, berichtete von Buttlar. Dabei sei auch die Herkunft der sich Dropa nennenden Fremden zur Sprache gekommen. Dem malaiischen Gelehrten zufolge hätte es Hinweise auf den »roten Planeten« Mars gegeben.[32]

Erinnern wir uns: Die Wände der Begräbnishöhlen sollen mit Ritzzeichnungen verziert gewesen sein, welche Sonne, Mond und die Planeten unseres Sonnensystems zeigten. Zwischen den Himmelskörpern waren Verbindungslinien aus erbsengroßen Punkten eingeritzt, welche die Planeten miteinander verbanden.[19,32]

Auch ich habe mich bereits wiederholt auf Spurensuche begeben, um auf die Frage »Wahrheit oder Fiktion?« endlich probate Antworten zu bekommen. Bevorzugt natürlich an diversen Originalschauplätzen in China. Mir war selbstverständlich bewusst, dass sich dies – aus verschiedenen nachvollziehbaren Gründen – genau wie die sprichwörtliche Suche nach der »Nadel im Heuhaufen« gestalten würde. Einerseits klingt diese Steinscheiben-Geschichte um ein »chinesisches Roswell« selbst für abgebrühte Zeitgenossen mehr nach Science-Fiction denn wie die reine Wahrheit. Wesentlich schwerer aber dürfte wiegen, dass relevante Artefakte und andere greifbare Hinweise möglicherweise nicht mehr aufzutreiben sind, weil sie zwischenzeitlich zerstört wurden.

In den Jahren der weitgehenden Isolierung Chinas vom Rest der Welt hatte die »große proletarische Kulturrevolution« das Land in ein einziges Schlachtfeld verwandelt. Diese 1966 begonnene und endgültig erst nach dem Tode Mao Zedongs im September 1976 beendete Säuberungswelle wurde von radikalen Studenten und sogenannten Roten Garden getragen. Zu Beginn von der politischen Führung noch mit Wohlwollen bedacht, brachten die gewalttätigen Ausschreitungen vieltausendfachen Tod und Schrecken über China. Die Anzahl der Getöteten, die sie forderten, ist nicht annähernd zu bestimmen. Auch unzählige wertvolle Kulturgüter fielen den blindwütigen Exzessen zum Opfer. Auf dem Höhepunkt dieser unseligen Bilderstürmerei wurde weltweit über das Mysterium von Baian Kara Ula berichtet. Mich würde es nicht wundern, wenn sich der tobende Mob auch an jenen Artefakten und dem Untersuchungsbericht vergriffen hätte. Denn der Gedanke an außerirdische Eingriffe stand der streng materialistischen marxistischen Ideologie konträr gegenüber. Dem galt es natürlich, mit allen Mitteln entgegenzusteuern, und wenn nichts anderes half, mit brachialer Gewalt.

Ein letztes Mal flammte die »Kulturrevolution« im September 1976 auf, als die Mao-Witwe Jiang Qing versuchte, mit mehreren Vertrauten die Führung in Staat und Partei an sich zu reißen. Erst der Sturz der sogenannten Viererbande im Oktober 1976 bereitete dem furchtbaren Spuk ein Ende. Langsam begann sich das Leben im roten Riesenreich wieder zu normalisieren. Der Vandalismus eines ganzen Jahrzehnts hatte jedoch eine Schneise der Verwüstung an alten Stätten, in Museen und auch an den Universitäten hinterlassen. Vielen Akademikern war es an den Kragen gegangen, denn es zählte nur noch das Proletariat.

Für unsere Geschichte bedeutete dies erst einmal so viel wie »zurück auf Anfang«, da man in dieser Situation kaum auf neue Informationen hoffen konnte. Und doch sollte sich – allerdings erst sehr viel später – herausstellen, dass bereits zwei Jahre vor dem Ende der Zerstörungsorgien per Zufall wieder eine erste wirklich neue Spur aufgenommen werden konnte.

Seit ein paar Jahren sieht es sogar danach aus, als seien jene zwergwüchsigen Gestalten, deren Skelette in den Felsenhöhlen von Baian Kara Ula gefunden worden waren, noch höchst lebendig. Und zwar in Gestalt möglicher Nachfahren der damaligen Überlebenden. Es ist wirklich wieder unerhört spannend geworden, doch erst einmal, wie immer, alles der Reihe nach.

Chemische Analysen

Blenden wir an dieser Stelle noch einmal kurz zurück zu den Informationen, die 1962 durch den Bericht der Zeitschrift *Das vegetarische Universum* zu uns gelangten. Da wurden ungewöhnliche technische Details der »elektrischen Scheiben« angesprochen. Demnach hatte man einige Exemplare zwecks gründlicherer Untersuchung nach Moskau gesandt. Beim Test mittels eines Oszillografen zeigte sich, dass die Scheiben einen sehr hohen Schwingungsrhythmus aufwiesen, als seien sie einst unter starker elektrischer Spannung gestanden.[26]

Die chemische Analyse ergab unter anderem einen signifikant hohen Anteil an Kobalt. Dieses – wie Eisen und Nickel – magnetische Metall wird heute überwiegend für Legierungen mit Chrom und Stahl verwendet. Als Begleiter von Nickel in Erzen wird es hauptsächlich in Kanada und Zentralafrika abgebaut, seit nicht allzu langer Zeit auch in China. Genauer gesagt, in der Provinz Qinghai, wo sich bekanntlich die Bergregion von Baian Kara Ula befindet. Stellt der hohe Kobaltanteil also eine natürliche Beimengung dar, oder wurde er von den unbekannten Fremden, die ihrer Nachwelt die granitenen Scheiben hinterließen, mit Absicht zugesetzt? Wollten sie die Informationsträger widerstandsfähiger machen – so wie dies heute bei der Härtung von Spezialwerkzeugen geschieht –, damit diese auch noch nach vielen Jahrtausenden ihre Botschaft überbringen konnten?

Die im Labor festgestellten Beimengungen, neben Kobalt auch Aluminium und Silizium, könnten in den Rillen eine Art magnetische Spur bilden, ähnlich unseren Tonbändern. Vielleicht enthalten die Steinteller in Wirklichkeit sogar zwei unterschiedliche Aufzeichnungen. Die erste, aus den Schriftzeichen bestehende, von denen scheinbar ein paar wenige Passagen entziffert werden konnten. Und eine zweite, eingebettet in die metallhaltigen Rillen. Eine magnetische Aufzeichnung, womöglich in Bild und Ton, die noch ihrer Entdeckung harrt.[21] Diese zweite, hinter der oberflächlich sichtbaren versteckte Aufzeichnung wäre dann dafür bestimmt gewesen, nach vielen Tausend Jahren, wenn die Bewohner dieses Planeten geistig und technologisch weit genug entwickelt wären, diesen über deren fantastische Vergangenheit die Augen zu öffnen. Oder auch den Angehörigen der eigenen Rasse, die irgendwann die Verschollenen suchen würden, über ihr Schicksal zu berichten.

Unverhofft kommt oft

Nun aber zu der neuen Spur, die sich, wie ich kurz angedeutet habe, noch vor Maos Ableben und somit vor der ersten, zaghaften Öffnung Chinas zum Westen hin aufgetan hatte. Sie führt uns nach Xian, der Hauptstadt der zentralchinesischen Provinz Shaanxi. Xian war während elf Dynastien respektive über einen Zeitraum von 1080 Jahren auch die Hauptstadt des alten Kaiserreiches. Und heute ist die Stadt ein touristisches Ziel ersten Ranges, das auf einer Rundreise durch China ebenso wenig fehlen darf wie die Große Mauer nördlich von Beijing oder die unvergleichliche Flusslandschaft bei Guilin im Süden. Der Kaiser Qin Shi Huangdi (259–210 v. Chr.) – nicht zu verwechseln mit Huangdi, dem ersten legendären Urkaiser – plante sein späteres Grabmal bereits im blühenden Alter von 17 Jahren. Dabei machte er sich mindestens genauso viele Gedanken um sein jenseitiges Wohlergehen wie um sein diesseitiges. Zum Schutze seiner Grabruhe ließ er ein gewaltiges Heer an Pferden, Wagen und vor allem bewaffneten Kriegern aus Ton brennen. Und diese dann weitläufig um seine Begräbnispyramide herum aufstellen. (Im folgenden Kapitel, in dem es um die sagenhaften Pyramiden in China geht, werden wir ihm nochmals begegnen.) Als »Terrakotta-Armee« ging die tönerne Streitmacht in die Geschichte ein, und die bislang ausgegrabenen Figuren stellen nach Ansicht der Archäologen nur einen Bruchteil der Schätze dar.

So bedeutend die Grabwache des alten Qin-Kaisers in kulturhistorischer Hinsicht und für alle sein mag, die vom Tourismus leben – uns interessiert sie hier im besten Fall am Rande. Denn wie es aussieht, hat es zwei der Steinscheiben aus den Felsenhöhlen von Baian Kara Ula nach Xian verschlagen.

Der österreichische Ingenieur Ernst Wegerer gehörte 1974 zu den Teilnehmern einer der ersten Gruppenreisen, die gegen Ende der Mao-Ära das noch abgeschottete China besuchen durften. Damals noch unter strenger Aufsicht staatlicher Reiseleiter sowie mit »von oben« abgesegnetem Reiseplan führte der Weg auch nach Xian. Dort besichtigte die Gruppe das in einem östlichen Vorort gelegene Banpo-Museum, das Funde aus einem im Jahr 1953 entdeckten jungsteinzeitlichen Dorf beherbergt. Die reichhaltigen Exponate, deren Alter auf gut 6000 Jahre geschätzt wird, bestehen hauptsächlich aus gebranntem Ton.[33]

Und genau in jenem ansonsten mit Tonwaren bestückten Banpo-Museum stieß Ernst Wegerer auf zwei der 1937/38 in den Felsenhöhlen von Baian Kara Ula gefundenen Steinscheiben!

Der wissbegierige Österreicher kannte aus der einschlägigen Literatur die geheimnisvolle Geschichte, die sich um die Artefakte rankt. So wandte er sich an die Museumsleiterin, die mit Unterstützung von Dolmetscher und Reiseleiter die Gruppe durch die Hallen führte. Dabei gab sich die Frau sehr auskunftsfreudig, wusste fast über jede Tonscherbe in den Vitrinen eine ausführliche Geschichte zu erzählen. Doch als Ernst Wegerer sie nach Herkunft und Zweck der beiden steinernen Scheiben befragte, muss er die Direktorin in arge Bedrängnis gebracht haben.

Von einem Augenblick zum nächsten gab sie sich ungewöhnlich einsilbig, versteckte sich hinter der unter Archäologen ebenso beliebten wie sinnleeren »Erklärung«, es handle sich um »Kultobjekte«.[34]
Warum sich die Frau in diesem Augenblick plötzlich so unbehaglich in ihrer Haut fühlte, sollte ich genau 20 Jahre später am gleichen Ort erfahren. Auf sie wartete ein bis heute ungeklärtes Schicksal. Doch darüber später mehr.
Immerhin erlaubte sie dem Ingenieur, eine der Steinscheiben in die Hand zu nehmen und beide zu fotografieren. So entstanden 1974 die im Moment einzigen existierenden Aufnahmen zweier von insgesamt 716 Scheiben aus den Höhlen von Baian Kara Ula. Deren Gewicht gab Wegerer mit jeweils einem Kilogramm an, während er ihren Durchmesser auf etwa 30 Zentimeter und die Stärke auf einen Zentimeter schätzte. Und alles war vorhanden: das Loch in der Mitte wie auch Rillen und Einkerbungen, die ganz offenbar eine Schrift darstellten. Leider sind sie auf den Fotografien nicht zu erkennen. Die Ursachen sind banal: Zum einen waren die beiden Objekte schon etwas verwittert. Zum anderen besitzen Polaroidkameras einen eingebauten Blitz, der immer auslöst – aber dabei Einzelheiten unscharf werden lässt.[7]
Mein im Oktober 2005 leider viel zu früh verstorbener Freund und Autorenkollege aus Wien, Peter Krassa, erhielt die Aufnahmen erst Mitte der 1980er-Jahre. Also ein Jahrzehnt nach Wegerers Besuch im Banpo-Museum. Endlich jedoch tat sich eine neue Spur auf in diesem »archäologischen Kriminalfall«, bei dem die Ermittler viel zu lange auf der Stelle getreten waren. Und die Skeptiker, wie es aussah, alles übereilt ad acta gelegt hatten. Dies war der Stand der Dinge, als ich gemeinsam mit Peter Krassa die Nachforschungen in China aufnahm. Am selben Ort wie Ingenieur Ernst Wegerer, nur genau 20 Jahre später.

Wie vom Erdboden verschluckt

Während unserer Expedition im März 1994, die uns in mehrere damals noch als Sperrgebiet ausgewiesene Regionen führte, wurden wir von den prominentesten Archäologen Chinas empfangen. In Xian diskutierten wir mit Professor Wang Zhijun, dem heutigen Kurator des Banpo-Museums. Vor allem ging es natürlich um die beiden Steinscheiben, die zu sehen wir immer ungeduldiger wurden. Aber was wir dann erlebten, ist nur ein weiteres Mysterium rund um jene geheimnisumwobenen Artefakte. Nach erstem Zögern verriet uns der Professor wahrhaft haarsträubende Einzelheiten.

So verschwand dessen erwähnte Vorgängerin damals, kurz nach dem Besuch von Ingenieur Wegerer, plötzlich und von einem Tage zum nächsten, aus völlig unbekannten Gründen. Sie ist seitdem, wie auch die beiden Steinscheiben, wie vom Erdboden verschluckt.

Aber auch Professor Wang Zhijun war deutlich anzusehen, dass ihm in seiner Haut nicht wohl war. Nach dem Verbleib der beiden Exponate befragt, war sein Unbehagen fast greifbar, als er sich in einer geradezu unglaublichen »Erklärung« wand: »Die von Ihnen hier angesprochenen Steinscheiben existieren nicht, aber weil es sich um Fremdkörper in diesem für Tonwaren bestimmten Museum handelte, wurden sie wieder entfernt.«

Eine faszinierende Antwort, die man sich mit Genuss auf der Zunge zergehen lassen muss. Sogar unser Dolmetscher hatte seine Mühe ob dieser 180-Grad-Wendung in nur einem einzigen Satz. Wieder schienen die Nachforschungen in eine Sackgasse geraten zu sein.

Doch endlich gibt es weitere, noch spannendere Neuigkeiten zum Jahrtausendrätsel »chinesisches Roswell«. Denn seit nicht allzu langer Zeit haben jene Wesen, die im Mittelpunkt der Ereignisse stehen, offenbar konkrete Gestalt angenommen.

Es fing an mit einer eher unscheinbaren Agenturmeldung der *Associated Press*, die Ende 1995 aus China kam. Zu meiner nicht unerheblichen Freude genau eine Woche, nachdem ich vor laufender Kamera von einem jener unvermeidlichen »Berufsskeptiker« hart attackiert worden war.

Zwergenaufstand

Was war geschehen? Ich war zu Gast in der RTL-Talkshow *Ilona Christen*. Thema der Sendung waren »UFOs und Außerirdische«. Flankiert von notorischen Radkappenwerfern sowie einer von der Venus kommenden platinblonden Schönheit, war ich zum Statisten degradiert. Erst die letzten fünf Minuten der Sendung gehörten mir, und in geraffter Form berichtete ich über die Steinscheiben-Geschichte aus der grauen Vorzeit Chinas. Zum Schluss wagte ich noch die folgende Einschätzung aus meiner eigenen Sicht der Dinge: »Wenn an dieser Geschichte wirklich etwas dran sein sollte, dann gab es bei der Notlandung vielleicht Überlebende. Und gab es tatsächlich Überlebende, so könnten mit etwas Glück noch heute ihre Nachfahren existieren.«
Das Echo kam postwendend. Hohn und Spott prasselten ausgiebig auf mich hernieder. Nämlich vonseiten jenes raffiniert im Publikum versteckten »Berufsskeptikers«, der auf unnachahmlich arrogante Weise seinen überflüssigen Senf dazugab: »Gerüchte, alles Gerüchte, die man schon vor Jahren ad acta gelegt hat, was dieser Autor, wie war doch gleich sein Name, da von sich gibt.«
Niemand soll behaupten, unser Universum sei nicht gerecht. Denn die kurz darauf folgende Entwicklung hat inzwischen – mindestens ebenso unnachahmlich – diesen Berufsskeptiker »ad acta« gelegt. Denn schon eine Woche später tickerte diese

Agenturmeldung aus China herein, die Unglaubliches verhieß: In der Provinz Sichuan – darin liegen die östlichen Ausläufer des Baian Kara Ula – war man auf 120 auffallend kleinwüchsige Individuen gestoßen. Das größte unter diesen maß 1,15 Meter, das kleinste – ein Erwachsener! – gerade noch 63,5 Zentimeter. Die Experten sind ratlos. Einige vermuten Umweltgifte als Erklärung, andere machen ein besonderes Gen für den Zwergwuchs verantwortlich.[35,36] Es hätte wirklich nicht spannender kommen können.

Inzwischen konnte ich etliche weitere Informationen zusammentragen, und daraus resultierende Schlüsse ziehen. Langsam entsteht ein klares Bild: Für mich erscheint die Vermutung durchaus nachvollziehbar, dass wir es hier mit den letzten noch lebenden Nachfahren der Havaristen von Baian Kara Ula zu tun haben.

So kann zum Beispiel Zufall nicht im Spiel sein. In der Medizin gilt eine statistische Wahrscheinlichkeit von 1 zu 20 000 für solch ausgeprägten Zwergwuchs. Dies bedeutet, dass nur ein Kind unter 20 000 Normalwüchsigen so klein bleibt. Bei den genannten 120 Fällen aber stoßen wir an die absolute Grenze mathematischer Berechenbarkeit. Warum? Wahrscheinlichkeiten addieren sich nicht, vielmehr multiplizieren sie sich. Was jedem klar ist, der schon einmal Lotto gespielt hat. Was unseren Fall des »Dorfes der Zwerge« betrifft: Ein »Sechser mit Superzahl« ist leichter zu bekommen.

Auch Umweltgifte kommen nicht infrage, denn das Dorf liegt weitab von größeren Städten und Industriestandorten. Das geht aus mehreren Faxmitteilungen hervor, die ich von den chinesischen Tourismusbehörden bekam. Wiederholt hatte ich um die Genehmigung zum Besuch von Huilong nachgesucht, dem Wohnort dieser Zwerge. Doch bislang bekam ich stets die Antwort: »Dieses Gebiet ist für Ausländer nicht freigegeben.«[37]

Verhängnisvolles Schwermetall

Der folgende offizielle Erklärungsversuch ging Ende Januar 1997 durch die Medien. Unter der Headline »Ärztestreit um das Dorf der Zwerge« wurden chinesische Spezialisten zitiert, welche den mysteriösen Zwergwuchs auf eine massive Quecksilbervergiftung im Trinkwasser der Region zurückführten.[38]
Diese Theorie aber ist ausgemachter Blödsinn! Jeder Toxikologe kann kurz und bündig erklären, dass Quecksilber ein nachhaltig wirkendes schweres Gift ist, das alle Organe im Körper schädigt. Ein tragisches Paradebeispiel ist ein Umweltskandal, der sich in den frühen 1960er-Jahren im Süden der japanischen Insel Kyushu ereignete. Eine Chemiefirma hatte ihre quecksilberhaltigen Abwässer ungeklärt in die Bucht von Minamata eingeleitet. Über die kontaminierten Meeresfische gelangte das verhängnisvolle Schwermetall in die menschliche Nahrungskette, so kam es zu Massenvergiftungen. Schwerste Schädigungen waren die Folge, doch nur wenige der Opfer starben gleich. Damals gingen die Bilder der Menschen, die meist erst nach jahrelangem Siechtum verstarben, um die Welt.
Doch eins vermag Quecksilber nicht. Nämlich die DNS, Trägerin aller Erbinformationen, zu beeinflussen. Die nachfolgenden Einzelheiten erläutert Dr. Norbert Felgenhauer, Toxikologe aus München: »Quecksilber führt zu Störungen im zentralen Nervensystem, schädigt Magen, Darm und Nieren. Je nach der Dosierung kann auch der Tod eintreten. Keinesfalls aber kann die Aufnahme von Quecksilber eine Veränderung unserer Chromosomen bewirken, und dies bedeutet: Quecksilber wirkt sich nach westlichen Erkenntnissen nicht auf das Wachstum aus.«[38]
Mehr als eine Verlegenheitslösung kann diese »Quecksilber-Hypothese« nicht sein, löst sie sich doch bei näherer Betrachtung in Rauch auf.

Dass ich die Entdeckung der Zwergwesen mit einem möglichen UFO-Absturz vor 12 000 Jahren in Verbindung bringe, berichtete Deutschlands größte Tageszeitung, nicht lange nachdem die Existenz ihres Dorfes hier publik wurde.[39]
Interessant ist auch, dass die Existenz des Zwergendorfes seitens der chinesischen Behörden nie dementiert und dessen Name Huilong stets unzensiert genannt wurde. Nur ist das Gebiet für ausländische Besucher gesperrt. Ein Gedanke hierzu: Hätten wir es mit einem Ghetto zu tun, einer willkürlichen Zusammenlegung kleinwüchsiger Menschen aus dem ganzen Land, so wäre nichts darüber nach außen gedrungen. China ist wie kein zweites Land in der Welt darauf bedacht, sein gutes wirtschaftliches und politisches Image auf multilateraler Ebene zu wahren. Die aufsteigende Supermacht hat einen Ruf zu verlieren. Wer China und die Chinesen kennt, weiß: Nichts wäre schlimmer, als vor den anderen sein Gesicht zu verlieren.

Inzucht und Isolation

Folglich müssen die Kleinen von gemeinsamer ethnischer Herkunft sein – und nicht aus allen Ecken Chinas bunt zusammengewürfelt. Für Mediziner und Ethnologen stellen sie ein schweres Rätsel dar. Und wir im Westen haben keine Ahnung, wie weit zurzeit der Stand der Erkenntnis im fernen China ist. Last but not least verrät ein Blick auf die Karte, dass das »Dorf der Zwerge« nur wenige Hundert Kilometer vom Hochgebirge des Baian Kara Ula entfernt liegt, beinahe noch an dessen östlichen Ausläufern. Dort grenzt die Provinz Sichuan an die Provinz Qinghai.
Aufgrund aller bekannten Informationen will ich nun folgendes Szenario zur Diskussion stellen: Vor relativ kurzer Zeit – vielleicht erst Mitte der 1990er-Jahre – entschlossen sich die

kleinen Wesen, die möglicherweise tatsächlich die letzten lebenden Nachfahren der in den Rillen-Hieroglyphen genannten *Dropa* sind, den unwirtlichen Bergen den Rücken zu kehren. Sie siedelten sich in der klimatisch angenehmeren Region im Tiefland an. Dass sie, zufällig entdeckt, zwangsweise umgesiedelt wurden, halte ich für unwahrscheinlich In diesem Fall wäre die ganze Sache totgeschwiegen worden. Die Gründe hierfür habe ich bereits erläutert.

Was meiner Meinung nach unbestritten sein dürfte, ist, dass die Zwerge lange Zeit völlig isoliert gelebt haben müssen. Andernfalls wäre es zu einer Vermischung mit normalwüchsigen Populationen und Volksgruppen gekommen, was ihre durchschnittliche Größe in die Höhe getrieben hätte. Die Mediziner bezeichnen diesen Wachstumsschub als Akzeleration. Und beobachten können wir dieses Phänomen beispielsweise an den Pygmäen Zentralafrikas, wenn diese mit Angehörigen anderer Stämme von »normalem« Wuchs Kinder zeugen.[40]

Doch nichts Vergleichbares geschah bei jenen Kleinen, die heute in Huilong leben, dem 200 Kilometer südlich von Chengdu gelegenen Zwergendorf. Sie lebten völlig isoliert in den Bergen von Qinghai. Sie wuchsen nicht. Die konsequent über eine lange Zeit betriebene Inzucht dürfte auch dafür gesorgt haben, dass sie noch kleiner wurden, wie der mit 63,5 Zentimeter kleinste Erwachsene eindrucksvoll zeigt.

Auch wenn westlichen Forschern nach wie vor der Besuch dieser kleinwüchsigen Menschen verwehrt ist, stellt ihre Existenz den vorläufigen Höhepunkt einer geheimnisumwobenen Affäre dar, die von Kritikern allzu voreilig ins Reich der Fabel verwiesen wurde. Auf der einen Seite haben wir Wesen von ethnologisch ungeklärter Herkunft. Auf der anderen Seite den zugegeben fantastisch klingenden Bericht über einen UFO-Absturz vor 12000 Jahren, in dessen Mittelpunkt derartige Geschöpfe stehen. Niedergeschrieben auf 716 Scheiben aus Granit, von denen zwei Exemplare für kurze Zeit aufgetaucht sind, doch aus unserem Blickfeld wieder entschwanden. Aber die Suche geht weiter. Hier im Westen ebenso wie in China, wo das Interesse an solchen Themen in den letzten Jahren gewaltig zugenommen hat.

Immer wieder: Begegnungen mit Zwergenwesen

Immer mehr Indizien kommen ans Licht des Tages, die bei der Bewertung des »chinesischen Roswell« die Waagschale auf jene Seite neigen, die für ein konkretes Ereignis hinter all den Fragezeichen steht. Der Berliner Historiker Dr. Jörg Dendl stieß bei seiner Suche auf einen Bericht aus dem Jahr 1933, in dem von zwei Konfrontationen mit zwergwüchsigen Menschen in den Bergen von Tibet erzählt wird (die Provinz Qinghai grenzt mit letzten Ausläufern des Baian Kara Ula im Westen an Tibet).

Der Bericht von 1933 basiert auf einem noch älteren mit dem Titel *Hsi Tsang Tu Kao*. Dessen Verfasser sah zuerst eine Frau, die von einem chinesischen Soldaten geführt wurde. Deren Größe erreichte kaum 1,20 Meter. Einige Zeit später begegnete er in Menkong einer ganzen Gruppe dieser Geschöpfe. Einige von ihnen konnte er messen, und er gab für die männlichen Individuen im Durchschnitt um die 1,35 Meter, für die Frauen sogar nur 1,25 Meter an. Die ganze Gruppe wurde als Sklaven gehalten.

Im Originalbericht wurde zudem vermerkt, dass jene kleinen Wesen angeblich Kannibalen waren und in einer gebirgigen Gegend lebten. Jene Gegend werde im Norden durch eine Linie eingegrenzt, welche von Assam nach Batang verläuft, während die östliche Grenze von einer gedachten Linie zwischen Chiang Ke und Teng Yüch gebildet werde. Das Land werde

»Kepu Chan« genannt, und dessen Einwohner seien von den religiösen Einflüssen des Buddhismus unberührt geblieben, die bekanntlich ganz Asien prägen. Die Kultur dieser Zwerge wird in dem Bericht als sehr primitiv beschrieben, denn es ist die Rede davon, dass sie alle Höhlenbewohner seien und sich mit Tierhäuten und Blättern bekleideten.[41]

Auch wenn es technisch hoch entwickelte Intelligenzen waren, die vor 12 000 Jahren abgestürzt sein sollen: Es könnte zu Havaristen passen, die sich an einfachste Lebensbedingungen gewöhnen mussten. Nach und nach wurden sie der letzten technischen Annehmlichkeiten beraubt, die sie zunächst hatten retten können. Als diese kaputtgegangen waren, wurde auch der Kampf ums tägliche Überleben immer härter.

Einen fast noch spannenderen Hinweis erhielt ich völlig unerwartet am anderen Ende der Welt. Gegen Ende der 1990er-Jahre befand ich mich auf einer Vortragstour an der Ostküste Australiens. Natürlich ging es um Mysterien im Reich der Mitte. Nach einem Vortrag in Brisbane, der Hauptstadt von Queensland, nahmen mich zwei junge Leute zur Seite. Sie erzählten mir von den seltsamen Erlebnissen ihres lange verstorbenen Großvaters, der im Zweiten Weltkrieg aufseiten der Alliierten gegen die Japaner gekämpft hatte. Bis zu dessen Tod hatte er im Kreis seiner Familie immer wieder von unheimlich anzusehenden kleinen Wesen mit großen Köpfen erzählt, auf die er mehrfach in einsamen Gebirgsregionen Chinas gestoßen war. Seine Familie hielt die Geschichten für Schauermärchen eines alten Kriegsveteranen, also glaubte ihm niemand.[40]

Ich bin mir sicher, dass seit jenem Diavortrag in Brisbane, in dem ich in schöner Ausführlichkeit die ominöse Steinscheiben-Geschichte präsentierte, die Angehörigen des längst verstorbenen Weltkrieg-II-Veteranen nun ganz anders über die Abenteuer ihres Großvaters denken. Nicht selten kommt eine Erkenntnis spät. Die Hauptsache ist, sie kommt.

Neue Spuren und Wege

Wenn ich einigen starrsinnigen Skeptikern den Vorwurf mache, den Fall Baian Kara Ula zu vorschnell ad acta gelegt zu haben, sind es Informationen wie die eben dargestellten, die mich hierin bestärken. Sie mahnen mich, hartnäckig am Ball zu bleiben, um das Rätsel um einen möglichen Raumschiffabsturz vor 12 000 Jahren eines Tages dem Dunstkreis des Obskuren entreißen zu können. Für mich ist und bleibt »Chinas Roswell« eins der spannendsten Rätsel unserer Zeit. Längst sind noch nicht alle Spuren aufgedeckt, alle Wege beschritten, alle Möglichkeiten ausgereizt.

Was ist eigentlich aus jenen Steinscheiben geworden, welche man vor über 50 Jahren zu chemischen und physikalischen Untersuchungen nach Moskau geschickt hatte? Befinden sie sich noch immer dort? Die russisch-chinesischen Beziehungen verschlechterten sich damals zusehends, und es ist nicht anzunehmen, dass Moskau den Chinesen die Scheiben je zurückgegeben hat. Was geschah mit dem Untersuchungsbericht aus dem Jahre 1962? Verrottet er, unbeachtet von der Fachwelt, in irgendeinem Universitätskeller?

Wenn nun tatsächlich zu einer Zeit, da der Homo sapiens auf Erden noch mit Steinwerkzeugen hantierte, die Notlandung eines extraterrestrischen Raumschiffs stattfand, wo liegen dann dessen Überreste? Geht man einmal von der Vermutung aus, dass bestimmt nicht alles verrostet, in Staub und Asche zerfallen und in sämtliche Himmelsrichtungen verweht ist, so müsste doch das eine oder andere Bruchstück noch zu finden sein. Und die Chancen hierfür stehen gar nicht schlecht.

Vor einigen Jahren wurde ich für die Titelgeschichte in der größten englischsprachigen Wochenzeitschrift Chinas, dem *City Weekend Magazine*, zum Thema »Außerirdische Phänomene in China« interviewt.[42]

Im Lauf des 90-minütigen Telefongesprächs erfuhr ich auch Neues über »Chinas Roswell«. Eine neue Expedition dorthin sei in Planung, gesponsert von führenden Medien der Volksrepublik, darunter auch der im ganzen Land verbreiteten Tageszeitung *China Daily*.[40]

Manche Dinge brauchen viel Zeit. Denn bislang habe ich keine Informationen erhalten, ob jene Neuauflage der 1937/38er-Expedition Chi Pu-Tei bereits stattgefunden hat oder nach wie vor in der Vorbereitungsphase steckt. Die brisante Frage steht somit weiter im Raum: Was harrt in den weglosen Schluchten von Baian Kara Ula noch immer seiner Entdeckung?

3 Auf alten Spuren zu neuen Ufern

Expedition zu den Pyramiden Chinas

Dass der Ferne Osten noch so manche Überraschung bereithält, was das Auftauchen von Menschen ungeklärter Herkunft betrifft, demonstrieren uns nicht nur die Bewohner im »Dorf der Zwerge«. Erst 2012 wurden in Höhlen unweit der chinesischen Stadt Mengzi – zirka 200 Kilometer südlich von Kunming in der Provinz Yünnan und nicht weit von der vietnamesischen Grenze gelegen – menschliche Fossilien gefunden, die den Anthropologen Kopfzerbrechen bereiten. Sie scheinen von einer bislang unbekannten Spezies zu stammen, weisen allerdings einzigartige Merkmale auf, die man weder in der modernen noch in mittlerweile ausgestorbenen Abstammungslinien des Homo sapiens fand. Die Überreste sind zwischen 11 500 und 14 500 Jahre alt; die unbekannte Art überlebte offenbar nur bis zum Ende der Eiszeit vor etwa 11 000 Jahren.

Die nach ihrem Fundort »Red Deer Cave People« genannten Urmenschen »sehen anders aus als alle modernen Menschen – egal, ob diese aus heutiger Zeit stammen oder vor 150 000 Jahren in Afrika lebten«, erläutert Darren Curnoe von der Universität von New South Wales im australischen Sydney.[43]

Immer wieder tauchen auch rätselhafte Objekte auf, die ganz und gar nicht in unser Weltbild passen. So habe man einen Fund, der es an Bizarrheit mit den Steinscheiben von Baian Kara Ula aufnehmen kann, in der Wüste Gobi gemacht. Fast noch unglaublicher als der UFO-Crash klingt diese Geschichte, und darum gebe ich sie auch mit Vorbehalt weiter, obwohl mir durch einen chinesischen Archäologen ein Teilaspekt bestätigt wurde.

Die Wüste Gobi ist ein riesiges Gebiet, welches sich von 95 bis 115 Grad östlicher Länge und von 39 bis 47 Grad nördlicher Breite erstreckt. Nur ein Teil davon gehört zu China. Er liegt in der Autonomen Region der Inneren Mongolei, doch ein kleiner Ausläufer reicht im Westen in die Provinzen Gansu und Xinjiang (Sinkiang) hinein. Alles andere zählt zum Territorium der Mongolischen Volksrepublik.

Nach wie vor sind weite Teile der Gobi militärisches Sperrgebiet, absolute »No-go-area«. Das hat mit den Atomwaffenversuchen zu tun, welche die chinesische Armee von 1964 an im westlichen Teil der Wüste unternahm. Es ist übrigens ein seltsam dafür prädestinierter Ort. An vielen Stellen der Wüste Gobi fand man uralte Sandverglasungen. Diese gleichen jenen so verblüffend, wie sie bei modernen Testexplosionen der Nuklearmächte entstanden sind.[15]

Bodenlose Abgründe und kuriose Funde

In dieser unwirtlichen Gegend fand man, zirka 400 Kilometer nordöstlich von Jiuquan und knapp 100 Kilometer von der Grenze zur Mongolei entfernt, die Ruinenstadt Khara-Khota (auch Char Choto). Südlich der Seen Gaxun Nuur und Sogo Nuur gelegen, gehört sie zum Verwaltungsbezirk Ejina Qi. Dort stieß der sowjetische Archäologe Pjotr Kusmitsch Koslov (1863–1935) auf ein Grab mit einem Sarkophag, der die wohlerhaltenen Körper zweier Menschen – vermutlich eines Königspaares – enthielt. Ein Symbol auf dem Sargdeckel ließ einen Kreis erkennen, der durch eine vertikale Linie geteilt war.

Koslov schätzte den Fund auf ungefähr 12 000 Jahre vor unserer Zeitrechnung.[44]
Ebenso alt soll ein Schacht von über 1800 Metern Tiefe sein, der sich gleichfalls in Khara-Khota befindet. Die Wände dieses bodenlosen Abgrunds sollen wie blau schimmerndes Glas aussehen. Irgendein uns unbekannter Vorfall muss das Gestein geschmolzen und die Glasierung bewirkt haben. Lokale Überlieferungen wissen von einem »Feuerblitz« zu berichten, der vom Himmel herabkam und den Schacht geschmolzen habe.[45] Welcher »Blitz« wäre in der Lage, eine beinahe zwei Kilometer tiefe Röhre mit Wänden aus glasiertem Gestein zu erzeugen? Selbst die bloße Glasierung eines schon bestehenden Schachtes wäre eine technische Meisterleistung. Einzig eine nukleare Explosion könnte nach den heutigen Erkenntnissen Vergleichbares bewerkstelligen. Hierzu gibt es Präzedenzfälle. Für eine unterirdische Testexplosion in der öden Sierra Nevada hatten die Amerikaner eine kugelförmige Höhle von 40 Metern im Durchmesser in den Fels gebohrt. Die Zündung der Bombe erfolgte am 13. September 1957. Doch erst vier Jahre später drangen Experten mit schweren Schutzanzügen in die Grotte vor. Was sie entdeckten, verschlug ihnen den Atem: Unter der unglaublichen Hitze und dem Druck war das Gestein zunächst geschmolzen, dann abgekühlt und an den Wänden kristallisiert.[16]
Doch zurück zu den eingangs erwähnten bizarren Artefakten. Aus dem mehr als 1800 Meter tiefen Schacht in Khara-Khota sollen sichelförmige Glasgebilde in großer Zahl stammen, die sich im Besitz vieler Familien am Südrande der Wüste Gobi befänden. Man spricht von mittlerweile über 10 000 Stück, welche geborgen wurden. Und vermutet, dass sich ungleich mehr noch im Schacht befinden. Da weder für ihre Herkunft noch die Technik, mit deren Hilfe die kuriosen Gegenstände hergestellt worden sind, eine befriedigende Erklärung gefunden

werden konnte, sei deren Existenz totgeschwiegen worden. Doch was soll so ungewöhnlich an diesen Glassicheln sein? Berichten zufolge, die erstmals Mitte der 1980er-Jahre kolportiert wurden, sind in den Glasstücken Bilder gespeichert. Diese seien im Ruhezustand nicht zu erkennen. Werfe man aber eine der Sicheln ähnlich einem Bumerang in die Luft, so würden während des Fluges Bilder und Szenarien sichtbar. Man erkenne zum Beispiel eine Rakete an einem Fallschirm oder eine fremdartige Gestalt mit einem birnenförmigen Kopf. Niemand weiß eine Antwort auf die Frage, wie und womit diese Erscheinungen in den geworfenen Gläsern sichtbar werden. Ebenso wenig, durch welche Technik die Bilder in die Objekte hineingerieten und dauerhaft gespeichert wurden.[45]
Sind dies Aufzeichnungen unter Zuhilfenahme eines unbekannten Materials oder einer für uns noch unerklärbaren Lichtstrahltechnik, ähnlich der Holografie?

Der Schacht existiert!

Als die Geschichte 1986 durch die Presse ging, kündigte der damalige Leiter des prähistorischen Museums von Beijing an, er wolle sich näher mit den Funden befassen. Er forderte, das gesamte technische Wissen unserer Zeit anzuwenden, um zu klären, wie und warum in den uralten Glassicheln unseren Dias ähnliche Bildaufzeichnungen gespeichert wurden, die dann durch Bewegung und Einwirkung von Sonnenlicht sichtbar würden. Fände man dazu das richtige Wiedergabesystem, könnte man vielleicht zusammenhängende Bildübertragungen entdecken, die Licht in die geheimnisvollen Vorgänge vor rund 12 000 Jahren brächten.[45]
Leider schweigen sich in der Folge die Medien über das Rätsel aus der Wüste Gobi aus. War alles nur eine Zeitungsente? So

versuchten Peter Krassa und ich während unserer gemeinsamen Expedition durch China, an weitere Informationen zu kommen. Am Anfang hatten wir sogar vor, nach Khara-Khota zu fahren, mussten uns jedoch belehren lassen, dass die ganze Region nahe der Grenze zur Mongolei militärisches Sperrgebiet sei und daher strengstens überwacht werde. Westlich der Ruinenstätte befände sich ein Stützpunkt der Armee, ausgerüstet mit taktischen Atomwaffen.

So konzentrierte sich all unsere Hoffnung auf die Archäologen, die sich teilweise viel Zeit für unsere Fragen nahmen. In der Akademie der Wissenschaften in Beijing stießen wir allerdings auf eine regelrechte Mauer des Schweigens, als wir auf die Geschichte zu sprechen kamen. Weit mehr Glück war uns in Xian beschieden: Professor Wang Shiping, Leiter der Forschungsabteilung im dortigen historischen Museum, hatte für uns noch ein paar Asse im Ärmel. Er erinnerte daran, dass die alten Chinesen bereits vor über 3000 Jahren Glas kannten. Außerdem machte er uns auf andere seltsame Glasgebilde aufmerksam, die gleichfalls in der Wüste Gobi gefunden worden waren. In ihrer Machart wirkten sie ausgesprochen technisch, denn deren Ähnlichkeit in der Form mit modernen Satelliten war schlichtweg verblüffend.

Am Anfang seiner Laufbahn war der Gelehrte selbst in Khara-Khota gewesen. Noch heute kann er sich an den abgrundtiefen Schacht erinnern, den er dort gesehen hatte. Was dessen Entstehung und Zweck angeht, so konnte ihm damals kein Mensch etwas dazu sagen.[27] Konnte Professor Wang Shiping einen Blick in den geheimnisvollen »Strahlenschacht« werfen, der im Mittelpunkt eines großen Rätsels steht?

Vielleicht gelingt es eines Tages, mehr über diese seltsame Geschichte zu erfahren. Wer Nachforschungen in dieser Richtung betreiben will, sollte sich den chinesischen Namen der Ruinenstätte gut einprägen: Er lautet *Chi Chong*. Das bedeutet so viel wie »schwarze Stadt«. Denn mit dem uns geläufigen Namen können in der Volksrepublik nur die allerwenigsten Leute etwas anfangen.

Magische Spiegel

Über andere technisch zu deutende Funde, die uns an die mysteriösen Glassicheln erinnern, berichteten die französischen Sachbuchautoren Louis Pauwels (1920–1997) und Jacques Bergier (1912–1978) in einem ihrer Bücher.[46] In Berichten über die Wissenschaften des ersten vorchristlichen Jahrtausends kommen immer wieder Anspielungen auf »magische Spiegel« vor. Nach Aussagen der Autoren befinden sich viele dieser Spiegel – wie auch die Sichelgläser – heutzutage in privaten Händen. Deren Konstruktion sowie der Verwendungszweck entziehen sich unserem Verständnis. Hinter ihrem Glas sollen sie äußerst komplexe Hochreliefs tragen, die Assoziationen zu den gedruckten Schaltkreisen modernster Hightech-Elektronik wecken. Wird solch ein Spiegel durch direkte Sonneneinstrahlung beleuchtet, werden die Reliefs, sonst durch das reflektierende Spiegelglas abgeschirmt, für das Auge des Betrachters sichtbar. Dies geschieht aber nicht bei künstlichem Licht, was mögliche Erklärungsversuche kompliziert.[47]
Bestehen Parallelen zwischen den von Pauwels und Bergier beschriebenen Objekten und dem »heiligen Spiegel«, der als eines der Reichskleinodien des japanischen Kaiserreichs in der Stadt Ise verwahrt und verehrt wird? Im späteren Kapitel über Japans außerirdische Spuren gehe ich genauer darauf ein.
Den magischen Spiegeln aus dem Reich der Mitte werden nicht selten ungewöhnliche Eigenschaften nachgesagt. Stellt man sie paarweise zusammen, übertragen sie angeblich Bilder wie in einem Film.[48] Ein weiteres bizarres Informationssystem? Falls

es sich nicht um bloße Ausgeburten der Fantasie handelt, und man einiger Exemplare habhaft werden könnte, wären das weitere Indizien für eine vorzeitliche Technologie, die nicht von dieser Welt stammt.

Aber wo suchen? Als »alter Hase« in Sachen China, der ich bereits siebenmal in dem noch immer geheimnisträchtigen Land weilen durfte, würde ich die Nachforschungen auf die Keller der Museen konzentrieren. Dort mag noch mancher Sensationsfund seiner Entdeckung entgegenträumen.

Manche Quellen lassen vermuten, dass den alten Chinesen sogar die Röntgenstrahlen bekannt waren. Der Kaiser Qin Shi Huangdi (259–210 v. Chr.) soll einen Spiegel besessen haben, welcher »die Knochen des Körpers erleuchtete«. Nach dem Tode des Qin-Kaisers soll sich der geheimnisvolle Spiegel noch ein paar Jahre in dessen Palast in Xian befunden haben, bis sich 206 v. Chr. die Spur verlor. In den Überlieferungen jener Epoche wurde er wie folgt charakterisiert:

»Es war ein rechteckiger Spiegel, 1,22 Meter breit und 1,76 Meter hoch (nach unserem Maßstab; d. Verf.), er glänzte sowohl auf seiner Vorderseite wie auf der Rückseite. Wenn sich jemand vor ihm aufstellte, um sich gespiegelt zu sehen, erschien sein Bild auf dem Kopfe stehend. Wenn sich jemand die Hände auf das Herz legte, wurden all seine inneren Organe wie etwa die Eingeweide sichtbar. Wenn jemand eine verborgene Krankheit hatte, dann konnte er ihren Sitz erkennen, wenn er in diesen Spiegel schaute und sich die Hände aufs Herz legte.«[48]

Auch aus Indien weiß man Ähnliches zu berichten. Etwa 250 Jahre vor der Regierungszeit Qin Shi Huangdis soll der indische Gelehrte Jivaka »einen wunderbaren Edelstein« besessen haben, mit dem er »das Innere des Körpers zu betrachten vermochte«. Das wundersame Instrument soll »den Körper erleuchtet haben, so wie eine Lampe alle Dinge im Haus erhellt, hierdurch konnte man das Wesen der Krankheiten erkennen.«[9]

Leider finden sich die Spuren dieser Wundergeräte heute nur noch in den Mythen und Überlieferungen, obwohl an deren Realität – schon aufgrund der so präzisen Beschreibungen – kaum ein Zweifel bestehen dürfte. Nachfolgend möchte ich mich in aller Ausführlichkeit jenen Monumenten widmen, die sich, weithin unübersehbar in der Landschaft, über mehrere Jahrtausende erhalten haben. Nach langen Jahren, in denen das nicht möglich war, kann man sie anfassen, fotografieren und sogar an ihnen hinaufklettern. Die Rede ist von den sagenhaften Pyramiden in China. Durch eine glückliche Fügung gelang es mir, den als wilde Gerüchte bezeichneten Fakten ihren Wahrheitsgehalt zurückzugeben.

»... eine gigantische weiße Pyramide«

Ein trüber, eisiger Morgen liegt über China. Wir schreiben das Frühjahr 1945. Auch in Fernost neigt sich der Zweite Weltkrieg seinem Ende zu. Noch kämpfen versprengte japanische Verbände im Reich der Mitte, doch die wachsende Übermacht der Alliierten drängt sie Kilometer für Kilometer zurück. Auf einem provisorischen Flugfeld besteigt James Gaussman fröstelnd seine Maschine. Sein Auftrag lautet, das Qin-Ling-Shan-Gebirge im Südwesten der alten Kaiserstadt Xian zu überfliegen, um japanische Truppen auszuspähen. Noch sieht alles nach einem ganz alltäglichen Routineeinsatz aus.
Doch für den jungen US-Piloten wird der Tag zum aufregendsten seines Lebens. Als er mit seinem Flugzeug über den hoch gelegenen Tälern des Gebirges kurvt, bemerkt er nichts, was nach Feindbewegungen aussehen könnte. Stattdessen muss er fürchten, dass ihm seine Augen einen Streich spielen.
Beim tiefen Anflug auf ein Seitental sieht er plötzlich ein imposantes Bauwerk. In seinen Militärkarten ist es jedoch nir-

gendwo verzeichnet. Wiederholt umkreist er das Monument, macht sogar ein Foto davon, kann aber nicht landen. Was er da sieht, ist eine riesige Pyramide. Gaussman ist verwirrt – denn solche Bauten kennt man doch eigentlich nur aus Ägypten oder von den Maya in Zentralamerika.

Später gibt der Militärpilot den folgenden Bericht zu Protokoll: »Ich flog um einen Berg, und dann kamen wir über ein ebenes Tal. Direkt unter uns lag eine gigantische weiße Pyramide. Es sah aus wie im Märchen. Diese Pyramide war von schimmerndem Weiß umhüllt. Es hätte auch Metall sein können oder irgendeine Art von Stein. Sie war an allen Seiten völlig weiß. Das Bemerkenswerteste daran war die Spitze: Ein großes Stück edelsteinähnliches Material. Es war unmöglich für uns zu landen, obwohl wir es gerne getan hätten. Wir waren von der gewaltigen Größe dieses Dings schwer beeindruckt.«[49]

Das aus dem Flugzeug heraus aufgenommene Foto wird nach der Rückkehr des Piloten sofort entwickelt. Die Auswertung des Bildes sowie die Angaben Gaussmans lösen einen Schock aus, denn das mysteriöse Bauwerk besitzt eine Höhe von etwa 300 Metern, bei einer Basislänge von fast 500 Metern. Es verwundert nicht, dass das Bild für die nächsten 40 Jahre in den Archiven des Militärgeheimdienstes verschwindet. Gerüchte über riesige Pyramiden in China wollen jedoch seither nicht verstummen.

1000 Fuß sind 300 Meter

Zwei Jahre später wird das Bauwerk erneut gesichtet. Dieses Mal schafft es die Pyramide in die Schlagzeilen. Mit der Überschrift »US-Pilot berichtet von riesiger Pyramide in abgelegenen Bergen südwestlich von Sian« informieren unter anderem die *New York Times* und der *Los Angeles Herald Express* ihre Leser über das gewaltige neue Weltwunder.[50,51]

Maurice Sheahan war der Name jenes Piloten, dem es als Zweitem vergönnt war, die wohl größte Pyramide der Welt zu Gesicht zu bekommen. Laut der Ausgabe von 1964/65 des Jahrbuchs *World Who's Who in Commerce and Industry* wurde er am 14. Mai 1902 in Kewanee (Illinois) geboren und war dann während der späten 1930er-Jahre als offizieller Berater der Regierung in China tätig. Für die Jahre 1945 bis 1947 ist er auch als »Assistant General Manager« der Fluggesellschaft Trans World Airlines (TWA) geführt.[52] In genau diese Zeit fällt auch seine von den amerikanischen Medien verbreitete Sichtung der Pyramide.

Colonel Maurice E. Sheahan verstarb am 27. Februar 1975 in Vacaville (Kalifornien), wo sein Sohn Donald E. Sheahan heute noch lebt. Dieser erinnert sich noch recht gut daran, dass der Vater wiederholt davon gesprochen hat, die gewaltige Pyramide bereits während des Krieges und dann nochmals im März 1947 gesehen zu haben. Bei der zweiten Sichtung während eines Dienstfluges der TWA – darüber ist sich Sheahan jr. sicher – seien mehrere Direktoren der Airline an Bord gewesen. Seine Vermutung ist, dass auch in deren Nachlässen Notizen, möglicherweise sogar Fotos der »Weißen Pyramide« zu finden sein könnten.[53]

In den Zeitungsberichten von 1947 gab Colonel Sheahan, während des Krieges Angehöriger der »Flying Tigers«, den Standort der Pyramide mit 40 Meilen südwestlich von Xian an. Am Ende eines lang gezogenen Tales im Qin-Ling-Shan-Gebirge gelegen, sei sie über Land äußerst schwierig zu erreichen. Am anderen Ende des Tales seien Hunderte kleinere »Grabhügel« zu sehen.

Über Sheahan stand zudem in den Berichten, dass er »neun Jahre in kaum bekannten Regionen im Westen Chinas« zugebracht habe.[50]

THE NEW YORK TIMES, FRIDAY, MARCH 28, 1947.

U. S. Flier Reports Huge Chinese Pyramid In Isolated Mountains Southwest of Sian

SHANGHAI, March 27 (U.P.)—A giant pyramid in isolated mountains of Shensi Province in western China was reported today by Col. Maurice Sheahan, Far Eastern director for Trans World Airline.

From the air, Colonel Sheahan said, the pyramid seems to dwarf those of Egypt. He estimated its height at 1,000 feet and its width at the base at 1,500 feet.

The pyramid, he said, is at the foot of the Tsinling Mountains, about forty miles southwest of Sian, capital of the province. A second pyramid, he continued, appears much smaller.

The pyramid, Colonel Sheahan went on, is at the far end of a long valley, in an inaccessible part. At the near end, he said, are hundreds of small burial mounds. These can be seen, he said, from the Lung-Hai railroad.

"When I first flew over it I was impressed by its perfect pyramidal form and its great size," Colonel Sheahan said. "I did not give it thought during the war years partly because it seemed incredible that anything so large could be unknown to the world.

"From the air we could see only small footpaths leading to a village at the site of the pyramid." Chinese said that because of the almost complete absence of communications, even trails, in some parts of the West China mountains it was not impossible that a huge pyramid might have been long forgotten.

Colonel Sheahan, from Ontario, Calif., has spent nine years in lesser-known areas of western China. First he was a transportation adviser to the Chinese Government. During the war, as an American Army colonel, he was forward supply director for the Flying Tigers.

Dr. James L. Clark of the American Museum of Natural History and Dr. Arthur Upham Pope of the Asia Institute last night characterized the reported discovery of a Chinese pyramid as of great scientific interest.

Dr. Clark called it a "very significant find." Dr. Pope said the presence of such a pyramid was "entirely consistent with the earliest known phases of the Chinese religion."

"From what we know of the religion it might be expected that such a pyramid would be discovered," he said. "It is undoubtedly the burial mound—composed of tamped earth—of a high potentate."

Aus uralten Archiven: Der Bericht der renommierten *New York Times* vom 28. März 1947 über den Flug von Colonel Maurice E. Sheahan über die sagenumwobene »Weiße Pyramide« in den Qin-Ling-Shan-Bergen der chinesischen Provinz Shaanxi.

Stets gab er die Höhe der Pyramide mit 1000 Fuß an, was umgerechnet 300 Meter ausmacht. Sowie die Seitenlänge an der Basis mit 1500 Fuß, was mit 450 Metern nahe an den von James Gaussman berichteten halben Kilometer Seitenlange heranreicht.[50,51] Zeit seines Lebens war Sheahan erstaunt darüber, »dass etwas so Riesiges der Welt nicht bekannt ist«. Nicht minder erstaunen sollte uns die Tatsache, dass diese Meldung aus China im März 1947 zwar kurze Zeit Interesse vor allem in den USA hervorrief, doch die Existenz dieser und weiterer Pyramiden in den Folgejahren verleugnet wurde. Und zwar in China ebenso wie im Westen.

Es gibt sogar noch ältere Berichte vom Anfang des 20. Jahrhunderts. Im Jahre 1912 waren die Handelsreisenden Oscar Maman und Fred Meyer Schroeder in der Provinz Shaanxi unterwegs, als sie auf eine kolossale Pyramide stießen. Über die Maßen beeindruckt, vertrauten sie ihrem Tagebuch an: »Es war noch weitaus unheimlicher, als wenn wir sie in der Wildnis gefunden hätten. Aber diese (gemeint sind mehrere Pyramiden; d. Verf.) lagen gewissermaßen unter den Augen der Welt, sind aber in den westlichen Ländern völlig unbekannt.«[49]

Was allen diesen Berichten gemeinsam ist: Spätestens nachdem am 1. Oktober 1949 die Volksrepublik China ausgerufen wurde, war es nicht mehr möglich, ihren Wahrheitsgehalt zu prüfen. Die Grenzen waren dicht, und so sollte es lange Zeit bleiben.

Wenn Träume wahr werden

Machen wir einen großen Sprung, in den Monat Juli 1993. Seit Colonel Maurice Sheahan die große Pyramide Chinas gesichtet hatte, sind 46 Jahre vergangen. Ich arbeitete gerade am Vorgänger dieses Buches, der im Frühjahr 1994 erschienen und in der

Folgezeit in zahlreichen Sprachen um die Welt gegangen ist.[54] Damals war ich noch Leiter eines Reisebüros und in dieser Eigenschaft holte ich einen lieben langjährigen Freund, Erich von Däniken, zu einem Diavortrag ins oberbayerische Burghausen.

Nach getaner Arbeit setzten wir uns noch wie üblich zu einem gemeinsamen Nachtessen zusammen. An jenem Abend saß ein junger Chinese mit an unserem Tisch: Herr Chen, der in München Touristik studiert hatte und jetzt bei einem Reiseveranstalter die Ziele China und Fernost betreute. Rasch war eine angeregte Diskussion im Gange, die sich um Themen meines Buches drehte. Eines davon waren Pyramiden, die sich im Umkreis der Provinzhauptstadt Xian befinden sollten.

Spätestens an dieser Stelle hätte der Chinese laut auflachen müssen, denn nach gültiger Lehrmeinung gab es keine Pyramiden in China. Nicht so Herr Chen: Geboren in Xian, entsann er sich geheimnisvoller Erzählungen, die er in seinen Kindertagen über genau diese Pyramiden gehört hatte. Nicht nur, dass er *nicht* über meine Ausführungen spottete. Er machte mir sogar ein attraktives Angebot: Er würde versuchen, die guten Verbindungen seiner Familie zu Kadern und Ministerien in Beijing in die Waagschale zu werfen, um für mich eine Ausnahmegenehmigung zur Einreise in diese Pyramidenzone zu bekommen. Zu jener Zeit war das noch militärisches Sperrgebiet. Ehrlich gesagt, glaubte ich nicht an einen Erfolg dieser Aktion. Andererseits konnte ich nichts verlieren, darum nahm ich das großzügige Angebot ohne Zögern dankend an.

Langer Rede kurzer Sinn: Mitte März 1994 war es tatsächlich so weit. Gemeinsam mit meinem bereits erwähnten Freund und Autorenkollegen Peter Krassa durfte ich als weltweit erster Nicht-Chinese die damals noch für Einheimische wie Touristen gesperrte Zone betreten. Und schon im Oktober desselben Jahres kehrte ich dorthin zurück, eine Kamera im Gepäck.

Man ließ mich ungehindert filmen, fotografieren, ja sogar die Pyramiden besteigen.

Drei weitere Reisen folgten in den Jahren 2001, 2004 und 2007. Was bis dahin der Wunschtraum vieler Autorenkollegen und Journalisten sowie Inhalt zahlloser Spekulationen war – für mich ging er in Erfüllung. Und es steht fest: In China gibt es tatsächlich Pyramiden!

Es sind so viele, dass sie die Anzahl jener in Ägypten weit übertreffen. Die Gesamtzahl im weiteren Umkreis der Stadt Xian dürfte mit mindestens 100 nicht zu hoch gegriffen sein. So wäre als »Land der Pyramiden« – einmal abgesehen von der Halbinsel Yucatan mit ihren großteils noch nicht ausgegrabenen Maya-Pyramiden – viel eher China als Ägypten zu bezeichnen. Es gibt übrigens große Ähnlichkeiten der chinesischen Pyramiden mit jenen in Mittelamerika. Beide sind nicht spitz, sondern oben abgeflacht. Doch im Gegensatz zu Maya- und ägyptischen Pyramiden wurden die der Provinz Shaanxi nicht aus Steinen errichtet – vielmehr bestehen sie aus über die Jahrtausende verdichtetem Lehm. Häufig sind sie bedeckt mit Vegetation, was sie wieder mit ihren Pendants aus der »Neuen Welt« gemeinsam haben. Als man die Maya-Pyramiden ausgrub, sahen diese, befreit vom üppig sprießenden Pflanzenwuchs, auch nicht anders aus als die Pyramiden in der Ebene von Qin Chuan, wie die Region um Xian auch genannt wird.

Im »Tal der Pyramiden«

Die meisten der imposanten Bauwerke findet man im Umkreis der Stadt Xianyang. Das Gebiet war bis vor ein paar Jahren noch fast menschenleer, der Anblick geradezu irreal: Nur ein paar Bauern ackerten da und dort im Schatten der Pyramiden, die sich ringsum zu Dutzenden erheben. Wie zu Olims Zeiten bestellten sie das Land mit einem hölzernen Pflug, dem ein Ochse vorgespannt war.

Im »Tal der Pyramiden« erwecken die Bauwerke den Eindruck, Fremdkörper aus einer anderen Welt zu sein. Alles mutet so unwirklich an, man glaubt sich beinahe auf einem fernen Planeten.

Zwei Kilometer weiter: Respekt gebietend erhebt sich eine an die 70 Meter hohe Pyramide, kaum mehr als einen Kilometer entfernt von der Stadtgrenze von Xianyang. Doch trennen sie schon Zeiten und Welten von unserer modernen Zivilisation. Bäume und Menschen am Fuß der Pyramide wirkten wie Spielzeug. Oben angekommen, erwartete mich eine Überraschung. Um ein Haar fiel ich in einen Einsturzkrater. Jahrtausende der Erosion hatten die Decke eines darunter liegenden Hohlraums zum Einsturz gebracht. Was mochte sich alles unter meinen Füßen verbergen? Die sterblichen Überreste alter Herrscher, geheime Kammern mit Schätzen aus längst vergangenen Dynastien? Mysteriöse Artefakte?

Lange wollte ich mich da oben solchen Gedankenspielen nicht hingeben, denn noch fesselnder war der Blick in die Runde. Als ich mich einmal um mich selbst drehte, zählte ich in unmittelbarer Umgebung 17 weitere Pyramiden. Von unterschiedlicher Höhe, standen sie teils einzeln, teils in Gruppen von zwei oder drei Stück. Im leichten Dunst, der dort recht schnell zu Nebel werden kann, waren in der Ferne die Umrisse weiterer beachtlicher Pyramiden zu erkennen. Unter diesem Eindruck den Begriff »Pyramidenstadt« zu verwenden ist wahrlich keine Übertreibung.

Als ich 2007 wieder einmal in China war, konnte ich die beschriebenen Pyramiden schon von Weitem erkennen. Denn seit ein paar Jahren führt eine neu gebaute Autobahn in kühnem Bogen in südlicher Richtung nach Xian und tangiert dabei die Zone, welche noch bis vor wenigen Jahren militärisches

Sperrgebiet war. Technischer Fortschritt und die Erschließung der Region haben die Bauten aus mythischer Vorzeit nun näher in unser Bewusstsein gerückt.

Unterirdische Einblicke

Wenn ich heute zurückdenke, fast 20 Jahre nach meiner ersten Expedition zu Chinas Pyramiden, kommt es mir so vor, als seien die Jahre im Zeitraffer vergangen. So vieles hat sich in dieser Zeit verändert. Erst 1991 waren Ingenieure beim Bau einer neuen Schnellstraße, die die Provinzhauptstadt mit dem Airport verbindet, auf drei Pyramiden gestoßen. 1994 mussten Peter Krassa und ich uns noch verbotenerweise durch ein Loch mogeln, das sich in der Leitplanke an der erwähnten Straße befand, und über weite Felder marschieren. Sprachen wir mit Wissenschaftlern, so wurde uns meist erklärt, in China gebe es keine Pyramiden.

Keine zehn Jahre später war alles anders. Seit Oktober 1994 waren sieben Jahre vergangen, bis ich im selben Monat des Jahres 2001 »meine« Pyramiden wieder aufsuchte. In diesem Jahr stand ich auch für eine amerikanische Filmfirma vor der Kamera. An Originalschauplätzen drehten wir eine Dokumentation für *History Channel* über die größten Rätsel im Reich der Mitte.

Als wir zu den erwähnten drei Pyramiden neben der Schnellstraße nach Xian kamen, wollte ich meinen Augen nicht trauen. Da hatte man zwischenzeitlich Ausgrabungen rund um zwei der drei Pyramiden durchgeführt und dabei bis zu zehn Meter tiefe Gräben gezogen. An deren Sohle war man auf eine große Anzahl Tonfiguren gestoßen, ähnlich wie bei der berühmten Tonarmee des Kaisers Qin Shi Huangdi im Osten von Xian. Nur mit dem auffälligen Unterschied, dass es sich um kleinere,

geradezu zerbrechlich anmutende Figuren handelt und nicht um martialisch dreinblickende Krieger nebst Waffen, Pferden und Streitwagen.
Der Ort heißt nun »Nationales Gedenkmonument Han Yangling«. Ringsum wurde eine Mauer gezogen sowie zwei Museumsgebäude errichtet. Das neuere davon wurde 2007 fertig und vermittelt, zum Teil unterirdisch, interessante Einblicke in jenen Grabungshorizont, der den Forschern die tönernen Figuren bescherte. Selbst im Außenbereich ist alles anders geworden. Wo anno 1994 nur offenes Feld sowie ein unbefestigter, bei Regen matschiger Steig war, führt nun eine breite Autobahnabfahrt direkt zum Haupteingang. Die formschönste der drei Pyramiden – deren Konturen mich stark an die der Stufenpyramide von Sakkara[27] erinnern – liegt nicht mehr im umzäunten Bereich. Sie kann aber durch das rückwärtige Tor nach kurzem Marsch durch eine Obstplantage und über einen Feldweg leicht erreicht werden.
Für mich gab es noch ein besonderes Highlight. Hatte ich im Jahr 1994 von den allermeisten Archäologen die Auskunft erhalten, dass es in China keine Pyramiden gebe, erwartete mich nun das genaue Gegenteil – in Form großer Schautafeln im Eingangsbereich, auf denen die Pyramiden endlich als das dargestellt werden, was sie auch sind. Nämlich Pyramiden! Auch in beiden Museumsgebäuden stehen Modelle, die keinen Spielraum für anderslautende Erklärungen mehr lassen.
Entdeckerherz, was willst du mehr? Dann kann ich ja endlich zugeben, dass ich an der überraschenden Entwicklung nicht ganz unschuldig bin. Die Urversion dieses Buches wurde nämlich auch in die Volksrepublik China verkauft, erfreut sich dort bereits in der zweiten »Generation« großer Beliebtheit und hat mit Sicherheit jede Menge Denkanstöße gegeben.
Aber gehen wir noch einmal zurück ins Jahr 1994, als alles seinen Anfang nahm. Und man in China noch himmelweit davon

entfernt war, die Bedeutung dieses vergessenen Weltwunders, das fast vor der Haustüre schlummerte, zu erkennen.

Arbeit für künftige Generationen

Erst im Januar 1994, zwei Monate bevor ich auf der dortigen Bildfläche aufkreuzte, hatte man nördlich von Xian, am Ufer des Flusses Wei Ho, mehrere Pyramiden gefunden. Eins dieser Bauwerke steht, wie Berechnungen ergaben, fast exakt auf dem geometrischen Mittelpunkt des alten China. Waren es geodätische Fixpunkte, wie Professor Wang Shiping aus Xian vermutet?[55] In jedem Fall liegt uraltes Wissen in ihnen verborgen.
Unweit der Stadt Xianyang liegt das Pyramidenfeld Mao Ling. Von der Peripherie Xians aus waren es etwa 50 Kilometer, für die wir 1994 an die zwei Stunden brauchten. Zwar sind die Straßen mittlerweile besser ausgebaut, doch die sich explosionsartig vermehrende Motorisierung hat diesen Vorteil längst aufgezehrt. Wenigstens ist Mao Ling dank seiner Beschilderung heute besser zu finden. Damals hatten Fahrer und Dolmetscher zehn Leute gefragt, um mindestens 20 Antworten aus berufenem Mund zu bekommen. Biegt man jedoch an der richtigen Stelle ab und überquert die Gleise der dort verlaufenden Lung-Hai-Eisenbahnlinie, dann zeichnet sich die gen Himmel ragende Silhouette der großen Pyramide von Mao Ling schon von Weitem ab.
Inmitten von landwirtschaftlich genutzten Flächen verblüfft ein Anblick, den man dort wohl zuallerletzt erwarten würde. An die 90 Meter hoch erhebt sich ein Bauwerk, dessen gleichmäßige Form jeden Betrachter beeindruckt. Mao Ling ist wahrscheinlich das Grabmal des Kaisers Wudi (141–87 v. Chr.) aus der Han-Dynastie. Erstmalig 1934 von einem deutschen Piloten fotografiert, steht es wie ein Fremdkörper in dieser brettebenen Landschaft.

Vor einigen Jahren hat man damit angefangen, an den Seitenflächen eine relativ schnell wachsende Zypressenart anzupflanzen. Das weckte 1994 in mir noch den Verdacht, man wolle etwas verbergen und in einigen Jahren dann behaupten, all dies seien nur natürliche Hügel. Heute weiß ich es besser. Die Maßnahme wurde zum Schutz gegen Erosion durchgeführt, denn die dortigen Pyramiden bestehen ja aus hart gestampftem Lehm und Löss.

Und trotzdem wird man den Eindruck schwer los, als läge ein geheimnisträchtiges Tabu über Chinas Pyramiden. So erhält man auf die Frage, wann denn an die Öffnung dieser Bauwerke herangegangen werde, die hintergründige Antwort: »Damit sollen sich künftige Generationen beschäftigen.«[56]

Will man es vermeiden, die Ruhe längst verstorbener Kaiser und Regenten zu stören? Oder drohen den Ausgräbern gar konkrete Gefahren für Leib und Leben? Über die Begräbnispyramide des Qin-Kaisers Shi Huangdi, die sich bei Lintong östlich von Xian befindet, berichten die alten Chronisten wahre Wunderdinge. Da sollen raffinierte Selbstschussanlagen installiert sein, die jedem Eindringling mit einem Pfeilhagel den Garaus machen. Schon zu Lebzeiten Qin Shi Huangdis habe man im Inneren der Pyramide ein wahres »künstliches Universum« geschaffen, in dessen Mitte der Kaiser später seine letzte Ruhe finden sollte. Mit einem naturgetreu nachgebauten Sternenhimmel über sich sowie dem »Reich der Mitte en Miniature« am Boden. Mit Flüssen aus Quecksilber, die in ständiger Bewegung gehalten würden.

Lange Zeit hielt man Beschreibungen wie diese aus der Feder des Historikers Sima Qian (145–86 v. Chr.) für die Einbildung alter Chronisten. Doch seit Bodensondierungen rund um die Begräbnispyramide eine enorm hohe Quecksilberkonzentration erbracht haben, ist man mit voreiligen Verweisen ins Reich der Fabel viel vorsichtiger geworden.[27]

Werden wir eines Tages alle Rätsel um die Pyramiden Chinas lösen, den Schleier der Geheimnisse zerreißen, der sich um sie gelegt hat? Immerhin wissen wir heute, dass viele von ihnen aus der Han-Dynastie stammen, die von 206 vor bis 220 nach der Zeitenwende dauerte. Einige dürften auch bedeutend älter sein, zurückreichen in jene Zeit, als die legendären Urkaiser über das Reich der Mitte herrschten. Noch stehen wir am Anfang der Erforschung eines Rätsels, von dem es jüngst noch hieß, dass es gar nicht existiere.

Standortbestimmung

Ganze Pyramidenstädte im Umland von Xian im Blick, habe ich kurz diejenige etwas aus den Augen verloren, die uns erst auf die Idee brachte, nach ihnen zu suchen: Die »Weiße Pyramide«. Um sie ist in den letzten Jahren eine lebhafte Diskussion entbrannt. Die einen halten sie schlichtweg für eine »Zeitungsente«, andere glauben – schließlich ist da ja immer noch das Foto – an eine Verwechslung mit einer der Pyramiden in der Ebene von Qin Chuan. Beliebtester Anwärter für diese Version ist die große Pyramide von Mao Ling.
Auf den Gedanken waren Peter Krassa und ich bereits im März 1994 in Xian gekommen, vor allem, weil auch einige Archäologen diese Meinung vertraten.[27] So verglichen wir die Situation vor Ort in Mao Ling mit den Details auf dem inzwischen berühmt gewordenen Bild aus dem Jahre 1945. Schnell wurde klar: Mao Ling hat mit der »Weißen Pyramide« nichts zu tun.
Die obere Plattform des auf dem Luftbild dargestellten Bauwerks besitzt eine viel kleinere Fläche, läuft folglich »spitzer« zu als die Pyramide von Mao Ling. Deutlich sind auch *mehrere* recht lange, parallel verlaufende Erosionsrinnen auf dem

»Gaussman-Foto« zu erkennen, während das Vergleichsobjekt *eine einzige* Rinne aufweist. Und nur eine noch dazu vage Ähnlichkeit im Verlauf des Fußpfades unterhalb der Mao-Ling-Pyramide ist auch nicht überzeugend – denn der verläuft in einem völlig anderen Winkel zur nächstgelegenen Pyramidenkante als auf der Luftaufnahme der »Weißen Pyramide« zu sehen. (Einmal außer Acht gelassen, dass der Weg in Mao Ling von der Erosionsrinne gesehen rechts verläuft, bei der »Weißen Pyramide« links von der Seite mit den parallelen Furchen.) Selbst der Versuch, das Foto aus dem Zweiten Weltkrieg seitenverkehrt wiederzugeben – dabei war uns der Spiegel unseres Hotelzimmers eine große Hilfe –, brachte keinerlei Übereinstimmung mit den Gegebenheiten in Mao Ling. Last but not least befindet sich in deren unmittelbarer Nähe ein bis auf etwa fünf Meter Höhe abgetragener Pyramidenstumpf, den man auf der alten Schwarz-Weiß-Aufnahme vergeblich sucht.[27]

Es dürfte also wenig Sinn machen, die »Weiße Pyramide« inmitten der flachen Löss-Ebene rund um Xian zu suchen. Was auch logisch erscheint, sieht man sich noch einmal die Beschreibungen an, die sowohl vom US-Air-Force-Piloten James Gaussman[49] als auch vom stellvertretenden Direktor der TWA, Maurice Sheahan, abgegeben wurden.[50,51] Mir selbst liegen in Kopie verschiedene Zeitungsberichte von Ende März 1947 vor, in denen der Letztgenannte mit exakten Angaben zitiert wird: »Aus der Luft, so Sheahan, lässt diese Pyramide jene in Ägypten wie Zwerge erscheinen. Er schätzte ihre Höhe, von oben gesehen, auf 1000 Fuß (300 Meter) und die Breite an ihrer Basis auf etwa 1500 Fuß (450 Meter). Die Pyramide schmiegt sich laut Sheahan an den Fuß eines Berges im Qin Ling Shan, das dort bis zu 10 000 Fuß (3000 Meter) hoch ist. Ihren Standort lokalisierte er ungefähr 40 Meilen (ca. 65 Kilometer) südwestlich Xians, der Provinzhauptstadt …«[57] (Einfügungen in Klammern durch den Verf.)

Es kann sich also nicht um Umrechnungsfehler handeln – sodass zum Beispiel aus 300 Fuß diese sagenhaften 300 Meter wurden denn die Maßangaben in den Berichten sind eindeutig. Auch halte ich es für unwahrscheinlich, dass sich beide Flieger gewaltig verschätzt hätten. Das möglichst genaue Schätzen von Größen und Entfernungen gehört zum A und O der militärischen Flugausbildung. Und die hatte auch der spätere TWA-Captain Sheahan im Krieg bei den »Flying Tigers« genossen.

Eine weitere heiße Spur könnte ein Artikel in der Tageszeitung *Xian Wanbao* beisteuern. Das Blatt berichtete über einen amerikanischen Astronauten, der im Verlauf einer »Apollo«-Mission vom Erdorbit aus neun seltsame »Punkte« ausgemacht und fotografiert habe. Sie befinden sich auf 107° 39' östlicher Länge und 34° 9' nördlicher Breite. Die Stelle liegt tatsächlich südwestlich von Xian, und zwar am Fuße des Berges Tabai Shan, mit 3767 Metern über dem Meeresspiegel die höchste Erhebung im Qin-Ling-Gebirge. Nach der Vergrößerung der Aufnahmen stellte man fest, dass es sich um neun Pyramiden – *Xian Wanbao* vergleicht deren Höhe mit der eines 40-stöckigen Hauses – handelt, welche in regelmäßigen Abständen voneinander fächerförmig angeordnet sind.[58]

Zwar nennt die Tageszeitung aus Xian den Namen dieses Astronauten nicht, aber man kann die Suche eingrenzen. Infrage kämen eigentlich nur die Vorbereitungsflüge Apollo 7 bis Apollo 10 – zwischen Oktober 1968 und Mai 1969 –, da nur diese Erdumkreisungen durchgeführt hatten. Von diesen wiederum sind die Missionen Apollo 8 und Apollo 10 mit jeweils nur eineinhalb Umkreisungen weniger wahrscheinlich. Ganz im Gegensatz zu Apollo 7 und Apollo 9 mit 163 beziehungsweise 151 Umkreisungen. Jener namenlose Astronaut indes ist daher am ehesten unter den Mannschaften von Apollo 7 – Walter Schirra, Donn Eisele und Walter R. Cunningham vom

11. bis 22. Oktober 1968 – und von Apollo 9 – James A. McDivitt, David R. Scott und Russel L. Schweickart vom 3. bis 13. März 1969 – zu finden.[1]
Die Suche nach der geheimnisumwobenen Weißen Pyramide geht weiter. Auch wenn aus der Internetcommunity – da tummeln sich eine Menge Freaks, deren »Realität« nur noch auf einen kleinen viereckigen Kasten beschränkt zu sein scheint – zu hören ist, dass auf Suchprogrammen wie »Google Earth« nichts zu finden sei. Es mag herzlos klingen, aber auch im Netz herrscht keine grenzenlose Freiheit, wie manche Träumer glauben. »Sensible« Regionen können »ausgeblendet« werden, der Zensur zum Opfer fallen.
Gut möglich, dass die wohl größte Pyramide der Welt in so einer Zone liegt. Während meiner Chinareise im Herbst 2007 wurde mir zugetragen, dass sich die riesige Pyramide sehr wohl in den Bergen des Qin Ling Shan befinden soll. Allerdings wäre in unmittelbarer Nähe eine Abschussrampe des ehrgeizigen chinesischen Raumfahrtprogramms. No-go-Area!
Es bleibt spannend. Weitere Forschungen werden sich spätestens dann als lohnend erweisen, wenn auch dieses sagenumwobene Bauwerk einer staunenden Öffentlichkeit präsentiert wird.

Die unterirdische Welt von Huangshan

Inzwischen bahnt sich in einer ganz anderen Region Chinas eine weitere Sensation an. Südwestlich der Stadt Hangzhou und gewissermaßen im Dreiländereck der Provinzen Zhejiang, Jianxi und Anhui liegt am Ufer des Flusses Xin'an der Eingang zu einem unterirdischen Labyrinth von möglicherweise Hunderten Quadratkilometern Ausdehnung. Vor unbekannten Zeiten von noch unbekannteren Baumeistern künstlich aus dem Stein herausgehauen.

Oder mit weit fortschrittlicherer Technologie geschaffen. Diese buchstäblich aus dem Vollen geschnitzte »Unterwelt« ist ein einziger Wald von Fragezeichen. Eigentlich dürfte es die Höhlen überhaupt nicht geben, denn sie gehören in die Kategorie der Funde, die unser schönes traditionelles Weltbild mühelos aus den Angeln zu heben vermögen.

Der Schweizer Autor und Journalist Luc Bürgin, dessen »Passion« gleichfalls das Unerklärliche ist und den ich schon lange kenne und schätze, hörte von jenem Wunderwerk und flog ganz spontan nach China. Was er an Bildern und Fakten von dort mitbrachte, versetzt selbst den mit ungewöhnlichen Dingen Vertrauten in Erstaunen und Ratlosigkeit.

Auf einer schwankenden Hängebrücke von 130 Metern Länge über den Xin'an-Fluss gelangen die Besucher – seit die Anlage im August 2000 teilweise freigegeben wurde – zu dem Höhlensystem. Bislang sind 36 einzelne Höhlen – nicht vergessen: künstlichen Ursprungs! –, die aus dem harten Quarzsandstein herausgearbeitet wurden, bekannt. Von ihnen sind inzwischen fünf erschlossen, die anderen nach wie vor für die Öffentlichkeit gesperrt. Dies hat nichts mit Vertuschung zu tun, denn das Hauptproblem ist, dass die imposanten Kavernen permanent unter Wasser stehen, das unterirdisch aus dem Fluss hereindringt. Selbst die für Besucher zugänglichen Grotten müssen praktisch ununterbrochen abgepumpt werden, da sie sonst in kürzester Zeit wieder überflutet würden.

In den 1950er- oder 1960er-Jahren soll ein Bauer ganz zufällig durch eine Felsöffnung in die Höhlenwelt gestürzt sein und in der Folge von deren Existenz berichtet haben. Doch erst 1995 nahmen sich die örtlichen Kader der Sache an und beauftragten die bei Beijing gelegene Qinghua-Universität mit der Erforschung. Es wurde eine Handvoll Tonscherben gefunden, welche der Jin-Dynastie (265–420 n. Chr.) zugeordnet wurde, ein paar eiserne Werkzeuge und – versteinerte Dinosaurierspuren.

Chronisten erwähnten die Existenz der mysteriösen Unterwelt seit der Periode der »Drei Reiche« (221–280 n. Chr.). Die Anlage dürfte aber, allein wegen ihrer ganzen megalithischen Ausprägung, wesentlich älter sein. Sie könnte sogar aus prähistorischen Zeiten stammen.

Wie mit dem Buttermesser

In allen Dimensionen bricht das unterirdische Reich von Huangshan sämtliche Rekorde. So bedeckt beispielsweise die »Höhle Nr. 2« mit ihrer unüberschaubaren Zahl an Hallen und Seitenverzweigungen eine Fläche von 4,8 Quadratkilometern. Monumentale Pfeiler, so wuchtig, dass drei Männer sie mit ihren Armen kaum zu umfassen vermögen, stützen die Decken der dem Fels anvertrauten Anlage, die an einen vorzeitlichen Atombunker denken lässt. Wo man hinblickt, Felsbalken, Nischen, Kanten und Ecken sowie auf dem Kopf stehende Treppenstufen, die geradezu ins Nichts führen. Sie scheinen allesamt wie mit einem Buttermesser aus dem Fels geschnitten, so exakt sind sie bearbeitet.

Und als wäre dies alles nichts, wartet die »Höhle Nr. 35« mit noch unglaublicheren Details auf. Ihre 36 ineinander verschachtelten Hallen nehmen schier endlose zwölf Quadratkilometer Fläche ein. Selbst die unterirdischen Städte im türkischen Kappadokien – bis heute entdeckte man 82, von denen ich Derinkuyu und Kaymaklı mehrmals besucht habe – verblassen neben dem neuen Weltwunder aus dem Reich der Mitte. Insgesamt 26 Stützpfeiler, so hoch wie moderne Wohnhäuser, stabilisieren die bis dato größte freigelegte Kaverne.

Diese »Höhle Nr. 35« ist für sich allein so gigantisch, dass man sich ohne Licht rettungslos darin verirren würde. Das riesige quadratische Eingangstor würde denn auch besser zu einer unterirdischen Kommandozentrale wie dem »Cheyenne Mountain Complex« in Colorado passen als zu einer wahrscheinlich prähistorischen Höhlenwelt.

In allen bisher geöffneten Kavernen finden sich rätselhafte Gravuren an Decken und Wänden. Viele Felsritzungen zeigen Linien, die plötzlich im rechten Winkel die Richtung ändern, Strukturen, die die Natur nicht kennt. Ein paar der Bearbeitungen erwecken gar den Eindruck, als sei hier mit modernstem Hochleistungswerkzeug gearbeitet worden.[59,60]

Die Archäologen sind ratlos über Herkunft und Zweck der mysteriösen Anlage. Verheimlicht wird sie nicht, vor allem, seit sie 2001 vom damaligen Staatspräsidenten Jiang Zemin in »Huangshan Mysterious Grottoes« umgetauft wurde. Das offizielle China steht unkonventionellen Ideen über unsere Vergangenheit heutzutage ungewöhnlich offen gegenüber. Dies zeigt beispielsweise auch die Einschätzung zum Fund rätselhafter Röhrensysteme am Toson-See in Qinghai als Hinterlassenschaft außerirdischer Besucher.[61]

Und so verwundert es nicht, an exponierten Stellen nahe dem gewaltigen Labyrinth auch auf diese mögliche Erklärung hingewiesen zu werden. An einem nahen Berghang verkünden große Schriftzeichen: »Hier existiert eine andere Welt.« Und auf einer Schautafel an der eingangs erwähnten Hängebrücke steht zu lesen, was bei uns undenkbar wäre: »Manche glauben, dass Besucher aus dem Weltall die Anlage in prähistorischer Zeit errichten ließen.«[59]

Was wollen wir mehr?

4 Chinas allgegenwärtige Drachen
Wunderwaffen am Himmel über Fernost

Der Unterschied ist nicht gerade klein und erst recht nicht fein zwischen einem Drachen in der asiatischen, besonders in der chinesischen Mythologie und dessen abendländischem Gegenstück. In unseren Legenden werden die Drachen meist als grausam, bösartig und mit sämtlichen Attributen des Bestialischen behaftet charakterisiert. Sie rauben nicht nur mit Vorliebe jungfräuliche Prinzessinnen, oft bewachen sie auch Schätze und Gefangene unter der Erde oder am Grund des Meeres. In einer babylonischen Überlieferung besiegt Gott Marduk die Drachenarmeen der bösen Göttin Tiamat, und in der nordischen Sage erschlägt Sigurd den Drachen Fafnir und erbeutet dessen gehortetes Gold.

Häufig verrät die »Handschrift« den Urheber. Denn im Westen machte die christliche Tradition den Drachen zu einem verderbten Wesen des Leibhaftigen, zum Inbegriff alles Bösen, das vom Erzengel Michael aus dem Himmel vertrieben wurde. Sankt Georg, der englische Nationalheilige, tötete einen Drachen, errettete damit die heidnische Bevölkerung und bekehrte sie zum Christentum. So die Sage. Nach der Offenbarung des Johannes werden am Jüngsten Tag Drachen und andere schreckliche Kreaturen besiegt und in die Hölle geworfen.

So bekam der Drachen im gewachsenen christlichen Brauchtum – gewissermaßen als offiziell anerkannte Opposition – seinen festen Platz. Alljährlich wird im bayerischen Furth im Wald der symbolische Drachenstich aufgeführt. Der Höhepunkt des Schauspiels, das Zuschauer aus nah und fern anlockt, ist, wenn der heilige Georg eine Blutblase im nachgebildeten Drachen durchsticht. Das Blut wird sodann von den Zuschauern aufgewischt und über die Felder gegossen, weil man sich damit im kommenden Jahr eine gute Ernte erhofft. Eigentlich ein heidnisches Ritual, aber von der katholischen Kirche im wahrsten Sinne des Wortes »abgesegnet«.

Im absoluten Gegensatz dazu gilt der asiatische Drache als wohlwollend und Glück bringend, wenngleich auch voller Launen. Doch das blutrünstige Drachentöten, eines der Leitmotive unserer westlichen Sagenwelt, ist in Ostasien völlig unbekannt. In der fernöstlichen Philosophie gilt der Drache – im Chinesischen »lung«, im Japanischen »tatsu« oder »ryu« – sogar als göttliches Bindeglied zwischen dem Himmel und der Erde.

Im Schatten der Riesenechsen

Derartige Unvereinbarkeiten lassen keine andere Schlussfolgerung zu, als dass die beiden Drachenbegriffe auf vollkommen unterschiedliche Ursprünge zurückgehen.

Obschon die Paläontologen davon überzeugt sind, dass Mensch und Dinosaurier – jene gewaltigen Echsen, die vor rund 250 bis 60 Millionen Jahren im Erdmittelalter lebten – keine gemeinsamen Wege gingen, wird das Entstehen des Drachenmythos in unseren Breiten gern auf eine Art Urerinnerung zurückgeführt. Jene soll uns von den allerersten Säugetieren, die nicht größer als ein Igel im Schatten der Riesenreptilien ihr Dasein fristeten, über alle Entwicklungsstufen bis hin zum Homo sapiens vererbt worden sein. So habe sich das Drachenbild archetypisch festgesetzt und unauslöschlich im kollektiven Gedächtnis der Menschheit eingebrannt.[62]

Hierzu im Widerspruch stehen ganz konkrete Funde. In Texas, unweit des Städtchens Gien Rose, fand man in den mesozoischen Gesteinsschichten am Paluxy River Hunderte sauber erhaltene Trittspuren von Dinosauriern, daneben die Abdrücke von menschlichen Füßen.[63] Im Einklang dazu postulierte die Theosophin Helena P. Blavatsky (1831–1891) bereits im Jahre 1888 in ihrer *Geheimlehre*, dass »die Kenntnis solcher Tiere (Drachen) ein Beweis für das außerordentliche Alter des Menschengeschlechtes ist«.[64]

Die Vertreter der etablierten Wissenschaften stehen solchen Funden naturgemäß skeptisch gegenüber. Denn nach der sakrosankten Evolutionstheorie nach Charles R. Darwin (1809–1882) konnten, ja durften Saurier und Menschen unter keinen Umständen gemeinsame Wege gehen. Wirklich nicht?

Ich persönlich kann mich sehr gut mit der umgekehrten Schlussfolgerung anfreunden. Ist es nicht denkbar, dass beim großen »Sauriersterben« vor 60 Millionen Jahren doch nicht alle Dinosaurier von diesem Planeten getilgt wurden? In einem früheren Buch habe ich viele Indizien für das Überleben einiger Vertreter in ökologischen Nischen in Afrika, Australien und Südamerika gesammelt. Auch manche Zoologen lehnen diese Möglichkeit nicht mehr von vorneherein ab.[65]

Eine weitere Überlegung zum Ursprung der Drachenmythen geht davon aus, dass unsere Vorfahren bei der Anlage von Stollen und Bergwerken auf fossile Skelette gestoßen seien. Daraus hätten sich Sagen und Legenden um die Drachen gebildet. Dies kann als mögliche Erklärung gelten, wurden doch bis in weit aufgeklärtere Zeiten riesige versteinerte Knochen von den akademischen Koryphäen jener Tage ernsthaft als Überreste von Drachen identifiziert. Umgekehrt wurde das fossile Skelett eines Riesensalamanders aus dem Tertiär – zwischen 60 und einer Million Jahren vor unserer Zeitrechnung – als die traurigen Überreste eines »in der Sintflut ertrunkenen armen Sünders« klassifiziert. Sein Entdecker, der Zürcher Naturforscher und Arzt Johann Jakob Scheuchzer (1672–1733), ersann dafür die wissenschaftliche Bezeichnung »Homo diluvii testis«, das bedeutet »Mensch, Zeuge der Sintflut«.[66,67] Erst der französische Zoologe Georges Cuvier (1769–1832) klärte diesen Irrtum viele Jahre später auf.[68]

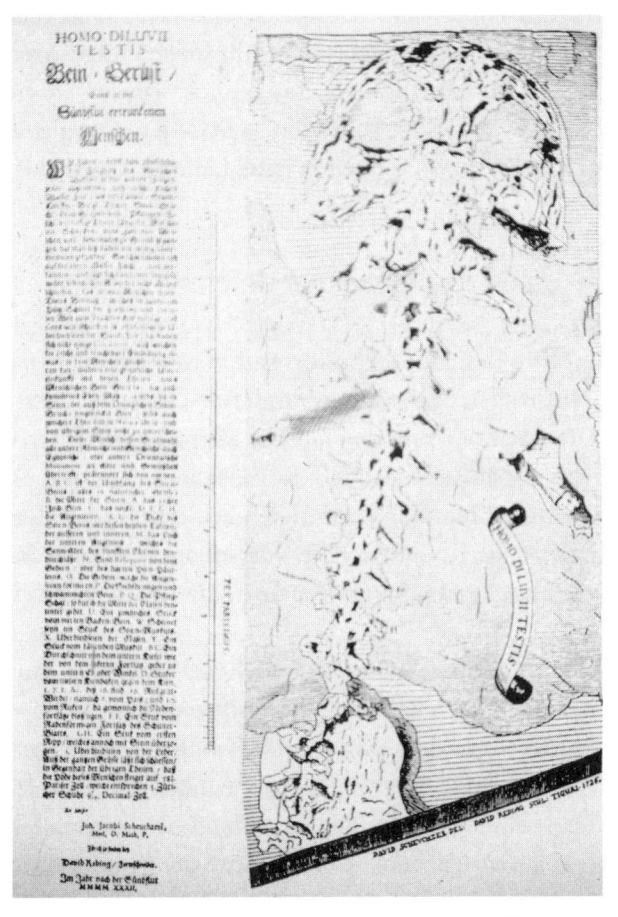

Missgedeutete Fossilien: »Homo diluvii testis« des Zürcher Naturforschers Johann Jakob Scheuchzer (1672–1733). Es war kein in der Sintflut ertrunkener armer Sünder, sondern ein Riesensalamander aus der Tertiärzeit.

Im mitteleuropäischen Raum gibt es unzählige Drachenhöhlen, Drachenberge und Drachenlöcher, an die sich die entsprechenden Geschichten knüpfen. Besonders im deutschsprachigen Gebiet ist der Drachenfels im rheinischen Siebengebirge bekannt, wo Siegfried den Drachen der Nibelungensage erschlagen haben soll. In der Steiermark befindet sich nahe Mixnitz die Drachenhöhle, im schweizerischen Taminatal das Drachenloch und in der schwäbischen Alb sowie in den Alpen diverse andere Drachenhöhlen. Tatsächlich wurden in einigen dieser Höhlen Knochen gefunden, welche das abergläubische Volk für Überreste von Drachen hätte halten können.

Der Strom der Unterwelt

Um die Mitte des 17. Jahrhunderts durchforschte Patersonius Hayn, ein nach Ungarn ausgewanderter deutscher Arzt, eine Reihe Drachenhöhlen in den kleinen Karpaten, in denen er auf zahlreiche fossile Schädel stieß. Zur gleichen Zeit fand ein anderer Deutscher namens Vette in den Felsenhöhlen Siebenbürgens gleichartige Knochen. Alte Volkssagen aus dieser Region Südosteuropas erzählen von Drachen, die sogar fliegen konnten.[69]

Eine sehr mysteriöse Spur führt noch weiter zurück ins Grau der Zeiten. Geologen haben einen riesigen unterirdischen Fluss entdeckt, der unter dem schweizerisch-französischen Juramassiv entspringt und in einer Tiefe zwischen 800 und 1200 Metern dahinfließt. Bald ändert er die Richtung nach Nordwesten, unterquert halb Europa, bis er schließlich an der Westküste Schottlands unter dem Meer in den Atlantik mündet. Und zwar ziemlich genau bei einer Insel mit dem Namen Jura. Diese liegt über 100 Kilometer westlich von Glasgow am Firth of Lourne, einer fjordähnlichen Bucht, die sich am Anfang des Kaledonischen

Kanals befindet. Dieser durchschneidet die schottischen Highlands diagonal und verbindet mehrere »Lochs« miteinander. Eines davon ist das berühmt-berüchtigte Loch Ness.
Jetzt beginnt eine unheimliche Serie verblüffender Übereinstimmungen. Entlang jenem geologisch uralten Fluss liegen mehrere Orte mit ganz ähnlich klingenden Namen. Er fließt unter dem Morvan-Gebirge dahin, in der Gegend der früheren französischen Grafschaft Nivernais (dem heutigen Departement Nièvre), um später in Schottland unweit von Morven und Inverness ins Meer zu münden. Ungezählte Sagen und Legenden aus dem schweizerischen und französischen Jura erzählen übereinstimmend von Ungeheuern und geflügelten Schlangen, welche in Quellen, Bächen und Seen ihr Unwesen trieben. Selbst in den Wappen der Orte, die dem unterirdischen Verlauf dieses kaum bekannten Flusses folgen, werden Drachen und Lindwürmer geführt.
Der britische Autor George Langelaan (1908–1972) befasste sich eingehender mit diesen überraschenden Zusammenhängen. Er richtete an die Verwaltung der Stadt Glasgow eine Anfrage nach der Herkunft des Namens der vorgelagerten Insel Jura. Langelaan bekam die Auskunft, dass der sehr frühe Ursprung des Namens übereinstimme mit der Bezeichnung für ein Fabeltier.[70]
Ich habe bereits kurz die Möglichkeit angedeutet, ob womöglich einige saurierartige Geschöpfe in entlegenen Regionen bis in historisch belegte Zeiten oder gar bis heute überlebt haben könnten. Sollten sie zur Entstehung des Drachenbegriffs in unseren Breiten beigetragen haben? Ein noch recht junger Wissenschaftszweig, die Kryptozoologie, befasst sich auch mit dieser Frage. Nicht abzuleugnen: In den Jahren zwischen 1950 und 2000 wurden allein über 500 Säugetierarten neu entdeckt und klassifiziert.[65] Oder denken wir an »lebende Fossilien« wie Quastenflosser, Brückenechse oder Komodo-Waran.

Mit Absicht habe ich hier ein wenig weiter ausgeholt, damit ich den Unterschied zum Drachenbegriff in Ostasien noch besser herausarbeiten kann. Denn dazwischen liegen wirklich Welten.

Verwirrend viele Drachentypen

In der chinesischen Sprache heißt der Drache »long«, symbolisiert meist Güte und Stärke, und er soll sich häufig in unzugänglichen Bergen und auf dem Grund des Meeres verstecken. Man spricht ihm auch gerne die Eigenschaft zu, sich unsichtbar zu machen, so winzig wie eine Seidenraupe zu erscheinen oder auch so groß, dass er Himmel und Erde ausfüllt.[2] Uralte chinesische Schriften wissen noch weitere interessante Details zu vermelden: »Er kann zwischen den Wolken fliegen oder sich unter Wasser verbergen« (Guan Zhong, 6. Jh. v. Chr.). Und das »Shuowen Jiezi«, das erste Zeichenlexikon der chinesischen Schrift aus dem 1. Jh. v. Chr., vermerkt: »Er kann Wolken formen, sich in Wasser oder Feuer verwandeln, kann unsichtbar werden oder auch im Dunkeln leuchten.«[71] Wahrhaft sonderbare Eigenschaften, die man den mythologischen Monstern zuschreibt.
Die Chinesen machen gern feine Unterschiede. Und sie kennen eine verwirrend große Anzahl verschiedenster Drachentypen, deren Charakteristika eher auf technische Flugapparate hindeuten als auf irgendwelche wenn auch noch so »exotische« Lebewesen. Allen voran der Tianlong, der »Himmels-« oder »Sternendrachen«, der die Wagen der Götter zieht und Orte im Himmel bewacht. Wie ein Begriff aus der modernen IT-Branche mutet Yinglong an, der »Kommunikationsdrache«, mit dem Wort Feilong wird ein Drachen umschrieben, welcher in Verbindung steht mit dem Fliegen im Himmel und in den Wolken.[72]

Auch in der Kunst weiß sich die alte chinesische Mythologie eindrucksvoll darzustellen. Dort werden neun Drachentypen unterschieden:

1. Der auf Glocken oder Gongs abgebildete, welcher die Gewohnheit hat, laut zu brüllen, besonders dann, wenn er von seinem Erzfeind, dem Wal, angegriffen wird.
2. Der auf Musikinstrumenten eingeschnitzte Drache. Diesem ist eine besondere Vorliebe für die Musik zu eigen.
3. Die Literatur dagegen soll jene Drachen begeistern, die auf Stelen gezeigt werden.
4. Auf Brückenpfosten dargestellte Drachen sollen das Wasser lieben; häufig werden sie ähnlich einem Fisch mit aufgestelltem Schwanz wiedergegeben. Sie halten gerne Ausschau und beobachten ihre Umgebung ganz genau.
5. Dem Drachen auf dem Thron eines Buddhas wird eine ausgeprägte Neigung zum Verweilen nachgesagt.
6. Der an der Basis von Steindenkmälern verewigte Drache, welcher sehr schwere Lasten auszuhalten vermag.
7. Von den Drachen auf Tempeldächern wird behauptet, dass diese eine besondere Vorliebe für die Gefahr besitzen.
8. Man muss kein Prophet sein: Auf Schwertgriffen eingravierte Drachen gelten für gewöhnlich als außergewöhnlich kampflustig, draufgängerisch und tollkühn.
9. Auch die Drachen auf den Gefängnistoren sollen sehr streitsüchtig sein. Zudem lieben sie es, ihre Kräfte und Energien so gezielt einzusetzen, dass dies schreckeinflößend und unbändig auf die Menschen wirkt.

Nicht selten werden die chinesischen Drachen auch mit einem kleinen runden Gegenstand abgebildet. Wie auf den sogenannten Drachenwänden, von denen es noch gut erhaltene Exemplare in Datong und Beijing gibt. Diese Szenarien deutet man

unterschiedlich, meist aber als Drachen, die um die Sonne, den Mond oder um eine Perle der Kraft und Stärke, deren Verlust verminderte Macht mit sich bringt (!), kämpfen.[2]
Wie die geflügelten Schlangen bei Maya und Azteken stellen die fernöstlichen Drachen gleichfalls ein auf das Weltall hindeutendes Symbol dar und beruhen auf einem sehr realen technischen Hintergrund. Nicht anders als die geflügelte Schlange hat auch der Drache einen angestammten Platz in Schöpfungsmythen auf der ganzen Welt und einen Bezug zu den Sternen.[73]

Von Himmelssöhnen und Urkaisern

In den ältesten Mythen aus dem Reich der Mitte kamen die Urahnen der Chinesen auf feurigen Drachen zur Erde.[74] In diesem Zusammenhang fällt oft der Begriff der »legendären Urkaiser«, die auch als »Söhne des Himmels« bezeichnet wurden. Es gab deren fünf, die vom 5. bis zum 3. Jahrtausend v. Chr., also lange vor den ersten geschichtlich verifizierten Dynastien regierten Der erste war der »Gelbe Kaiser«, Huang Di – nicht zu verwechseln mit dem späteren Qin Shi Huangdi (259– 210 v. Chr.), dessen Grabpyramide östlich von Xian von einer gewaltigen Streitmacht tönerner Krieger umgeben ist. Auf Urkaiser Huangdi folgte dessen Sohn Shao Hao sowie die weiteren Herrscher Yan Di, Xianong Di sowie Ciyou Di.
Alle diese Herren regierten – für »normale« Verhältnisse – unnatürlich lang, und zwar mehrere Hundert Jahre. In den Überlieferungen wird ihnen auch stets die Fähigkeit des Fliegens nachgesagt. Sie wurden zudem nicht müde, ihre nicht irdische Herkunft zu betonen. Ihre Vorfahren seien die »Söhne des Himmels« gewesen, welche auf röhrenden und Feuer speienden metallenen Drachen aus dem Weltall gekommen waren.[74]

Auch wurden die Urkaiser nicht hier geboren, vielmehr kamen sie schon »regierungsfertig« auf die Erde herab. Sogar umgekehrt lief alles anders. Was den »Gelben Kaiser«, Huang Di, betrifft, soll selbiger nicht den Weg alles Irdischen gegangen sein, sondern am Ende seiner Regentschaft wieder per »Drachen« gen Himmel aufgefahren.[72]

Überhaupt soll dieser erste der legendären Urkaiser diverse seltsame technische Geräte in Gebrauch gehabt haben. Eines jener Objekte wurde als »Dreibein« beschrieben. Es soll vier Meter hoch und in seinem Inneren »mit hundertfacher Energie angefüllt« gewesen sein. Zudem habe es »merkwürdige Geräusche« von sich gegeben. Die alten Überlieferungen vergleichen es mit einem »durch die Wolken fliegenden Drachen«. Das rätselhafte Objekt verkehrte auch mit dem Syuan-Yuan-Stern (Regulus), von wo der legendäre Huang Di stammen sollte.[75]

Jenes sagenhafte »Dreibein« konnte auch Daten sammeln sowie das Leben und die Zeiten des Urkaisers aufzeichnen. Es war mit Sicherheit kein mythologisches Fabeltier, sondern vielmehr ein technisch hoch entwickeltes Gerät, das Flüge zu weit entfernten Sternen unternehmen und in diesem Zusammenhang alles genau speichern konnte.[75] Das alles vor mehr als 5000 Jahren, in einer Zeit, in der so etwas eigentlich gar nicht existiert haben dürfte.

In der Biografie von Huang Di wird auch dessen Drache mit Namen Changhuan erwähnt. Der war in der Lage, an einem Tag extreme Entfernungen zurückzulegen. Nun aber wird es unheimlich! Eine Person, die auf diesem Changhuan »ritt«, sollte 2000 Jahre alt werden können.[75] Flog Huang Dis »Drache« mit Lichtgeschwindigkeit, was zu dem dazugehörigen Zeitverschiebungseffekt führte? Oder ist alles nur der übertriebenen Fantasie der alten Chronisten geschuldet? Im Kapitel über Japan gehe ich genauer auf das für uns erst seit Einstein bekannte Phänomen der Zeitdilatation ein.

Als die Zeit der legendären Urkaiser vorüber war, ging die Fliegerei trotzdem munter weiter. Der Kaiser Yü, dem die Gründung der Xia-Dynastie (etwa 2100–1600 v. Chr.) zugerechnet wird, soll wie einst König Salomo im Besitz eines fliegenden Wagens gewesen sein. Der Himmelswagen wurde von zwei Drachen gezogen, was Kaiser Yü den Beinamen »Herr der Lüfte« einbrachte.[7] Im Verlauf seiner Regierungszeit hatte er auch mit einem »Fackeldrachen« zu tun, der ihm offenbar viele Probleme bereitete. Um dieses fliegende Ungeheuer zu vernichten, musste der Xia-Kaiser eine besondere Strategie anwenden: Inmitten eines künstlichen Sees ließ er einen Beobachtungsturm errichten, von dem aus alle Flugmanöver des »Fackeldrachen« verfolgt wurden. Mit Unterstützung dieser »Luftaufklärung« brachte Yü das Ungeheuer zum Absturz.[74]
»Tower meldet Volltreffer.«
Der letzte Kaiser der Xia-Dynastie war der blutrünstige Diktator Chieh Kuei, der um 1600 v. Chr. sein gewaltsames Ende fand. Dies besorgte Cheng T'ang, der als erster Herrscher der Shang-Dynastie (ca. 1600–1100 v. Chr.) in die Geschichte einging. Cheng T'ang konnte sich bei seinem Staatsstreich auf die Hilfe eines mysteriösen Volkes mit Namen Xi Gong stützen, von dem er »fliegende Wagen« bekommen hatte. Besagte Xi Gong blieben zehn Jahre, wie der Chronist Guo Po (270–324 n. Chr.) berichtete. In dieser Zeit waren ihre Fluggeräte, die auch als »fliegende Räder« beschrieben wurden, in Einzelteile zerlegt, damit die Bevölkerung nicht beunruhigt würde. Danach flogen sie wieder zurück in ihr Land, das 40 000 Li – dies ist die alte chinesische Meile zu 0,6444 Kilometer – entfernt lag.[76,77,78]
Umgerechnet sind dies an die 26 000 Kilometer. Da lässt sich freilich munter drauflosspekulieren, woher jene geheimnisvollen Xi Gong gekommen waren. Von der anderen Seite dieser Erde? Oder flogen sie zu einer Raumstation zurück, welche den Planeten in 26 000 Kilometern Distanz umrundete?

Höhenflüge

Offenbar verfügten nicht nur die Angehörigen des Kaiserhauses über einen guten Draht zu den Himmlischen. Der Dichter Chi Yuan (340–278 v. Chr.) erstattete in seinem Werk *Li Sao* akribisch Bericht über eine Flugreise über Zentralasien. Er weilte gerade am Grabe des Kaisers Chun, als »ein Wagen aus Jade, den vier Drachen zogen«, erschien. Mutig bestieg Chi Yuan das Gefährt und überflog China in großer Höhe in Richtung Westen zum Kun-Lun-Gebirge. Mit seinen bis zu 7700 Meter aufragenden Bergen trennt es das Tibetische Hochland von den Wüsten Takla Makan und Gobi.

Im Verlauf seines Fluges konnte der Chronist die Erde von oben betrachten, ohne dass ihm Wind und Sandstürme etwas anhaben konnten. Danach landete er wieder wohlbehalten auf der Erde. Später soll Chi Yuan nochmals Gelegenheit gehabt haben, mit einem »Drachenwagen« das Kun-Lun-Gebirge zu überfliegen.[79]

Aus demselben Gebirge stammen übrigens uralte Überlieferungen, die von »fliegenden Glocken« sprechen. Diesen ungewöhnlichen Flugobjekten wurde die Eigenschaft nachgesagt, auf mysteriöse Weise aufzutauchen, um ebenso unvermittelt wieder zu verschwinden.[80] Viele UFO-Berichte aus unserer Zeit haben gleichfalls das plötzliche Erscheinen und Verschwinden solcher Flugkörper zum Inhalt, vergleichbar mit dem An- und Ausknipsen eines Lichtschalters.

Wer Schwierigkeiten bei der Vorstellung hat, dass mit jenen Drachen aus Chinas Vergangenheit Raumschiffe oder auch allgemein gesagt fliegende technische Objekte gemeint sein könnten, dem möchte ich hier eine Brücke zum Verständnis bauen. Sollte unsere viel gepriesene Zivilisation einst in Ruinen liegen, werden Archäologen künftiger Jahrtausende eine harte Nuss zu knacken haben. In den wenigen erhaltenen Schriften aus der für sie vollkommen unbegreiflichen Epoche ist immer wieder von anscheinend mystischen Wesen die Rede, die Tiernamen tragen. Zum Beispiel ein »Jaguar«, ausgestattet mit der geballten Kraft von 300 Pferden. Die Gelehrten einer fernen Zukunft werden ungläubig ihre Köpfe schütteln und die für uns wohlbekannten Produkte edelster Automobiltechnik als »mythologische Fantasieprodukte« unter der Rubrik Sagen und Legenden ablegen. File and forget.

Einen Drachen, der mit hoher Geschwindigkeit, Feuer speiend durch die Lüfte fliegt und dabei einen ohrenbetäubend röhrenden Lärm erzeugt, werden sie vollends als Ausgeburt einer blühenden Vorstellungsgabe unserer chaotischen Ära abstempeln. Nicht ahnend, dass sie damit das real existierende Mehrzweck-Kampfflugzeug »Draken« (Drache) der königlich-schwedischen Luftwaffe in das Reich der Fabel verwiesen haben.

Blicken wir noch kurz ins moderne China, das mit seinen ehrgeizigen Raumfahrtplänen immer wieder Schlagzeilen macht. Diese haben bei der Regierung der Volksrepublik höchste Priorität erlangt. Schon während der 1970er-Jahre schossen die Chinesen ihren ersten Satelliten ins All, und zwischenzeitlich konstruierte man auf der Basis militärischer Interkontinentalraketen eine eigene, leistungsstarke Trägerrakete mit dem pathetischen Namen »Langer Marsch«.[81]

Mittlerweile umkreisen bereits mehrere chinesische Raumfahrer die Erde, in einer Kapsel vom Typ »Shenzhou 4«. Geradezu pikant an dieser Namensfindung ist, dass *Shenzhou* übersetzt so viel wie »göttliches Schiff« bedeutet. Viele Wissenschaftler bei uns sträuben sich noch gegen den Gedanken, die Götter der Vorzeit könnten Astronauten gewesen sein. China sieht indessen kein Problem darin, die Eroberung des Weltraumes ausgerechnet mit einem »Götterschiff« in Angriff zu nehmen.[82]

Das geflügelte Pferd vom Fuxian-See

Eine weitere alte chinesische Überlieferung erzählt von einem unter dem Meer versteckten Drachenpalast, der fünf bis sechs Tagesreisen mit dem Schiff entfernt von der bei Shanghai gelegenen Stadt Suzhou im Ostchinesischen Meer lag. Dieses Seegebiet wurde stets ängstlich gemieden wegen seiner Turbulenzen, seltsamer Geräusche und vor allem wegen eines geisterhaften roten Lichts, das in der Nacht so hell wie die Sonne strahlte.[83]

Beobachteten die alten chinesischen Seeleute etwas, was wir heute als Unterwasserbasis für unbekannte Flugobjekte bezeichnen würden? Starteten von diesem geheimnisumwitterten Drachenpalast die silbernen Flugdrachen, welche den mythischen Helden No-Cha beim Kampf gegen seine Widersacher unterstützten?

Der sagenhafte No-Cha muss über ein reich bestücktes Arsenal äußerst wirkungsvoller Waffen verfügt haben, mit denen er seinen Feinden kräftig einheizen konnte. So vernichtete er seinen Rivalen Chang-kuei-feng mithilfe eines sogenannten »Wind-Feuer-Rades«, hinter dessen verschleiernder Bezeichnung hoch entwickelte Waffentechnik gesteckt haben mag. Und mit seinem »Himmel-und-Erde-Armband« ließ er den Boden unter all jenen erzittern, die ihm nicht wohlgesinnt waren.[84]

Die Mythen aus dem alten Reich der Mitte stecken insgesamt voller Anspielungen auf fürchterliche »Götterwaffen«, die keinen Vergleich mit jenen aus den altindischen Heldenepen zu scheuen brauchen. Da ist von »Blitzspießen« die Rede und von »Donnerschlägen«, von »kugelförmigem Feuer« und »glänzenden Lichtstrahlen« für eine offensive Kriegsführung. Auch für die Defensive war man gerüstet: Schützende »Rauchschirme« und »Schleier der Unsichtbarkeit« deckten den Rückzug, falls sich die Helden einmal strategisch verkalkuliert hatten.

Und wie die Götter der alten Inder aus ihren sagenumwobenen Vimanas heraus waren auch die Protagonisten der entsprechenden chinesischen Überlieferungen fähig, feindliche Flugobjekte bereits über beträchtliche Entfernungen hinweg optisch und akustisch wahrzunehmen.[7] Die NATO-Wunderwaffe AWACS (»Airborn Warning and Control System«) – ein mobiles, radargestütztes Luftüberwachungssystem – dürfte das zeitgenössische Pendant hierzu darstellen.

Die eingangs erwähnte Legende von dem »Drachenpalast« unter dem Ostchinesischen Meer erinnert mich ganz spontan an eine ähnlich lautende Geschichte mit einem modernen Gegenstück. Sie dreht sich um den Fuxian-See, etwa 60 Kilometer südlich von Kunming (Provinz Yünnan) gelegen. Dort wurden 2007 die Ruinen einer vor mindestens 1750 Jahren untergegangenen Stadt gefunden. Eine über 1000 Jahre alte Überlieferung aus dieser Region handelt von einem »geflügelten Pferd«, das im See gelebt haben soll. Das rot gepunktete Tier wurde häufig dabei beobachtet, wie es aus dem Wasser stieg und sogleich davonflog.

Nicht als »Pferd mit roten Punkten«, sondern als leuchtende Scheibe beschrieb der Fischer Zhang Yuxian ein Objekt, welches er mit mehreren Arbeitskollegen im Oktober des Jahres 1991 aus dem Fuxian-See aufsteigen sah. Das UFO verursachte bei diesem Manöver so heftige Wellen, dass Zhangs Boot um ein Haar gekentert und untergegangen wäre.[85]

Die altindischen Vimanas, fliegende Schlangen in den Kulturen Zentralamerikas, silberne Flugdrachen und geflügelte Pferde im Reich der Mitte: Letztlich sind das alles nur verschiedene Bezeichnungen für ein und dieselbe Realität. Darum erscheint mir eine technische Interpretation einer Vielzahl von Berichten naheliegend, oft sogar als die Einzige, die einen Sinn ergibt.

Die Wege der Drachen

Ganz eng mit dem Drachenbegriff verbunden ist die aus uralten Zeiten stammende Geomantie, in China wohlbekannt unter dem Begriff Feng-Shui. Laut *Encyclopaedia Sinica* ist diese recht verwirrende Lehre »die Kunst, die Behausungen der Lebenden und Verstorbenen so zu arrangieren, dass sie mit den lokalen Strömungen des kosmischen Atems harmonieren.«[86] Da in diesem Denksystem alle Gesetze der Natur und alle Lebensformen mit exakt definierten mathematischen Prinzipien in Einklang stehen, ist die peinlich genaue Beachtung dieser Regeln Grundvoraussetzung für eine anzustrebende Harmonie zwischen Himmel und Erde.

In diesem Zusammenhang fällt häufig der Begriff der »Drachenwege« – chin.»lung-mei« –, welche nicht selten mit jenen Kraftlinien gleichgesetzt werden, die sich wie ein Netz über unseren gesamten Globus ausbreiten. Den Gedanken, dass es sich bei diesen Drachenwegen auch um etwas ganz anderes handeln könnte, werde ich etwas später noch vertiefen.

In allen Herrscherdynastien und auch heute noch wurden und werden die Feng-Shui-Meister um Rat gefragt, bevor ein Tempel, eine Pagode oder andere Bauwerke jedweder Art errichtet werden. Sehr früh kamen die Chinesen – wer um alles in der Welt brachte ihnen dieses Wissen? – zu der Erkenntnis, dass die Erdkruste von Energieströmen, den Magnetlinien, durchzogen wird. Aufgabe der Geomanten ist es, jene Strömungen zu lokalisieren, um den günstigsten und die kosmische Harmonie am wenigsten störenden Standort zu ermitteln.

Dieser als heilig angesehenen Feng-Shui-Lehre verdanken wir auch die großartig gestalteten Gartenlandschaften, für die das Reich der Mitte berühmt ist. Keine Pagode, kein Baum, nicht einmal kleine Steinsetzungen werden in solchen Anlagen dem Zufall überlassen. In der fernöstlichen Geomantie nehmen vor allem Berge einen besonderen Rang ein. Bereits in den Schriften aus der Han-Dynastie (206 v. Chr.–220 n. Chr.) finden Berge als Zentren kosmischer Energie Erwähnung. Seit damals wird ihnen Ehrfurcht und Respekt zuteil.

Die ersten neuzeitlichen Abendländer, die Bekanntschaft mit der Feng-Shui-Lehre machten, waren Unternehmer und Handelsreisende aus Europa, die im 19. Jahrhundert ihr Glück in China zu machen suchten. Bei ihren Vorhaben stießen sie auf ebenso heftigen wie unerwarteten Widerstand. So durften zum Beispiel Eisenbahnen nicht gerade durchs Gelände verlegt werden, und völlig verboten war es, Tunnel durch »Drachenhügel« zu graben.[87]

Auch heute ist das Prinzip uneingeschränkt gültig. Beim Bau des 1986 eingeweihten Büroturmes der Hongkong-Bank wurde es in allen Details befolgt. Beim noch höheren Bau der Bank of China jedoch ließ man die Feng-Shui-Regeln außer Acht. Die negativen Folgen stellten sich rasch ein: Zwischenwände brachen zusammen, und Fenster zerbarsten scheinbar grundlos, hin und wieder brach sich sogar jemand ein Bein.[88]

In der Repulse Bay im Süden von Hongkong Island stieß ich auf ein besonders schönes Beispiel konsequenter Verwirklichung von Feng-Shui bei einem modernen Zweckbau. In einem wellenförmigen Wohnkomplex, welcher auf einer Anhöhe über der beliebten Badebucht thront, klafft ein riesiges Loch, sieben Etagen hoch und mehrere Appartements breit. Meiner ursprünglichen Annahme, dass dies ein »Typhoon Shelter« sei, eine bauliche Schutzmaßnahme gegen die in jener Region so häufigen tropischen Wirbelstürme, wurde vonseiten der Einheimischen sofort vehement widersprochen. Man erklärte mir, dass der Bauherr mit voller Absicht das »Fenster« ausgespart habe. Der Grund dafür sei, dass man einen Drachenweg, der auf dem dahinter liegenden Berg beginnt, nicht unterbrechen dürfe. Lung-mei!

Gerade angeordnet

In unserem Kulturraum finden die Drachenwege Chinas ihr Gegenstück in den geomantischen Energielinien. Besonders in den englischsprachigen Ländern erlangten sie unter der Bezeichnung »Ley-Lines« einen außerordentlichen Bekanntheitsgrad.[87] Primär geht es um das Phänomen, dass uralte Bauten, die bis zurück in die Steinzeit datieren, »heilige Brunnen« und Quellen wie auch Sakralbauten, die viel später auf den Überresten »heidnischer« Stätten errichtet wurden, auf schnurgeraden Linien aufgereiht sind. Im Schnittpunkt dieser sich oft kreuzenden Linien findet man Anlagen von herausragender Bedeutung. Beispielsweise liegt das berühmte Stonehenge auf einer Kreuzung mehrerer Ley-Lines. Ihre Bezeichnung rührt daher, dass die Namen vieler darauf liegender Orte auf die Silbe »-ley« enden.

Dass die Drachenwege auch einen ganz anderen Ursprung haben könnten, habe ich schon kurz anklingen lassen. Vielleicht gibt es eine Verbindung zum UFO-Phänomen, das nicht erst Mitte des 20. Jahrhunderts in Erscheinung trat. Wahrscheinlich begleitet es die Menschheit seit ihren Anfängen.

Aus den Flugdaten gleichzeitiger UFO-Sichtungen glauben einige Ermittler, ebenfalls eine Art Liniengitter herauslesen zu können, ein System, das hinter den Flugrouten dieser unidentifizierten Objekte stecken soll. Der französische UFO-Forscher und Ingenieur Aimé Michel stellte zum ersten Mal Recherchen in dieser Richtung an. Als er die Beobachtungen eines einzigen Tages aus dem Jahre 1954, in dem Frankreich von einer Sichtungswelle regelrecht überflutet wurde, auf eine Karte übertrug, da machte er eine erstaunliche Entdeckung. Alle Flugrouten waren in geraden Linien angeordnet. An einigen Punkten schienen sich ihre Aktivitäten zu konzentrieren, denn mehrere Linien kreuzten sich dort. Für diese linienförmige Anordnung prägte Michel den Begriff »Orthotenie«, was so viel bedeutet wie »sich in gerader Linie erstrecken«. Ähnliche Fälle, in denen sich ein gut ausgeprägtes Liniengitter zeigte, wurden weltweit beobachtet, darunter auch in Spanien und Brasilien.[89]

Sicher, die Wahrscheinlichkeit für ein ganz zufälliges Entstehen solcher Liniennetze nimmt rasch zu, wenn die Gesamtzahl an Sichtungen wie auch die Breite des Flugkorridors steigen. Auch werden sich viele der zugrunde liegenden Beobachtungen konservativ, also durch »normale« Ursachen erklären lassen. Trotzdem bleibt die Frage im Raum stehen, warum diese modernen Liniengitter eine derart große Ähnlichkeit mit den auf schnurgeraden Linien aufgereihten Kultstätten aus prähistorischen Epochen aufweisen.

Schließt sich hier ein Kreis? Werden wir Zusammenhänge aufdecken, die einen gemeinsamen Ursprung von Ley-Lines, UFOs und den Drachen aus Chinas rätselumwitterter Vergangenheit nahelegen? Im Augenblick ist dies nicht mehr als eine gewagte Spekulation. Solange wir aber nichts Genaueres wissen, sollten wir sie nicht ohne unvoreingenommene Prüfung in das Reich der Märchen und Fabeln verweisen.

5 Astronautengötter auf dem Dach der Welt
Fliegende Perlen und eherne Schlangen über Tibet

Seit 1959 befindet sich Tibet als Autonome Region Xizang im Staatsverband der Volksrepublik China. Mit seinen zwei Millionen Quadratkilometern Fläche gilt es als größtes Hochland der Erde und erstreckt sich zwischen dem Kun-Lun-Gebirge im Norden und dem Himalaya im Süden. Es besteht aus Bergland mit mächtigen Sieben- und Achttausendern sowie Hochebenen, die 4000 bis 5000 Meter über dem Meeresspiegel liegen. Wer das außergewöhnliche Land besucht, sollte große Anstrengungen in der dünnen Luft in jedem Fall vermeiden.

In den oft wie Filmkulissen anmutenden Steppen und Felswüsten liegen zahlreiche Lamaklöster. Bis zum Ende der 1950er-Jahre lebte beinahe ein Drittel der männlichen Bevölkerung als buddhistische Mönche in den Klöstern. Geistiges und weltliches Oberhaupt der Tibeter ist der Dalai Lama, tibetisch *Gyalwa Rinpoche*, welcher für die Gläubigen ein Wesen verkörpert, das halb Mensch und halb Gott ist. Der erste *Gyalwa Rinpoche* war Dge'dun-grub-pa, der von 1391 bis 1475 lebte. Seither soll dieser sich in einer über 500 Jahre währenden Inkarnationsfolge in all seinen Nachfolgern wiederverkörpert haben. Der gegenwärtige, 14. Dalai Lama, Bstan 'dzin-rgyamtsho, wurde 1935 in der chinesischen Provinz Qinghai als Kind tibetischer Eltern geboren und 1940 als Herrscher des Landes auf dem Dach der Welt inthronisiert.

Wie um alle seine Vorgänger – oder sagen wir besser, vorangegangenen Inkarnationen – rankt sich auch um diesen Gottkönig so manche unglaubliche Geschichte.

Obwohl die chinesische Volksbefreiungsarmee bereits 1950 in Tibet einmarschierte, lehnten sich dessen Bewohner noch jahrelang gegen die Chinesen auf. Erst 1959 waren sie endgültig besiegt. Dadurch war der Dalai Lama gezwungen, mit den wichtigsten Gefolgsleuten ins Ausland zu flüchten, um seiner drohenden Gefangennahme zu entgehen.

Auf diesem Exodus ereigneten sich einige unfassbare Vorfälle. Als der *Gyalwa Rinpoche* mit seinen Leuten den Gebirgspass erreichte, der nach Indien führt, hüllte plötzlich ein wie aus dem Nichts erschienener Nebel die ganze Gegend vollkommen ein. Suchflugzeuge der Chinesen, welche aufgestiegen waren, um die Bodentruppen einzuweisen, mussten unverrichteter Dinge zurückkehren. Am Boden deckte ein heftiger, gleichfalls unvermittelt einsetzender Schneesturm alle Spuren zu, sodass auch die Soldaten aufgeben mussten. Ungehindert entkam der *Rinpoche* ins Exil nach Dharamsala im nordindischen Nangra-Distrikt, wo er dank seiner Freundschaft mit dem damaligen Premierminister Jawaharlal Pandit Nehru (1889–1964) Aufnahme fand. Schätzungsweise bis zu 100 000 seiner ebenfalls aus Tibet geflüchteten Landsleute leben dort, die sein Exil mit ihm teilen. Sie verehren und unterstützen ihn moralisch in der von ihm noch immer beanspruchten Oberhoheit über Tibet.

Zeichen und Visionen

Kompliziert und mitunter bizarr wirken jene Prozeduren, die zur Inthronisation eines neuen Dalai Lama führen. Diese können sich über Monate oder gar Jahre hinziehen. Nach traditionellem Glauben reinkarniert sich der dahingeschiedene Dalai

Lama kurz nach seinem Ableben in einem neugeborenen Knaben. Oft gibt er noch Hinweise darauf, wo er wiedergeboren werden wird. Das betreffende Kind muss über spezielle körperliche Merkmale verfügen wie etwa die Form der Ohren und bereits im Alter von wenigen Jahren imstande sein, Einzelheiten über seine vorangegangene Existenz wiederzugeben.

Die parapsychologische Forschung kennt zahlreiche Fälle, in denen Kinder, kaum dass sie zu sprechen gelernt hatten, exakte und sogar nachprüfbare Details aus einem vergangenen Leben von sich gaben.[11,90]

Bald nach dem Tode des Dalai Lama brechen aus Priestern und Laien gebildete Suchtrupps auf, um im ganzen Land nach dem reinkarnierten Oberhaupt zu suchen. Eine Gruppe befasst sich mit Berichten über ungewöhnliche Kinder, andere wandern in Gebiete, die ihnen durch Omen und Orakel benannt wurden. Eine bedeutende Orakelstätte ist der Lhamo Latso, ein Bergsee, an dessen Ufer der erste Dalai Lama eine Vision der Göttin Panden Lhamo hatte. Diese teilte ihm mit, dass künftig alle seine Inkarnationen unter ihrem Schutz stehen würden.[91]

Als der 13. Dalai Lama 1933 seinen Lebensweg beendet hatte, gab er selbst ein Zeichen. Der soeben Verstorbene war, mit dem Gesicht gen Süden gerichtet, in einem pavillonartigen Gebäude des Potala-Palastes von Lhasa auf einen Thron gesetzt worden. Wenige Tage später hatte sich das Gesicht des Toten nach Osten geneigt, und ein großer, sternförmiger Pilz war auf einem hölzernen Pfeiler an der nordöstlichen Ecke des Pavillons gewachsen.[92]

Doch es bedurfte noch weiterer Zeichen und Omen, um die Suche genauer eingrenzen zu können. Deshalb reiste der Regent, der während der Interimszeit die Pflichten des Dalai Lama wahrnahm, zum Bergsee Lhamo Latso.

Dort wurde ihm nach mehreren Tagen des Betens und Meditierens tatsächlich eine Vision zuteil. Vor seinem geistigen Auge sah er ein Kloster mit jadegrünen und goldenen Dächern und ein Haus mit türkisfarbenen Ziegeln. Er konnte das Haus, dessen Umgebung und sogar den Hund der dort lebenden Familie ganz genau erkennen und beschreiben. Daraufhin machte sich ein getarnter Suchtrupp auf den Weg, um den Ort zu finden.

Im »Jahr des eisernen Drachen«

Drei Jahre nach dem Tod des 13. Dalai Lama – 1936 – war die Suche endlich von Erfolg gekrönt. Die Vision des Regenten: Es waren die grünen und goldenen Dächer des Klosters Kumbum sowie ein Haus mit türkisfarbenen Ziegeln im nahe gelegenen Ort Taktser. Das Dorf befindet sich tatsächlich exakt in nordöstlicher Richtung von der Hauptstadt Lhasa. Als die Mitglieder des Suchtrupps mit der Familie Kontakt aufnahmen, erkannte eines ihrer Kinder – ein knapp zwei Jahre alter Knabe – den Lama, welcher die Gruppe anführte. Mehr noch: Er konnte sich in der offiziellen Hofsprache mit ihm unterhalten. Niemand in der Familie vermochte sich in dieser Sprache auszudrücken. Außerdem benannte der Kleine mehrere Gegenstände aus dem Besitz des Dalai Lama. Beispielsweise einen Rosenkranz, den der als Diener verkleidete Führer der Gruppe um den Hals trug.[93]
Nach einigen weiteren Prüfungen und langwierigen Beratungen waren sich alle Teilnehmer des Suchtrupps schlussendlich einig. Man hatte den neuen *Gyalwa Rinpoche* gefunden, das geistige und weltliche Oberhaupt der Tibeter. Am 14. Tag des ersten Monats im »Jahr des eisernen Drachen« – 1940 nach westlicher Zeitrechnung – wurde der wiedergefundene Dalai Lama festlich angekleidet und als Bstan'dzin-rgya-mtsho auf den Löwenthron im Potala-Palast zu Lhasa gesetzt. Die Interimszeit war zu Ende.

Die längste, ununterbrochene Inkarnationsfolge in dem immer noch geheimnisvollen Land auf dem Dach der Welt aber kennzeichnet den *Gyalwa Karmapa*. Im tibetischen Buddhismus ist er neben dem Dalai Lama die höchste Autorität in der Glaubenswelt, gilt als die wahre Wiedergeburt Gautama Buddhas, des »erleuchteten Boddhisatva«. Seit Dusum Khyenpa (1110–1193), dem ersten *Gyalwa Karmapa*, hält die Inkarnationslinie bereits über 900 Jahre an. Keine andere Linie ist so alt, wurde so exakt und kontinuierlich dokumentiert. Auch der Dalai Lama respektiert den *Karmapa* als älteste aller bewussten Inkarnationen.

Über die komplizierte und zeitraubende Suche sowie das erfolgreiche Auffinden des 17. *Gyalwa Karmapa* – der 16. *Karmapa*, Rangjung Rigpa Dorje, war 1981 gestorben – berichtete der deutsche Dokumentarfilmer Clemens Kuby in seinem Meisterwerk »Living Buddha«. Sieben Jahre arbeitete der Regisseur an dem Epos, doch die harte Arbeit hat sich mehr als gelohnt. Denn erstmals konnten wir im Kino einen Menschen in zwei Leben erleben! Bei den Dreharbeiten spielte Kuby dem kleinen Urgyen Thinley Dorje ein Video mit einer Passage vor, in welcher seine »Vorgänger-Inkarnation« zu sehen ist. In jenem Moment, da Rangjung Rigpa Dorje auf dem Bildschirm erschien, reagierte der Junge wie elektrisiert. Mit selbstvergessener Intensität betrachtete er die Zeremonie, die da vor seinen Augen ablief.[94]

Am 27. September 1992 – der neue *Karmapa* war bereits sieben Jahre alt – wurde er im Kloster von Tsurphu inthronisiert. Die Zentralregierung in Beijing schickte zu diesen Feierlichkeiten einen hohen Minister samt Funktionären. Damit erkannte sie den *Karmapa* an, »legalisierte« damit auch die zuvor erfolgte Anerkennung durch den Dalai Lama. Ebenso die Realität der Reinkarnation, die vonseiten der chinesischen Führung lange als Aberglauben angesehen worden war.[92]

Die schwebenden Läufer des Lung-gom

Tibet ist ein Land der Mysterien und Wunder und dies auf recht vielfältige Weise. Ein großes Rätsel möchte ich auf keinen Fall unerwähnt lassen, bevor ich mich den Hinweisen auf die Präsenz nicht von dieser Welt stammender Intelligenzen in jenem Teil Ostasiens zuwende.

Es sind nur ganz wenige Eingeweihte, welche diese augenfällig exotische Technik beherrschen, aber durch zahlreiche bestbeleumundete Zeugen steht die Realität des Phänomens außer jedem Zweifel. Die Rede ist von Lung-gom, dem sogenannten Schwebelauf, der es den Ausübenden ermöglicht, sehr lange Strecken mühelos und ungemein schnell zurückzulegen. Diejenigen, welche diese Art der Fortbewegung beherrschen, werden »Lung-gom-pa« genannt. Ermöglicht wird dies offenbar durch die Fähigkeit, ganz bewusst auf die Schwerkraft einzuwirken und in einem tranceartigen Zustand gezielt davon Gebrauch zu machen.[95]

Die erste aus dem Westen stammende Person, welche Augenzeugin dieser »Begabung« wurde, war die Tibetforscherin Alexandra David-Néel (1868–1969). Als sie mit ihren Begleitern die hoch gelegene, wenig bewohnte Steppe von Chang Thang durchritt, bemerkte sie einen winzigen schwarzen Punkt in noch weiter Ferne. Mit dem Fernglas erkannte sie, dass es ein Mann war, der eine ungewöhnliche Haltung innehatte und außerordentlich rasch vorwärtskam. Als dieser herangekommen war, konnte Mme. David-Néel deutlich dessen unbewegliches Gesicht und die weit aufgerissenen Augen sehen, die einen imaginären Punkt über ihm fixierten. Der Läufer war in Trance, und eigentlich lief er gar nicht. Er hob bei jedem Schritt von der Erde ab und flog einem Gummiball gleich sprungweise in die Höhe. Die tibetischen Begleiter warfen sich ehrfurchtsvoll vor dem Lung-gom-pa auf die Erde, doch dieser

schien sie überhaupt nicht zu bemerken. Sie warnten die Forscherin eindringlich davor, den Läufer anzusprechen, da dieser dadurch einen tödlichen Schock erleiden würde.
Vier Tage später trafen sie auf Hirten, die dem Lung-gom-pa bereits am Vorabend seines Zusammentreffens mit der Gruppe um David-Néel begegnet waren. Mme. David-Néel errechnete hieraus folgende, schier unglaubliche Tatsache: Um dahin zu gelangen, wo sie ihn am Nachmittag gesehen hatten, musste sich der Mann, nachdem er den Hirten begegnet war, die ganze Nacht und den folgenden Tag bis zur nämlichen Stunde, ohne anzuhalten, mit derselben hohen Geschwindigkeit fortbewegt haben.[96]

Fliegende Kugeln und Eier am Himmel

Die bedeutendsten Schriften des tibetischen Buddhismus sind der *Kanjur*, die »Übersetzung des Wortes«, sowie der *Tanjur*, was so viel wie die »Übersetzung der Lehre« bedeutet. Sozusagen die heiligsten Bücher des Lamaismus. Die Schriftsätze des 103-bändigen *Kanjur* und des aus 209 Bänden bestehenden *Tanjur* sind in hölzerne Druckstöcke geschnitzt und nehmen so viel Platz ein, dass sie alle Kellerräume der Klosterbibliothek von Derge, am Oberlauf des Flusses Jangtsekiang gelegen, mit Leichtigkeit füllen. Mehrere vollständige Ausgaben der beiden Schriften befinden sich darüber hinaus, auf zahlreiche Kellergewölbe verteilt, in schwer zugänglichen Bergdörfern Tibets verborgen, wo sie unruhige Zeiten überdauerten.
Für einen kompletten Abdruck des *Kanjur* waren 45 Mönche ein Vierteljahr lang voll ausgelastet. Das Doppelte der Zeit wurde für ein Exemplar des *Tanjur* benötigt. Im Kloster von Amdo nahm das Schnitzen der mehr als 70 000 Holzstöcke für die 209 Bücher des *Tanjur* volle 16 Jahre in Anspruch. Ein we-

nig Geschick vorausgesetzt, ist ein Mönch imstande, einen hölzernen Druckstock in vier Tagen zum Abdruck fertig zu schneiden.[97]

Nur wenige Teile der Werke, deren Entstehungszeit nicht bekannt ist und deren Wurzeln lange vor die Zeit Buddhas zurückreichen, konnten bislang übersetzt werden. In ihnen findet der aufmerksame Sucher Berichte über Götter, die in durchsichtigen fliegenden Kugeln oder »Perlen am Himmel« den Bewohnern dieser Region immer wieder ihre Besuche abstatteten.[19]

Wir verdanken es einem glücklichen Umstand, dass die beiden heiligen Bücher noch existieren. Als die Kulturrevolution unseligen Angedenkens in vollem Gange war und die Roten Garden ihren blinden Hass auf alles Althergebrachte austobten, wurde die Bilderstürmerei selbst manchem namhaften Politiker zu viel. Kein Geringerer als der vormalige Ministerpräsident Zhou Enlai setzte darauf ein paar Kompanien der regulären Armee gegen die wild gewordenen Horden in Marsch, um das sinnlose Zerstören unersetzlicher Kulturgüter zu stoppen. Auf beiden Seiten gab es dabei reichlich Opfer zu beklagen.

Heute arbeiten im Kloster von Derge, in dem sich auch die tibetische Staatsdruckerei befindet, wieder an die 500 Tibeter für den Erhalt und die Archivierung alter Schriften. Die Regierung in Beijing ist heutzutage mehr denn je bemüht, die kulturellen Besonderheiten aller in China lebenden Volksgruppen und nationalen Minderheiten zu bewahren und zu fördern.

Abstieg vom »Himmelsseil«

Auf der Suche nach Hinweisen auf Eingriffe aus dem Weltraum in grauer Vorzeit ist Tibet überhaupt eine exzellente Adresse. Denn es wimmelt in der Geschichte des Landes auf dem Dach der Welt geradezu von Göttern und fliegenden Kugeln – heute würde man von Humanoiden in ihren unbekannten Flugobjekten sprechen.

Steinalte Mythen berichten eine Begebenheit, die – in heutige, moderne Worte verpackt – ohne allzu viel Fantasie als »Unheimliche Begegnung der dritten Art« durchgehen würde:
»Aus dem ungeschaffenen Wesen entstand ein weißes Licht und aus dem Grundstoff dieses Lichtes kam ein vollkommenes Ei hervor. Von außen war es strahlend, und es war durch und durch gut: es hatte keine Hände, keine Füße und dennoch die Kraft der Bewegung; es hatte keine Schwingen, und es konnte dennoch fliegen; es hatte keine Augen, weder Kopf noch Mund, und dennoch klang eine Stimme aus ihm. Nach fünf Monaten zerbrach das wunderbare Ei, und ein Mensch kam heraus.«[7]
Yehi, der erste mythische König Tibets, wurde ebenfalls aus einer Eierschale – nach anderer Lesart aus einer Muschel – geboren. In ihrem König Yehi sehen die Tibeter übrigens auch den Stammvater der menschlichen Rasse.

Das *Gyelrap*, wie die Genealogie der tibetischen Herrscher genannt wird, spricht von 27 legendären Königen. Von denen kamen sieben aus dem Kosmos zu den Menschen herab. Die alten Mythen beschreiben sie als Lichtgötter, die nach Erfüllung ihrer irdischen Mission wieder im Weltall verschwanden.[98]

Von diesen »himmlischen Lehrmeistern« erhielten die Tibeter ein Kästchen mit Urschriften, welches bis zum heutigen Tag als Reliquie in einem Kloster verehrt wird. Der Lama Taranatha, ein tibetischer Historiker aus dem 17. Jahrhundert, hielt fest, dass die vom Himmel gekommenen Lehrmeister die Priesterschaft nachdrücklich instruierten, ihren Erdenbesuch durch Abbildungen für die Nachwelt zu dokumentieren.[99]

Nach jenen 27 legendären Herrschern kamen weitere Könige, die historisch dokumentiert sind. Da ist auch die Rede von einem Regenten namens Nyatri Tsenpo. »Tsenpo« bedeutet auf

Tibetisch nicht Herrscher, sondern »Sohn der Götter«. Dieser Nyatri Tsenpo habe absolut schreckenerregend ausgesehen und sei von den Menschen gefürchtet worden. Seine Physiognomie habe ungewöhnliche Züge getragen: Seine Augen schlossen sich nicht, wie üblich, von oben nach unten, sondern genau umgekehrt. An den Händen trug er Schwimmhäute. Nach der Überlieferung sei Nyatri Tsenpo vom Himmel herabgekommen und auf dem Berg Yalashangbo gelandet. Als die Menschen ihn fragten, wo er herkomme, habe er nur zum Himmel hinaufgedeutet. Weil alle ihn fürchteten, machten sie ihn zu ihrem König.
In den tibetischen Mythen ist auch die Rede davon, dass die Könige durch »dmu thag« – am ehesten mit dem Begriff »Himmelsseil« zu übersetzen – mit der Sternenwelt verbunden geblieben seien. Jenes ominöse Objekt setzte offenbar auch Nyatri Tsenpo auf der Erde ab und beförderte ihn später wieder zurück in die himmlischen Gefilde.[4]

Ein Lehrmeister entschwindet

Vergleichbares findet sich auch in Mythen aus anderen Kulturkreisen. Im sumerischen Gilgamesch-Epos berichtet Enkidu, der Freund des Helden, sehr anschaulich, wie er von einem »Adler« hoch in die Lüfte fortgetragen wurde. Dabei blickte er zur Erde herab, die von Mal zu Mal immer kleiner wurde. Am Anfang kam ihm das Land wie ein Berg und das Meer wie ein kleines Gewässer vor. Am Ende jedoch »sah das Land wie Mehlbrei und das Meer wie ein Wassertrog aus.«[100] Eine ganz ähnliche Schilderung, die nur mit einem sich schnell von der Erde entfernenden Fluggerät wirklich schlüssig erklärt werden kann, rankt sich um den großen weisen Lehrer Padmasambhava. In Tibet war dieser unter dem Namen U-rgyan Pad-ma bekannt. Bei dessen Abschied vermochten alle Anwesenden zu sehen, wie am Himmel »ein Pferd aus Gold und Silber« erschien, welches zur Erde herniederkam. Padmasambhava drehte sich noch einmal um und beschied den um ihn herum versammelten Menschen, dass es sinnlos sei, ihn zu suchen. Darauf flog er von hinnen.

Die Zurückgebliebenen blickten auf den entschwindenden Padmasambhava und sahen ihn so groß wie einen Raben. Beim nächsten Hinsehen erschien er ihnen in der Größe einer Drossel, danach so groß wie eine Fliege und schließlich nurmehr so winzig wie ein Läuseei. Und als sie abermals hinsahen, da war von ihm keine Spur mehr zu entdecken.[101]

Genau wie in den gewaltigen Heldenepen des benachbarten indischen Subkontinents berichten die Überlieferungen Tibets von schrecklichen Kriegen im Himmel und im Kosmos kreisenden Städten. Eine davon beschreibt Sudarsoma, die auch die »Stadt der 33 Götter« genannt wurde. Sie kreuzte im Weltall und war von sieben Kreisen goldener Mauern umgeben. In diesem technischen Wunderwerk besaßen die Götter sogar die Fähigkeit zur Materialisation. Was immer sie sich wünschten, vermochten sie einfach von den Bäumen zu pflücken.

Nachdem König Mandhotar, der Beherrscher dieser himmlischen Stadt, die ganze Welt erobert hatte, gedachte er auch noch, den Himmel zu unterwerfen. Doch damit hatte er sich wohl ein wenig übernommen – denn sein ungezügelter Ehrgeiz kostete ihn alles, was er besaß. Letztendlich auch sein Leben. Während er sich im Weltraum aufhielt, wurde seine »Stadt der 33 Götter« plötzlich von den feindlichen Asuras angegriffen. In einer beispiellosen Schlacht, die mit unvorstellbaren Waffen geführt wurde, gelang es den Asuras, die Himmelsstadt zu besiegen und in die Weiten des Alls zurückzuwerfen.[3]

Worum handelte es sich bei dieser geheimnisvollen Stadt der Götter am Firmament, wenn es keine Weltraumstation war, die da im Erdorbit kreiste?

Die Schwerelosen

Spuren fremder Besucher, die einst auch am Himmel über Tibet erschienen, beschränken sich nicht nur auf Mythen und Überlieferungen aus dem Land auf dem Dach der Welt. Zuweilen machen uns ganz konkrete Funde stutzig. Wie bei dem nachfolgend beschriebenen Beispiel können es filigrane Details von alten Kunstwerken sein, die offenbar eine Botschaft für uns Menschen des Raumfahrtzeitalters bereithalten.
Oktober 2001. Mit einer Gruppe Leser, der ich unter anderem die 1994 von mir weltweit erstmals betretenen Pyramiden Chinas sowie weitere Rätsel der Vergangenheit präsentierte, weilte ich gute zwei Wochen im Reich der Mitte. Der Weg führte uns auch nach Shanghai, der atemberaubend wachsenden Metropole, die wohl wie kaum eine andere Stadt den schwindelerregenden Aufbruch der Volksrepublik ins 21. Jahrhundert zu dokumentieren vermag.
Im historischen Museum von Shanghai fand zu jener Zeit eine Ausstellung mit Kostbarkeiten aus Tibet statt. Als ich gemächlich durch die Hallen bummelte, machte mich einer meiner Mitreisenden, mein Freund und inzwischen Autorenkollege Alexander Knörr, auf ein höchst interessantes Objekt aufmerksam. Es handelte sich um ein vergoldetes Gefäß, welches der in Tibet verehrten buddhistischen Gottheit Yamantaka geweiht ist und Macht der Götter wie auch die Weite des Universums symbolisierte. Im Begleittext wurde die Entstehung dieses Kunstwerkes zwischen 1403 und 1424 datiert. Tibet entglitt damals gerade dem zuvor recht starken Einfluss des chinesischen Kaiserreichs der Ming-Dynastie (1368–1644) – und wurde zu einem theokratisch-lamaistischen Staat unter der Führung des Dalai Lama.
Im Inneren des Gefäßes ist Gott Yamantaka dargestellt; als Bullenkopf im Zentrum acht weiterer Köpfe und mit 43 Armen

sowie 16 Beinen. Einige seiner Hände halten sogenannte *Dorje*. Es sind dies seltsame Gegenstände mit zwei kronenähnlichen Enden, die vor vielen Tausend Jahren vom Himmel gekommen seien. Überlieferungen schildern die mysteriösen Fähigkeiten dieser göttlichen Artefakte. Sie sollen einen brillanten Schein und einen summenden Ton erzeugen und ihre Umgebung in von Licht erfüllten Nebel tauchen.

Der amerikanische Forscher und Schriftsteller Andrew Tomas (1906–2001), der wiederholt Reisen durch Indien und Tibet unternommen hatte, gelangte zu der Überzeugung, dass ein echter, uralter *Dorje* – heute werden Nachbildungen in größerer Menge produziert – ungewöhnliche, technisch anmutende Phänomene auslösen könne.[102] Aber wenden wir uns wieder dem Gefäß aus dem Museum von Shanghai zu.

Dessen oberer Teil wird von Metallblättern gebildet, welche wie eine geöffnete Lotosblüte geformt sind. Jene blütenblattartigen Abdeckungen sind voller Darstellungen Buddhas und anderer Figuren, die alle ordentlich neben- und übereinander in Reihen angeordnet sind. Einige der Figuren fallen jedoch deutlich aus dem Rahmen. Sie liegen quer zu den in Reihen gruppierten Figuren, und man gewinnt den Eindruck, als würden diese schwerelos zwischen den anderen Wesen schweben.

Bei näherer Betrachtung jener »Schwerelosen« fallen weitere Besonderheiten ins Auge. Es scheint, als würden diese eindeutig humanoiden Geschöpfe in einer Art Overall stecken. Im Rumpfbereich weist die Bekleidung mehrere parallel verlaufende Querrillen oder Sicken auf. Der Kopf scheint zudem von einem eng anliegenden Helm umschlossen zu sein. Im vorderen Bereich des Kopfschutzes lässt ein Ausschnitt das Gesicht recht gut erahnen.[103]

Das ganze prachtvolle Gefäß ist mit figürlichen Abbildungen förmlich übersät. Auf jeder der Lotosblütenblätter aus vergoldetem Kupfer schweben mehrere jener »Schwerelosen«. Ist die

Vermutung wirklich so weit hergeholt, dass ein unbekannter Goldschmied vor nunmehr 600 Jahren Wesen abgebildet hat, welche in Weltraumanzügen steckten? In einem späteren Kapitel ist von Funden aus Japan die Rede, deren weltraumtechnischen Attribute wirklich nicht mehr wegzudiskutieren sind.

Expedition Roerich

Machen wir einen großen Zeitsprung, der uns in die ersten Dekaden des 20. Jahrhunderts und noch tiefer in die Geheimnisse Tibets führt.
In den 1920er-Jahren unternahm eine der außergewöhnlichsten Persönlichkeiten des 20. Jahrhunderts eine mehr als dreijährige Forschungsreise ins Innere Asiens. Zusammen mit seiner Frau Helena Iwanowna und den Söhnen Georgij und Svetoslav brach der berühmte russische Maler und Philosoph, Schriftsteller und Archäologe Nikolai Konstantinowitsch Roerich (1874–1947) im März 1925 in Srinagar auf. Seine Reise führte ihn durch das nördliche Indien, Kaschmir, Tibet, China und die Mongolei. Auf uralten Karawanenwegen bezwang die Expedition, welche aus über 100 Kamelen und Pferden, Dutzenden von Lastenträgern sowie der Familie Roerich bestand, die höchstgelegenen Gebirgspässe der Welt. Den traditionellen Handelswegen über Kaschmir und Ladakh folgend, überwand der Treck den Karakorum-Pass und gelangte in die Oase Khotan am Südrand der Wüste Takla Makan. Dieses frühe Zentrum des buddhistischen Glaubens liegt an der legendären Seidenstraße, auf der einst Tee, Gewürze und vor allem natürlich Seide aus China ins Abendland gelangten.
Auf seinem weiten Weg durch Tibet, die Mongolei und den Hohen Altai sammelte Roerich wie kein Forscher vor ihm Berichte und Legenden über Kultur und Vergangenheit der Men-

schen im Herzen Asiens. Dabei hörte er vor allem in Tibet und in der Mongolei immer wieder Schilderungen von »ehernen Schlangen« am Himmel, die in alten Zeiten »den Raum mit Feuer und Rauch verschlangen« und schließlich »bis zu fernen Sternen« kamen. Die Bestätigung fand Roerich, wie er sagte, in vielen alten buddhistischen Büchern.[104]

Das offizielle Ziel der Expedition war zwar, so intensiv wie möglich die Länder und Menschen Innerasiens und ihre religiösen Traditionen zu studieren. Liest man Roerichs Bücher aber aufmerksamer, so fällt auf, dass in ihnen immer wieder derselbe Name auftaucht. Es ist der Ort Shambhala (auch: Shampulla), welcher wie das gleichermaßen legendäre Agharti der Überlieferung nach in diesen endlosen Weiten existieren soll. Als Bewahrerin eines uralten Wissens soll Shambhala seit Urzeiten Weisen wie Kriegern Schutz und Zuflucht geboten haben. Unergründliche Geheimnisse würden in seinen Mauern gehütet sowie ein vor der breiten Masse sorgsam verborgenes Wissen.

Es ist sicher interessant zu erfahren, dass sich gleichzeitig weitere Gruppierungen für das sagenumwobene Shambhala interessierten. So berichteten die französischen Autoren Louis Pauwels und Jacques Bergier, dass ab der Mitte der 1920er-Jahre bis 1943 die Thule-Gesellschaft einige Expeditionen nach Tibet organisierte. Deren erklärtes Ziel war, den geheimnisvollen Ort zu finden,

Die Thule-Gesellschaft gehörte zu den Wegbereitern der nationalsozialistischen Ideologie. Ein maßgeblicher Zirkel in der Gesellschaft unterstrich – beeinflusst von uralten Mythen – stets die Notwendigkeit der »Rückkehr zu den Quellen«. Was im Klartext nichts anderes hieß als die Eroberung von ganz Osteuropa, Turkestan, Pamir und Tibet. Vielleicht lag hier sogar einer der wirklichen Gründe für Hitlers Eroberungsstreben im Osten.[105]

Die Krieger von Shambhala

Umgekehrt bildeten sich ab 1926 in München und Berlin kleine Kolonien von Hindus und Tibetern. Nach dem Ende des Krieges und dem Einmarsch der Roten Armee im ausgebombten Berlin fand man unter den Toten eine große Anzahl Tibeter sowie Angehörige von offensichtlich aus der Himalayaregion stammenden Ethnien. Sie waren in deutsche Wehrmachtsuniformen gekleidet und trugen weder Ausweise noch irgendwelche Rangabzeichen.[105]

Warum waren diese Männer fernab ihrer Heimat in den Tod gegangen? Und welche geheimnisvolle Verbindungen bestanden zwischen dem Dritten Reich und jenen Todesfreiwilligen aus Zentralasien?

Eine uralte Legende erzählt, dass die Krieger von Shambhala früher in schweren und unsicheren Zeiten in Form von leuchtenden Kugeln (!) gegen das Böse gekämpft hätten. Könnte dies eine Anspielung sein auf Konflikte, in die nicht von dieser Welt stammende Intelligenzen unter Einsatz ihrer hoch entwickelten Technologien eingegriffen haben? Geht der unsterbliche Mythos von Shambhala letztendlich auf einen Stützpunkt zurück, den die Götter aus dem Weltall in grauer Vorzeit im Herzen Asiens angelegt hatten?

In einem seiner Bücher, *Altai-Himalaya*, beschrieb Nikolai Roerich einen Vorfall, der sich bis ins Detail mit den UFO-Begegnungen unserer Tage deckt. Am 5. August 1926 hatte die Expedition im Distrikt von Kokonur (heute Choch-Nuur in der chinesischen Provinz Qinghai) unweit der Humboldt-Gebirgskette ihr Lager aufgeschlagen. Es war etwa 8.30 Uhr morgens, als sieben Teilnehmer einen erstaunlich großen schwarzen Vogel erblickten. Sie vermuteten, dass es sich um einen Adler handelte, der am Himmel majestätisch seine Kreise zog. Da solch ein Prachtexemplar auch dort eher zu den selteneren

Ausnahmen zählt, beobachteten die Forscher den Vogel aufmerksam. Plötzlich jedoch gewahrten sie noch etwas anderes am Himmel: Weit oberhalb des Vogels bewegte sich ein unbekanntes Objekt.

Die Männer griffen zu ihren Ferngläsern. Deutlich erkannten sie ein von Nord nach Süd fliegendes, großes und leuchtendes Gebilde, das die Strahlen der Morgensonne reflektierte. Es sah aus wie eine große Scheibe, die sich mit rascher Geschwindigkeit bewegte. Nachdem es das Lager überflogen hatte, wechselte es die Richtung von Süd auf Südwest. Die exakte Ausführung aller Flugmanöver ließ die Beobachter auf eine Kontrolle durch intelligente Wesen schließen. So plötzlich und rasch das UFO aufgetaucht war, verschwand es auch wieder am wolkenlosen blauen Morgenhimmel.

Einige Expeditionsteilnehmer konnten sogar Einzelheiten der fliegenden Scheibe ausmachen. Deutlich erkannten sie deren ovale Form und die glänzende Oberfläche. Eine Seite spiegelte sich im gleißenden Sonnenlicht.[106]

Was der Forscher und seine Helfer gesehen und dokumentiert haben, stützt die Vermutung, dass sich die alten Götter in manch entlegenen Gegenden vielleicht noch immer heimlich aufhalten. Oder andere Intelligenzen, die sich aus den Weiten des Weltenraumes auf den Weg zu uns gemacht haben.

Ist unsere viel gepriesene Zivilisation mit ihrer Perfektion vorspiegelnden Hochtechnologie wirklich imstande, lückenlos zu verfolgen, was hier auf Erden vor sich geht? Die sündhaft teuren elektronischen Überwachungssysteme der Militärs haben doch in den vergangenen Jahrzehnten immer wieder bewiesen, dass sie den Angriffen von Hackern keinen Widerstand zu bieten vermochten. Jedes noch so ausgeklügelte Sicherheitssystem erfüllt nur dessen Aufgabe, bis es geknackt wird. Wer den Film *War Games* gesehen hat, wird verstehen, was ich meine.

Holografische Illusionen oder heißer Draht zu E.T.?

Ließen die Götter der Vorzeit Artefakte auf der Erde zurück, die sogar für unsere hoch technisierte Zeit Zukunftstechnologie darstellen? Der italienische Autor Peter Kolosimo (1922–1978) arbeitete zeitweise als Koordinator für prähistorische Studien der DDR und erfreute sich dadurch guter Kontakte zu Gelehrten aus dem gesamten früheren Ostblock.[15]
Aus diesen Quellen bezog er seine Informationen über die Expedition russischer Forscher, die 1959 mehrere tibetische Klöster besuchte. Auf dem Weg verunglückten mehrere Teilnehmer, doch die anderen ließen sich nicht entmutigen. In einem buddhistischen Kloster unweit des Heiligtums von Galdhan trafen die Russen auf einen alten Eingeweihten, der über ein profundes Wissen der Astronomie und der Weltraumfahrt verfügte.
Der Lama war fest von der Existenz intelligenten außerirdischen Lebens überzeugt und deutete seinen Gästen an, unter bestimmten Voraussetzungen mit den Bewohnern anderer Planeten in Kontakt treten zu können. Natürlich waren die Russen äußerst begierig darauf, dass der heilige Mann ihnen den Beweis für seine Behauptungen liefern würde. Nach einigen Verhandlungen wählte er unter den Wissenschaftlern zwei für eine spezielle »Vorführung« aus. Sie wurden in Konzentrationsübungen unterwiesen und bekamen eine eigens für sie zusammengestellte Diät.
Nach ein paar Tagen lud er die beiden Gäste ein, ihm in seine karge Mönchszelle zu folgen. Er nahm sie bei der Hand und konzentrierte sich, während eine fremdartige Apparatur in regelmäßigen Intervallen gedämpfte, musikähnliche Töne von sich gab. Fast im gleichen Moment manifestierte sich ein Szenario, das man am ehesten mit einer holografischen Vorführung erklären kann, jener beinahe physisch greifbaren Illusion, welche dreidimensional wirkende Bildeindrücke vermittelt.

Das Bild, das sich mitten im Raum aufbaute, war zuerst verschwommen, nahm aber immer klarer Gestalt an. Ein fremdartiges humanoides Wesen schien die drei Männer anzustarren. Jenes unheimliche Geschöpf stand bewegungslos da, während sich vor ihnen etwas wie eine Miniaturausgabe unseres Sonnensystems abzeichnete. Merkur, Venus, Erde, Mars und die weiteren Planeten zogen ihre Bahn um unser Zentralgestirn. Gebannt verfolgten die Russen das bewegte Spiel der kleinen Kugeln, zählten und identifizierten sie. Allerdings lief jenseits der Umlaufbahn des Pluto noch eine weitere um die Sonne.
Es ist wohl überflüssig zu erwähnen, dass die nüchtern und materialistisch eingestellten Gelehrten nicht die Spur einer rationalen Erklärung für das Phänomen fanden. Und der alte Lama gab keine Antwort auf die bohrenden Fragen nach der Herkunft der Apparatur. Er erklärte nur, dass außerhalb des Pluto tatsächlich ein weiterer Planet existiere, dessen Entdeckung innerhalb der kommenden Jahre erfolgen würde.[107]
Das ist mittlerweile geschehen. Anfang 2006 berichteten die Medien, dass jenseits der Bahn des Pluto noch ein Himmelskörper entdeckt wurde, dessen Durchmesser etwa 3000 Kilometer beträgt und der vorläufig unter der Bezeichnung »2003 UB 313« registriert ist.[108]
Die politischen Differenzen, die bald nach der Expedition der Russen das Verhältnis zwischen China und der Sowjetunion belasteten, bereiteten weiteren Recherchen leider ein jähes Ende. So können wir nur spekulieren, was der alte Lama den Forschern zu sehen weis machte. War alles eine optische Täuschung, und hatte der Mann seinen Gästen gar halluzinogene Drogen ins Essen gemischt?
Oder handelte es sich um die eindrücklich in Szene gesetzte Vorführung eines realen technischen Gegenstandes? Einer Apparatur, die von den raumfahrenden Göttern auf der Erde zurückgelassen wurde?

Ich habe die mysteriösen *Dorje* erwähnt – jene den alten Göttern zugeordneten Objekte mit verblüffend ähnlich beschriebenen Eigenschaften. Es ist denkbar, dass solche Artefakte als Geschenke für Priester, Stammesfürsten und Könige dienten. Die Außerirdischen wussten, dass diese Personen die »göttlichen Geschenke« in hohen Ehren halten würden. Bis sie eines fernen Tages als Hinweise auf deren einstige Präsenz erkannt würden – wenn wir endlich gelernt haben werden, unsere Scheuklappen abzulegen.

6 Geheimnisse der Mongolei

Schreckensklöster im Lande der Dämonen

Die schicksalshaften Wege, die uns Menschen offenbar zuweilen vorgezeichnet sind, stecken voller unergründlicher Geheimnisse. Als der damals 22 Jahre alte K.u.k.-Soldat Alois Resch aus Graz im August des Jahres 1914 voller Patriotismus in den Ersten Weltkrieg zog, ahnte er ganz sicher noch nicht, was für Abenteuer ihm bevorstehen sollten. Für ihn würde dieser Krieg nicht lange dauern, doch sein Weg sollte ihn weit fort von der Heimat führen und sein komplettes restliches Leben von Grund auf verändern.

Bereits wenige Tage nach seiner Einberufung wurde er an der Front in Galizien – einem Teil des südlichen Polen, das damals zu Österreich-Ungarn gehörte – schwer verwundet. Darum fiel er russischen Einheiten in die Hände und kam als Kriegsgefangener ins Lazarett von Woronesch, einer Stadt am Ostufer des Flusses Don, ungefähr 500 Kilometer südlich von Moskau. Nachdem er sich einigermaßen erholt hatte, nutzte er die erstbeste Gelegenheit zur Flucht und tauchte in der Stadt unter. Dank seiner während der Lazarettzeit erworbenen russischen Sprachkenntnisse fand er schnell Arbeit. Doch sein Weg führte ihn weiter nach Osten, in die hinter dem Ural am südlichen Rand der sibirischen Taiga gelegenen Stadt Kurgan.

Seine Freiheit dort war von kurzer Dauer. Wieder landete er in Kriegsgefangenschaft, kam im Dezember 1916 in ein Gefangenenlager bei Atschinsk, unweit von Krasnojarsk. Auch dort entkam er bald, diesmal gemeinsam mit einem deutschen Mitgefangenen aus Hamburg. Zwei Russinnen aus einem nahen Dorf leisteten – obwohl strenge Strafen dafür drohten – Fluchthilfe, indem sie die Entkommenen mit einem Kompass, Karten und Nahrungsmitteln versorgten.

Immer wieder ermöglichte es die wohlwollend gesinnte Landbevölkerung den beiden, die hinterherjagenden Soldaten abzuhängen. So verbrachten sie die folgenden Monate, wobei ihnen freundliche Bauern aus der Umgebung mehrmals Unterschlupf gewährten. Im August 1917 aber fand die Flucht der beiden Abenteurer ein jähes Ende. Resch und sein Hamburger Freund wurden von ihren Verfolgern gefasst und landeten in einem Gefängnis bei Minussinsk, am Oberlauf des Jenissei.

Hier lernte Alois Resch einen Russen mit Namen Kutusof kennen. Der erzählte ihm in den langen Zellennächten viel von den Lamas und Schamanen der nicht weit entfernten Mongolei und von deren Wunderkräften. Vornehmlich aber drehten sich die Geschichten des Russen um ein mongolisches Schreckenskloster, das *Kloster zum Schwarzen Khan*. Was der junge Österreicher über diesen sagenhaften Ort erfuhr, weckte in ihm ein unbändiges Interesse für die Mysterien Zentralasiens.

Auch die dritte Inhaftierung währte nicht lang, und so wurden Resch, sein deutscher Kamerad und Kutusof nach kurzer Zeit freigelassen. Der Deutsche durfte in seine Heimat zurückkehren, Resch dagegen fand eine Anstellung in Minussinsk. Dort verlor er Kutusof erst einmal aus den Augen. Dieser ließ erst im Mai 1918 wieder von sich hören. Er stellte dem Österreicher einen Posten als technischer Berater bei einer Expedition in die nur 300 Kilometer entfernte Mongolei in Aussicht und forderte ihn auf, sich bei der Expeditionsleitung in Abakan am jenseitigen Ufer des Jenissei zu melden. Obgleich Freunde und Bekannte Resch beschworen, nicht an der Reise teilzunehmen, lockte das geheimnisumwobene Land so sehr, dass er zusagte.

1 Ein »unmögliches« Artefakt: Das erste Seismometer der Welt, im Jahre 132 n. Chr. vom chinesischen Ingenieur Chang Heng konstruiert. Bei uns wurden die ersten Geräte zum Aufspüren von Erdbeben erst im 19. Jahrhundert erfunden. Die alten Chinesen waren uns in technischer Hinsicht turmhoch überlegen!

2 Mehr als 2000 Jahre alt sind die beiden verchromten Bronzeschwerter im Provinzmuseum von Xian. Eigentlich dürften sie nicht existieren, denn Chrom wurde offiziell erst 1797 entdeckt.

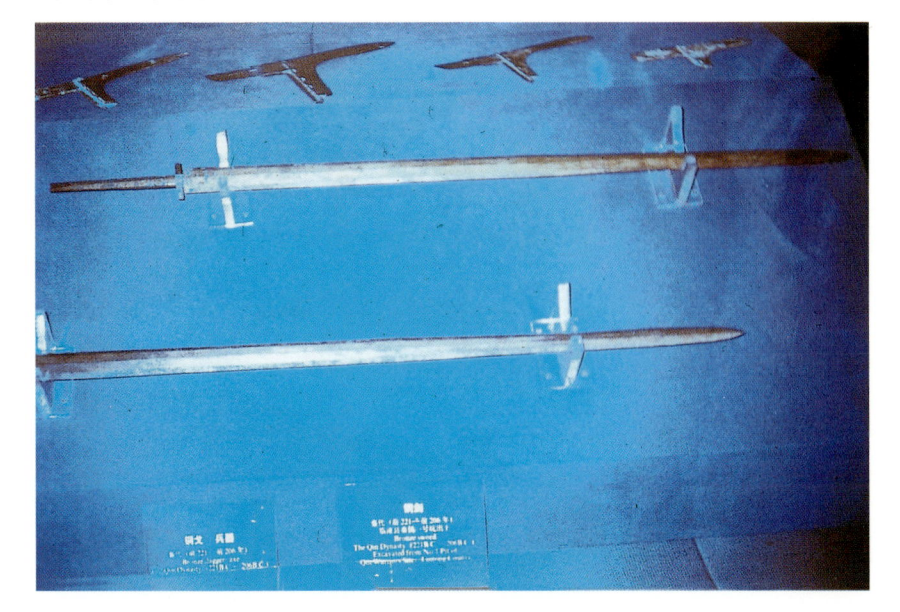

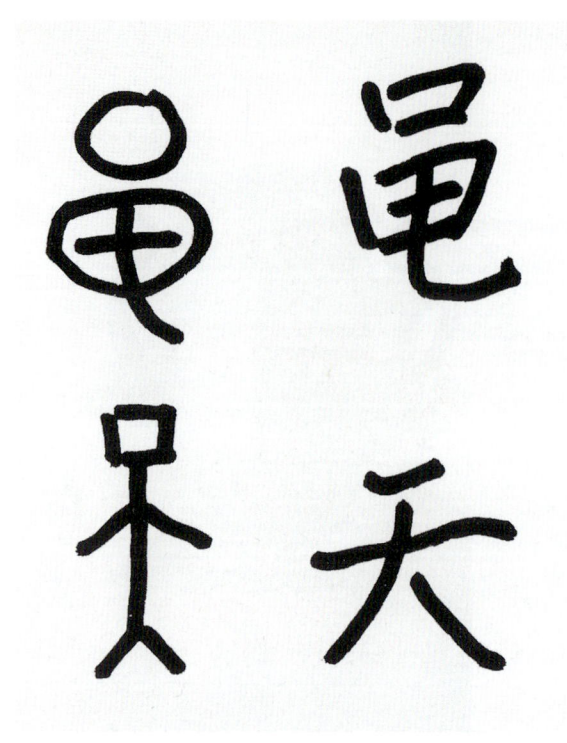

3 Entwicklung der chinesischen Schrift aus Bildsymbolen, hier am Beispiel »Kröte« (oben) und »Himmel« (unten). Das ursprüngliche Zeichen für »Himmel« (links u.) ähnelt einer Gestalt mit klobigem Kopf und dünnen Extremitäten und bedeutet »der vom Himmel Gekommene«.

4 Urformen chinesischer Schriftzeichen kamen vor etwa 5000 Jahren in Gebrauch und wurden in Knochen und Schildkrötenpanzer geritzt.

5 Dieses und das vorhergehende Beispiel für früheste chinesische Schriftzeichen – hier in Knochen geritzt – fotografierte ich in einem kleinen Museum in Hongkong, das sich mit der Frühgeschichte Chinas befasst.

6 Im Banpo-Museum zu Xian tauchten zwei der Steinscheiben aus den Funden von Baian Kara Ula für kurze Zeit wieder auf – dann verschwanden sie und die frühere Museumsleiterin, ohne eine Spur zu hinterlassen.

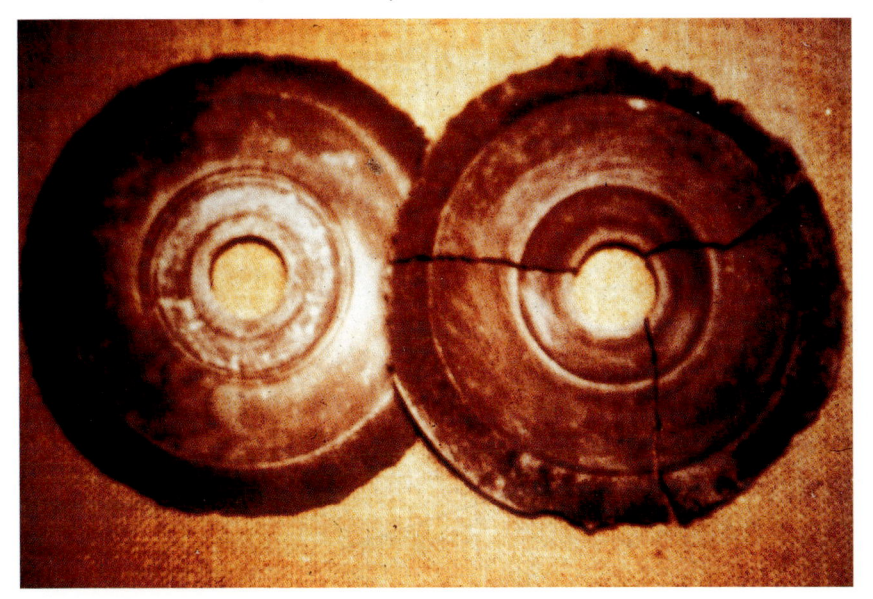

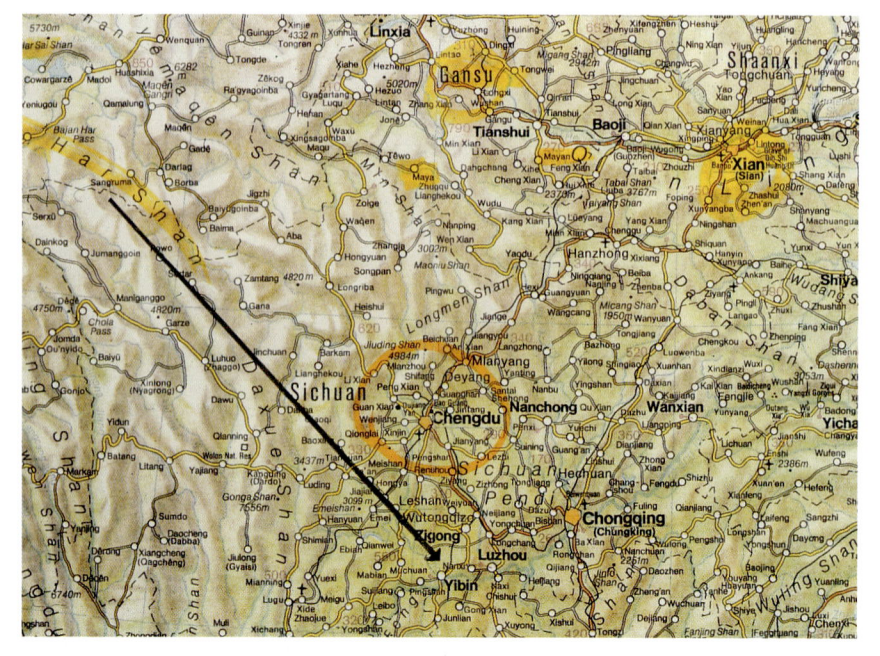

7 Das »Dorf der Zwerge« liegt nicht weit entfernt von den östlichen Ausläufern des Baian Kara Ula. Kehrten die möglicherweise letzten Nachfahren der Überlebenden des »chinesischen Roswell« den unwirtlichen Bergeshöhen den Rücken und siedelten sich in klimatisch angenehmeren Gefilden an?

8 Luftaufnahme der »Weißen Pyramide« im Qin Ling Shan südwestlich von Xian, aufgenommen von einem Piloten der U.S. Air Force Ende des Zweiten Weltkriegs.

9 Kein Bild aus Ägypten: Diese Pyramide befindet sich mit zwei anderen unweit dem »Airport Expressway«, der die Provinzhauptstadt Xian mit ihrem Flughafen verbindet.

10 Eine unwirkliche Szenerie: Im Schatten einer großen Pyramide arbeitet ein Bauer wie zu Olims Zeiten mit dem Ochsen und einem hölzernen Pflug.

11 Kaum einen Kilometer von der Stadtgrenze von Xianyang steht diese gleichmäßig geformte Pyramide von etwa 70 Metern Höhe. Ich ließ es mir nicht nehmen, das Bauwerk zu erklimmen.

12 Ein atemberaubender Ausblick bietet sich von der oberen Plattform: Viele weitere dieser Bauwerke stehen in der Landschaft – eine richtige »Pyramidenstadt«.

13 Der Autor bei Dreharbeiten für *History Channel* auf der großen Pyramide von Mao Ling.

14 Bei Ausgrabungen fand man tönerne Figuren. Anders als die berühmte »Tonarmee« muten sie geradezu zerbrechlich an.

15 Schautafel am Eingang des »Nationalen Gedenkmonuments Han Yangling« – die Pyramiden sind auch als solche dargestellt!

16, 17 Die unterirdische Welt von Huangshan: Eingang zu einer der 36 künstlich geschaffenen Höhlen, die eine Ausdehnung von Hunderten Quadratkilometern besitzen. Erst fünf davon sind zur Besichtigung freigegeben. Die Kavernen stehen alle unter Wasser, gespeist durch den nahen Xin'an-Fluss.

18 Kein Schutz gegen Taifune, sondern ein schönes Beispiel angewandter Feng-Shui-Lehre aus dem modernen Hongkong: Die riesengroße Aussparung in dem Wohnkomplex wurde freigelassen, um einen Drachenweg, der auf dem dahinterliegenden Berg beginnt, nicht zu unterbrechen. An die uralten Regeln der Geomantie hält man sich auch im heutigen China.

19 In den Anfängen unserer Naturwissenschaften hatten die »Drachen« ihren festen Platz. Im Gegensatz zu den Drachen in Ostasien galten sie bei uns als Inbegriff alles Bösen.

20 Plakette an einer Hausfassade in Vittoriosa auf der Insel Malta: Sankt Georg, der englische Nationalheilige, tötet mit seiner Lanze den Drachen.

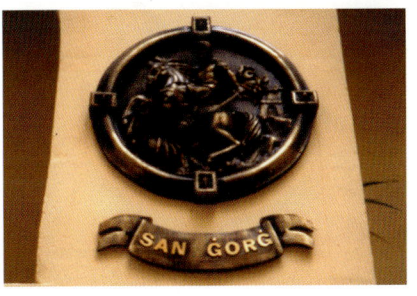

21 Darstellung einer zukünftigen Weltraumstadt im Erdorbit. Alte tibetische Überlieferungen berichten von Sudarsoma, der »Stadt der 33 Götter«, die um unseren Planeten kreiste und in eine furchtbare Götterschlacht verwickelt wurde.

22 Die »Schwerelosen«: Auf einem vergoldeten Gefäß aus Tibet befinden sich zahllose figürliche Darstellungen. Einige Gestalten scheinen schwerelos zu schweben und stecken in einer Art Weltraumanzug.

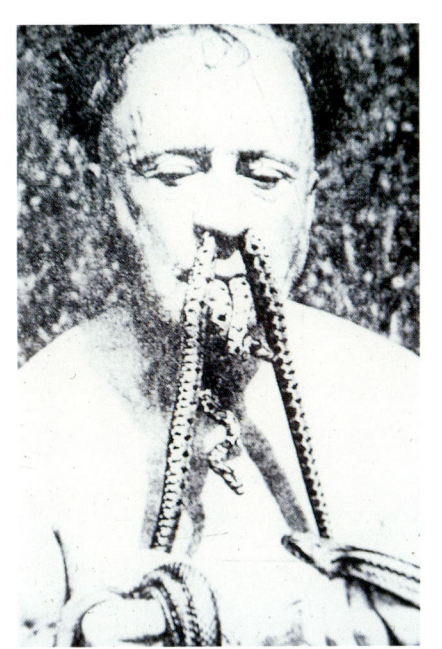

23, 24 Wahnsinn oder missverstandene Technik? In der Mongolei erlernte Alois Resch bizarre Praktiken mit Giftschlangen. Von der Seite betrachtet scheint es, als würde der Tschöd-Lama einen Atemschlauch tragen.

25 Auch der populäre Hindugott Ganescha trägt einen rüsselartigen Auswuchs vor dem Gesicht. Waren Atemgeräte außerirdischer Besucher das Vorbild für solche Darstellungen?

26 Auch heute noch gibt es »Rüsselwesen«. Wie sonst würden Menschen, die noch nie Kontakt mit unserer Technik hatten, diesen Jet-Piloten beschreiben?

27 Das Figürchen aus dem archäologischen Museum von San Pedro de Atacama trägt auffällige astronautische Einzelheiten.

28 In der ausgehenden Jomon-Zeit, um 600 v. Chr., begannen die Menschen in Japan, seltsam anzusehende Figuren herzustellen. Am Anfang waren diese noch klein und primitiv, doch dann begann sich ihr Stil rasch zu wandeln.

29, 30, 30a Die »Dogu« genannten Figuren bekamen detailliert herausgearbeitete Feinheiten, und auch ihre Größe wuchs beträchtlich. Doch das auffälligste Merkmal an ihnen war, dass sich ihre Augen hinter modern anmutenden, brillenartigen Visieren verbargen. Mehr noch: Die »Dogu« erinnern eher an Piloten in einem funktionalen Overall nebst dazu passendem Kopfschutz. Manche Forscher vermuten außerirdische Besucher in ihren klobigen Raumanzügen als Vorbilder für diese in großer Zahl in Japan gefundenen Figuren.

31–33 Auch Megalithbauten gibt es in Japan, jene spektakulären Steinsetzungen aus tonnenschweren Kloben. Unweit der alten Kaiserstadt Nara, südlich von Kyoto, findet man diese Zyklopenmauern mit technisch meisterhaften Steinbearbeitungen.

34 Etwa 100 Meter vor der kleinen Insel Yonaguni liegt unter Wasser die wohl größte archäologische Sensation Japans. Es ist dies eine pyramidenähnliche Struktur, die erbaut worden sein muss, als der Meeresspiegel noch tiefer lag.

35 Bei all den sorgfältig geglätteten Oberflächen, Stufen, steil ansteigenden Treppen und Wänden ist es nicht vorstellbar, dass das Unterwassermonument von Yonaguni natürlichen Ursprungs sein könnte.

36, 37 Im japanischen Mittelalter, um 700 bis 800 n. Chr., tauchten im gesamten Inselreich die »Kappas« auf. Ein rüsselartiger Auswuchs führte von Mund und Nase zu einem »Lufttank« auf dem Rücken. Besucher von den Sternen?

38 Auch ihn kann ich zu meinen »geistigen Wegbereitern« zählen: Professor Matest M. Agrest (r.), der bereits 1959 über mögliche Eingriffe außerirdischer Intelligenzen in unserer Frühgeschichte spekulierte (aufgenommen 1997).

Am 21. Mai 1918 war es so weit: Mit mehr als 20 Bauernwagen und 40 mongolischen Reitern folgten Resch und Kutusof dem bereits vorausgeeilten und über 400 Mann starken Haupttross. Resch sollte übrigens erst viel später erfahren, dass Kutusof in Wirklichkeit ein hoher, geweihter Lama war, der mit einer dem Schlangenkult huldigenden Geheimsekte Ostasiens sympathisierte. Gleichzeitig war er auch ein gerissener Doppelagent, der sowohl für die Kommunisten als auch für die Weißrussen arbeitete. Angeblich war der Zweck der Expedition, den Zarenschatz vor dem Zugriff der gerade gegründeten Sowjetarmee im Altaigebirge in Sicherheit zu bringen. Hierbei sollte Resch als Vermesser fungieren und mit einem Theodoliten (einem Winkelmessgerät) geografische Fixpunkte festlegen.

Durch albtraumhafte Landschaften

In Abwesenheit Kutusofs, der mit einem kleinen Trupp vorausgeritten war, fand die Expedition im Altaigebirge uralte Gräber, die sie sprengten und ihrer nicht unerheblichen Goldschätze beraubten. Als die Mongolen sich mit ihrem Beuteanteil davonmachten, setzte sich Resch ab und stieß wieder zur Abteilung Kutusofs. Unter der Führung des Russen setzte er die Reise fort. Nun hatten sie ein erklärtes Ziel: *das Kloster zum Schwarzen Khan.*
Nach mehrtägigem Herumirren im Großen Altai brach ein grauenvoller Sandsturm los. Schwärzeste Finsternis, durchzuckt von grellen Blitzen, umgab die wenigen Verbliebenen der Expedition. Gewaltige Felsblöcke stürzten von steilen Abhängen und rissen die schwer beladenen Packpferde in die Tiefe. Danach strahlte ganz plötzlich wieder die Sonne, als sei nichts gewesen.

Unbeirrbar suchte die kleine Karawane ihren Weg, vorbei an wilden Schluchten, durch versandetes, von gereizten Giftschlangen wimmelndes Ödland. Inmitten einer dämonisch anmutenden Landschaft, in der Nähe eines kleinen Sees, erhob sich auf einem bizarren Felsen ein mächtiger, Angst einflößender Bau: das Kloster zum Schwarzen Khan. Dort begehrten sie Einlass.

Als das schwere Tor hinter den Ankömmlingen zufiel, mussten diese erst einmal ihre Waffen ablegen. Danach bekamen sie eine Audienz beim vorstehenden Tscha-Lama. Hierauf wurden Resch und Kutusof voneinander getrennt, wobei der Österreicher von einem »Gelbmützen-Mönch« durch ein Labyrinth von Wendeltreppen und Gemächern geführt wurde, bis sie schließlich im tiefsten Kellergewölbe vor einer Zelle haltmachten.

Reschs Begleiter schlug einen Gong. Daraufhin flog die Türe auf, und in einer dichten Wolke aus beißendem Rauch verbrannter Räucherstäbchen trat eine in Lumpen gehüllte Gestalt, mehr Gerippe als Mensch, heraus. Der ausgemergelte Mönch versetzte Resch ein paar derbe Stöße, worauf dieser in den finsteren und einer Höhle ähnlichen Raum stolperte.

Als er sich ein wenig an die Dunkelheit gewöhnt hatte, gewahrte er eine massige Buddhastatue, die seine ganze Aufmerksamkeit fesselte. Unvermittelt leuchtete über der Statue ein phosphoreszierender Totenschädel auf, und ein furchterregendes Zischen erfüllte den Raum. Giftschlangen züngelten heran, und schon wand sich eins der aggressiven Reptilien an seinem Bein hinauf. In Todesangst versuchte Resch, nach seinem verdeckt getragenen Revolver zu greifen, doch vergebens. Die Schusswaffe entglitt einfach seiner kraftlos gewordenen Hand.

Bedrohend und lähmend, gleich den Blicken der ihn umzüngelnden Schlangen, wirkten die auf ihn starrenden Augen des abstoßend aussehenden Mönchs. Dieser eröffnete ihm nun sein künftiges Schicksal. Niemals mehr dürfe er dieses Kloster verlassen, denn er sei zum Tschöd verurteilt. Er habe sich dem Urteil der Götter zu unterwerfen und die Schlangenprüfung abzulegen. Alsdann führte der Mönch Resch in eine andere, leere und finstere Zelle. Nachdem er die Türe verschlossen hatte, warf er dem Gefangenen durch einen Schlitz sieben mit einer Leuchtsubstanz bestrichene Schlangen hinein.

Schrecken aller Mönche: Der Tschöd

Das todbringende Gewürm kam unaufhaltsam näher. Schon kroch eine Schlange an ihm hinauf und schlüpfte in seine Ärmel. Eine andere versuchte unverdrossen, in seinen Mund einzudringen, zwei weitere mühten sich ab, die Köpfe tief in seine Nasenlöcher zu bohren. Mit ihren Zungen tasteten sie das Naseninnere ab und bewirkten so einen furchtbaren Niesreiz. Mit seiner Widerstandskraft vollkommen am Ende, jeden Augenblick den tödlichen Biss erwartend, schwanden Resch die Sinne. Erst als Stunden später die Tür seines albtraumhaften Kerkers geöffnet wurde, gewahrte er sich wieder in seinem an der Wand lehnenden Körper. Friedlich zusammengerollt, am Boden schlafend, lagen die Giftschlangen. Eigentlich darauf gefasst, einen Leichnam wegzuräumen, befreite ein über alles erstaunter Novize den mit dem Leben davongekommenen Resch aus seinem Verlies.
»Hier herrscht der Schrecken aller Mönche«, ließ der Novize vernehmen. »Der Schrecken aller Klöster, von Kiachta bis Urga, von Ulakom bis Kowde, von Narabant bis nach Uljassutai: hier herrscht der Tschöd!«
Völlig verwandelt nach dieser Nacht mit Worten nicht zu beschreibenden Horrors, widmete sich Resch in der Folge ver-

schiedenen yogaähnlichen Praktiken, Atemtechniken und vorbereitenden Exerzitien. Er war wie besessen davon, diesen grauenhaften Schlangen-Tschöd zu erlernen. Dies ist eine für uns im Westen unbegreifliche Art der Meditation, in deren Verlauf lebendige, in aller Regel tödlich giftige Schlangen durch die Nasenlöcher in die Atemwege eingeführt und durch den Mund wieder herausgezogen werden – ohne dabei zu ersticken, was nur dank einer ganz besonderen Atemtechnik gelingt. Denn bisweilen versperren die erregten Reptilien bis zu einer Stunde lang die Luftwege, und eine entsprechende Stellung ihrer Schuppen macht es unmöglich, sie aus dem Mund herauszuziehen.

Der Rest dieser unglaublichen Geschichte ist rasch erzählt. Der frischgebackene Tschöd-Lama aus Österreich machte so große Fortschritte, dass er binnen dreier Monate die ersten drei der möglichen zwölf Einweihungsgrade des Schlangen-Tschöd erreichte. Viele Jahre noch blieb Resch in dem Kloster zum Schwarzen Khan, bis ihm erlaubt wurde, dieses zu verlassen. Lange nach dem Ende des Zweiten Weltkrieges kehrte er nach Graz in seiner österreichischen Heimat zurück.

Wahnsinn oder missverstandene Technik?

Dort betätigte er sich dann in der Hauptsache künstlerisch. Als Maler schuf er viele psychedelische Werke, in denen er die oft albtraumhaften Eindrücke aus seiner Zeit als Mönch im Kloster zum Schwarzen Khan verarbeitete. Und ab und zu führte er, bis ins hohe Alter von 80 Jahren, seine Tschöd-Praktiken einem zwischen Staunen und Grausen hin- und hergerissenen, zahlenden Publikum vor. Mit lebenden Schlangen, versteht sich. Dies fand damals, Ende der 1960er-, Anfang der 1970er-Jahre, Erwähnung in ein paar wenigen Publikationen.[109]

Die ganze Geschichte klingt derart abwegig, dass man sie ins Reich der Fantasie verweisen könnte. Gäbe es da nicht ein paar Aufnahmen, die an den Tschöd-Lama aus Graz erinnern und welche ich meinen Lesern nicht vorenthalten möchte (siehe Bildteil).

Welchen Sinn und Zweck sollen Praktiken wie die beschriebenen haben, und woher stammt diese wenig anheimelnde Tschöd-Magie? Bei uns im Westen ist hierüber so gut wie nichts bekannt, und nur sehr wenige Kenner der Kulturen Zentralasiens besitzen ansatzweise Informationen.

Nach der Tibetforscherin Alexandra David-Néel, die viele Jahre ihres Lebens in Asien verbrachte, ist das Ziel des Tschöd die Schaffung des furchtlosen und die Angst mit all ihren Schrecken bezwingenden Menschen.[96] Der in Rumänien geborene Religionswissenschaftler Mircea Eliade (1907–1986) berichtete vom Lama Padma Rigdzin, der vor mehr als 200 Jahren diese Praktiken in Tibet eingeführt haben soll.[110] Doch der eigentliche Ursprung, besonders des einzig in der Mongolei ausgeübten Schlangen-Tschöd, liegt im Dunkeln.

Die Frage brennt unter den Nägeln, was Mönche und Schamanen dereinst zur Ausübung dieser grausigen Techniken bewogen haben mag. Ist der dem Menschen so ureigene Nachahmungstrieb ein möglicher Schlüssel zur Erklärung? Sahen irgendwelche Altvorderen fremde Wesen, die mit von der Nase wegführenden Schläuchen herumliefen, die sich beim Gehen bewegten? Haben sie ihre Beobachtungen so gründlich missverstanden, dass sie anfingen, mit der heute als Schlangen-Tschöd bezeichneten Praxis jene fremden Wesen zu imitieren? Ethnologen stießen in den 1940er-Jahren auf viele Beispiele sogenannter *Cargo-Kulte*, mit denen reale Vorbilder nachgeahmt wurden.[111] Da bauten Eingeborene in Neuguinea, die zuvor nie einen Weißen gesehen hatten, mit primitiven Mitteln »Flugplätze«, mit »Flugzeugen« aus Stroh und Holz.[112,113] Missverstandene Technologie: Ein fehlendes technisches Verständnis vorausgesetzt, wird schlagartig klar, wie Atemschläuche zu Schlangen wurden, ja werden mussten.

Rüsselwesen in aller Welt

Darstellungen und Beschreibungen von Wesen mit »Schlangen« oder »Rüsseln«, die man, ohne die Fantasie arg strapazieren zu müssen, als Atemgeräte interpretieren könnte, gibt es en masse auf dieser Welt. Mich erinnert der Auftritt des Grazer Tschöd-Lamas mit seinen durch die Nase eingeführten »Lieblingstieren« – nichts für schwache Nerven – ganz spontan an die Abbildungen von *Kappas*. Wir werden jenen seltsamen Besuchern aus dem frühmittelalterlichen Japan noch an einer späteren Stelle begegnen. Oder, um ein weiteres Beispiel aus dieser Region zu bemühen, an den »Gottessohn« Ganescha. Ganescha gilt als der Sohn des höchsten Hindugottes Schiwa und ist neben diesem der populärste Gott dieser Religion. Heute noch wird er von Indien über Tibet bis nach China, von Indonesien über Thailand bis Japan gleichermaßen verehrt. Man nennt ihn auch den »Vernichter der Hindernisse«, und das augenfälligste Merkmal all seiner Darstellungen in Bildern und Skulpturen ist sein Rüssel. Wobei dieser in manchen Versionen viel eher einem gedrehten Schlauch ähnelt denn einem Elefantenrüssel.[114] Ganz ähnlich geartete »Rüsselwesen« findet man auch auf anderen Kontinenten. Vor allem in Zentralamerika wurden sie, als Relief in Stein, der Nachwelt erhalten. »Göttliche« Gestalten, allesamt mit Schläuchen vor dem Mund, findet man beispielsweise auf dem Monte Alban und in Tula (beides in Mexiko), im honduranischen Copán oder in der prachtvollsten Stadt, welche uns die Maya hinterlassen haben – in Tikal, Guatemala.[115]

Die japanischen *Kappas*, der legendäre »Vernichter der Hindernisse« Ganescha und dessen mittelamerikanische »Kollegen« sowie der »die Angst mit all ihren Schrecken bezwingende« Lama des Schlangen-Tschöd haben wohl allesamt einen gemeinsamen Ursprung: die Begegnung der Menschen früherer Epochen mit außerirdischen Intelligenzen. Völlig missverstandene Technologie. Als Schlange oder Rüssel macht der deutlich sichtbare Fortsatz keinerlei Sinn. Wohl aber, in einer modernen technischen Interpretation, als Versorgungsschlauch eines Atemgerätes.

Auch heute noch gibt es Rüsselwesen. Oder würde ein Angehöriger eines Stammes, der nie zuvor Kontakt mit den technischen »Segnungen« unserer Zivilisation hatte, andere Worte benutzen, wenn er plötzlich einem Taucher, einem Jetpiloten oder einem Weltraumfahrer gegenüberstände?

Im Kloster von Tuerin

Haarsträubende Erlebnisse wurden 1920 einem anderen Zeitgenossen zuteil, den es in ein nicht minder berühmt-berüchtigtes Kloster der Mongolei verschlagen hatte. Dass die nachfolgenden Geschehnisse überhaupt bekannt geworden sind, ist einzig einer Reihe glücklicher Umstände zu verdanken. Denn der Mann, dem sie widerfahren sind, verschwand kurze Zeit später, ohne die geringste Spur zu hinterlassen. Er sollte niemals wieder auftauchen, vermochte seine unglaubliche Geschichte aber noch einem Landsmann zu berichten. Der veröffentlichte sie nach seiner Rückkehr in die USA in der Zeitschrift *Adventure*.

Der amerikanische Abenteurer John Spencer lebte in den Jahren nach dem Ersten Weltkrieg vom verbotenen Handel mit Drogen und Waffen. Diese dubiosen Geschäfte waren mit Sicherheit der Grund dafür, dass er seinem »Wirkungskreis« in der Mandschurei buchstäblich über Nacht den Rücken kehren musste. Zu Fuß machte er sich auf den Weg, bis er nach einem mörderischen Gewaltmarsch durch albtraumhafte Landschaften die Mongolei erreichte. Abgezehrt und völlig entkräftet von Hunger, Fieber und Entbehrungen, brach er schließlich zusammen.

Spencer hatte unglaubliches Glück. Umherziehende buddhistische Mönche fanden ihn mehr tot als lebendig und trugen ihn in das Lamakloster von Tuerin, wo sie sich um ihn kümmerten und ihn pflegten. Ein Schatten seiner selbst, kam er doch relativ schnell wieder auf die Beine.

Zu dieser Zeit beherbergten die frommen Mönche einen weiteren Gast aus den Vereinigten Staaten. Der Geschäftsmann William Thompson, der sich zu jenem Zeitpunkt schon länger im Kloster aufhielt, galt als großer Bewunderer der Glaubenswelt Ostasiens. Bei seinem ersten Zusammentreffen mit dem sich gerade erholenden Spencer muss er diesem wohl etwas zu voreilig und enthusiastisch über das Kloster berichtet haben. Denn der Abenteurer begann plötzlich, seine neue Umgebung mit regem Interesse zu erkunden. Nichts auf der Welt hätte ihn noch auf seinem Krankenlager gehalten.

Am Morgen eines der folgenden Tage stieß Spencer in der näheren Umgebung des Lamaklosters auf verwitterte Stufen, die zu einer schmalen Metalltür hinabführten. Von Natur aus mit einer gehörigen Portion Neugier versehen, öffnete er die Tür und befand sich unversehens in einem polygonalen Raum mit zwölf oder dreizehn Seiten. Jede einzelne dieser Wandflächen trug Zeichnungen, die aller Wahrscheinlichkeit nach Sternbilder darstellten. Eines davon konnte er identifizieren. Es war das Sternbild des Stieres, unter dem er selbst geboren war. Dieses war auf einem kleinen Glücksbringer eingraviert, den er stets bei sich hatte.

Grünes Leuchten

Etwas gedankenverloren fuhr er die Linien der Abbildung mit seinem Zeigefinger nach. Als er am Ende einer Linie angekommen war, an der die Plejaden eingezeichnet waren (wie William Thompson, dem wir den Bericht verdanken, nachträglich herausfinden konnte), gab die Wand nach und öffnete sich lautlos. Dahinter lag ein Gang, der in Dunkelheit gehüllt war. Spencer zögerte ganz kurz, doch dann gewann wieder seine Neugier die Oberhand. Nachdem er sich einige Schritte in das Dunkel getastet hatte, bemerkte er einen schwachen grünlichen Schimmer, der aus der Ferne zu leuchten schien. Bevor er diesem nachging, wuchtete er noch einen großen Stein vor die geöffnete Wand. Hazardeur vom Scheitel bis zur Sohle, konnte er doch manchmal die Vorsicht in Person sein.

Es gelang ihm nicht, die Quelle des seltsamen grünen Leuchtens auszumachen. Es schien gleichzeitig überall und nirgends zu sein. So ging er in dem engen, aber solide gebauten Stollen weiter, bis er zu einer Verzweigung gelangte. Er hielt sich immer rechts, weil er unbedingt vermeiden wollte, sich zu verirren. Unbewusst wählte er damit den Weg, den die Abbildung des Sternbilds über dem Tunneleingang vorgezeichnet hatte. Endlich erreichte er das Ende des Stollens.

Vor seinen Augen erstreckte sich eine weitläufige Halle, in der das grüne Licht stärker und greller leuchtete. Hier war es so intensiv, dass er ohne Schwierigkeiten zu erkennen vermochte, dass entlang einer der Wände etwa 25 bis 30 Schreine fortlaufend aufgereiht waren. Spencer hatte den Eindruck, als würden sie ungefähr ein bis zwei Fuß (30 bis 60 Zentimeter) über dem Boden schweben, konnte sich das Ganze aber nicht erklären. Seiner kriminellen Veranlagung folgend, malte er sich in seiner Fantasie schon die unermesslichen Schätze aus, um die er die an diesem Ort Bestatteten erleichtern würde.

Grenzenloses Entsetzen

Sofort machte er sich ans Werk und stellte nicht ohne eine gewisse Genugtuung fest, dass sich die Deckel der Särge leicht öffnen ließen. In den ersten drei Schreinen fand er die Körper von Mönchen, welche dieselben Gewänder trugen wie jene, die ihn gefunden und ins Kloster gebracht hatten. Im vierten lag eine Frau in Männerkleidung, im nächsten ein Inder im rotseidenen Mantel. Die Leichen zeigten keine Anzeichen von Verwesung und waren umso älter, je näher ihr Sarg der hinteren Wand der Halle stand. Eines aber war allen gemeinsam: Schätze und Reichtümer, auf die es der Hazardeur abgesehen hatte, enthielt ihre letzte Ruhestätte nicht.

Doch so schnell gab John Spencer nicht klein bei. Also stöberte er alle Schreine der Reihe nach durch. Im drittletzten Sarg lag, in weißes Linnen gewickelt, die unversehrte Hülle eines Mannes, im Folgenden eine Frau unbekannter Herkunft. Als er den Deckel des allerletzten Sarkophags lüftete, glaubte er seinen Augen nicht zu trauen. Er fand eine Gestalt, deren Kleider silbrig schimmerten. Ihr Kopf war eine große silberne Kugel mit Löchern anstatt Augen und einem kurzen, ovalen Stutzen an Stelle der Nase. Einen Mund schien das seltsame Geschöpf überhaupt nicht zu besitzen. Als Spencer den Körper berühren wollte, öffneten sich plötzlich die großen, runden Augen, und ein grelles grünes Leuchten blendete ihn.

Grenzenloses Entsetzen packte ihn. Zu Tode erschrocken ließ er den Sargdeckel zufallen und lief schreiend davon. Zum Glück gewann er schnell seine Fassung wieder und besann sich auf den richtigen Weg zurück. In seiner Panik hätte er sich sonst verlaufen und wahrscheinlich nie mehr den Ausgang gefunden. Seltsamerweise schien der Rückweg nun viel länger als der Hinweg. Als er endlich dem Labyrinth entronnen war, merkte er, dass unerwartet die Nacht hereingebrochen war.

Zurück im Kloster berichtete er sofort seinem Landsmann William Thompson das Erlebte, wobei er mehrmals seine große Verwunderung über die verlorene Zeit in dem Stollen kundtat. Nach seinem Zeitgefühl war er allenfalls zwei oder drei Stunden unterwegs gewesen. Thompson zeigte sich äußerst verärgert ob der Eigenmächtigkeit Spencers. Er schalt ihn der Ausnutzung der in diesen Mauern heiligen Gastfreundschaft und erstattete Bericht bei den Mönchen.

Schon am Morgen darauf wurde der Abenteurer vor einen hohen Lama zitiert, der ihn gütig lächelnd empfing und ihn ungewöhnlich freundlich behandelte. Der Lama versuchte, ihn zu überzeugen, dass er sich alles nur eingebildet habe. Das Fieber habe ihm Dinge vorgegaukelt, die in Wirklichkeit nicht existierten. Da Spencer sich aber nicht so rasch umstimmen ließ, kletterte der Würdenträger mit ihm nochmals die verwitterte Treppe hinab in jenen polygonalen Raum. Auch er berührte eine Wand, hinter der sich ein Stollen öffnete, und die beiden gelangten bereits nach ein paar Minuten in eine kleinere Halle, in der sich eine altarähnliche Konsole befand. Darauf standen – in Miniaturausgabe – genau jene Särge, die Spencer in der großen Halle gesehen hatte. Auch die Figürchen, die sie enthielten, entsprachen genau den Leichen aus den richtigen Sarkophagen.

Schlagartig wurde John Spencer klar, dass man hier versuchte, seine Überzeugung zu erschüttern. Darum wagte er es nicht, den Erklärungen des Lamas zu widersprechen. Als er sich jedoch die Frage nach der silbernen Gestalt mit dem runden Kopf nicht verkneifen konnte, bekam er zur Antwort, dieser sei »ein großer Meister von den Sternen« gewesen.

Doch zurück von dem neuerlichen Besuch der heiligen Stätten, bekräftigte Spencer seinem Landsmann Thompson gegenüber, er hege nicht die geringsten Zweifel, dass seine Erlebnisse real waren. Er habe während des ersten Aufenthalts in dem Labyrinth einen Stiefelabsatz verloren und sich die Hände aufgeschürft, als er sich in dem schwachen grünen Schimmer an den Stollenwänden entlangtastete.

»Silbermenschen« von den Sternen

»Ich habe den Stoff der Kleider befühlt, welche die Leichen trugen, und ihre hervorstehenden Adern und Falten gesehen. Die Platte, die ich durch Zufall geöffnet habe, befand sich links der Eingangstür, und jene, welche der Lama aufmachte, lag fast genau der Eingangstür gegenüber – nur eine Idee weiter rechts. Der Mönch versuchte, mich zu überzeugen, er hat mir jedoch nur eine Miniaturkopie von dem gezeigt, was ich selbst im Original gesehen habe.«[8]
Wenige Tage darauf verschwand John Spencer spurlos, nachdem er das Kloster verlassen hatte. Kein Mensch hat jemals wieder von ihm gehört. William Thompson, der Mann, dem er sich noch anvertraut hatte, als würde er sein Schicksal ahnen, veröffentlichte die Geschichte nach seiner Rückkehr in die Vereinigten Staaten in der Zeitschrift *Adventure*. Und machte kein Hehl aus seiner Überzeugung, dass die Schilderungen des zwielichtigen Abenteurers der Wahrheit entsprächen. Während seines monatelangen Aufenthaltes in China und in der Mongolei habe er wiederholt Leichen gesehen, die Jahrhunderte, wenn nicht sogar Jahrtausende unversehrt überstanden hatten. Überdies wären ihm nicht nur einmal jene seltsamen Geschichten zu Ohren gekommen, die von geheimnisvollen »Silbermenschen« handelten, welche von den Sternen zur Erde herabgekommen seien.[8]
Die Geschichte klingt – zugegeben – reichlich verrückt. Sie enthält aber, einmal abgesehen von der unbedingten Überzeugung William Thompsons, dass sie der Wahrheit entspricht, ei-

nige interessante Aspekte, die *für* ihren Wahrheitsgehalt sprechen könnten. Wie etwa der deutliche Hinweis auf die Plejaden. Der nach den Töchtern des Atlas benannte offene Sternhaufen im Sternbild des Stiers besteht aus ungefähr 230 Sternen. Sieben davon sind mit bloßem Auge erkennbar, woher sich auch ihr volkstümlicher Name »Siebengestirn« herleitet.

In der altchinesischen Mythologie gibt es mehrfach Hinweise auf diese etwa 400 Lichtjahre von uns entfernte Konstellation. So erblickte Hsin Chi, Mutter des legendären Kaisers Yü, eines Tages etwas sehr Sonderbares am Himmel, einen glänzenden Stern, der durch die Plejaden ging.[74]

Die Plejaden finden Erwähnung in den Überlieferungen vieler Völker. Das *Popol Vuh* etwa, Schöpfungsmythos der Quiche-Maya, berichtet von 400 »himmlischen Jünglingen«, die nach unerfreulichen Konfrontationen und Kämpfen mit den irdischen Menschen in ihre Heimat zurückgekehrt seien. Selbige lag im Sternhaufen der Plejaden. In der altjapanischen Mythensammlung *Tango-Fudoki* findet man eine Erzählung, die uns an die seit Einstein geläufigen Effekte der Zeitdilatation erinnert. Darauf werde ich im Kapitel über Japan explizit eingehen. Auch in dieser steinalten Überlieferung werden die Plejaden erwähnt.

Die Götter der prä-inkaischen Völker sollen gleichfalls von den Plejaden stammen,[15] und den Sumerern, die bereits vor mehr als 5000 Jahren über eine hoch entwickelte Astronomie verfügten, waren sie auch schon bekannt.

Mysterien der Salzwüste

Auch aus anderen Regionen dieser Welt kommen Berichte über Wesen von fremden Sternen, die auf unserem Planeten ihre letzte Ruhe gefunden haben sollen. Mehr als 20 Jahre lang leitete der archäologiebegeisterte, aus Belgien stammende Missionar Gustavo LePaige (1903-1980) Ausgrabungen am Rande der Atacama-Wüste im Norden Chiles. Dort will er uralte Grabstellen gefunden haben, in denen außerirdische Wesen beerdigt worden seien. Diese Schlussfolgerung zog er aufgrund der Gesichtsformen einiger Mumien, die keine Ähnlichkeit mit denen irdischer Bewohner aufgewiesen haben sollen. In einer dieser Grüfte fand er auch eine kleine Holzfigur – es war eine Grabbeigabe –, deren Kopfbedeckung einem Astronautenhelm ähnelte.[116]

Fanden sich auch in der Atacama Spuren nicht von unserer Erde gekommener Wesen, auf welche der spurlos verschollene Abenteurer John Spencer in Tuerin gestoßen zu sein glaubte? Was die angeblich außerirdischen Mumien betrifft, hat Padre LePaige das Geheimnis wohl mit in sein Grab genommen. Glücklicherweise ist da noch das kleine Museum in San Pedro de Atacama, das zum Zeichen für die große Wertschätzung, derer er sich zeit seines Lebens erfreute, nach ihm benannt wurde. Jenes »Museo Arqueologico R.P. Gustavo LePaige« ist so ziemlich das einzige touristische Highlight in dem etwa 2500 Einwohner zählenden Kaff, das am nördlichen Rand des großen chilenischen Salzsees in der glühenden Atacama-Wüste liegt. Darin befindet sich auch die kleine hölzerne Figur – ursprünglich war die Rede davon, dass das Holz bereits versteinert sei[117] – unter zahllosen weiteren Funden aus der Wüste.

Ich war dort, am Ende der Welt. Ende Februar 1996 stattete ich dem Museum einen Besuch ab, gemeinsam mit einer Gruppe auf »Götterspuren«, die ich gemeinsam mit meinem viel zu früh verstorbenen Freund und Autorenkollegen Johannes Fiebag durch Südamerika und auf die Osterinsel führte.

Durch ein älteres Foto, aufgenommen von Erich von Dänikens ehemaligen Sekretär Willi Dünnenberger, konnte ich die kleine Figur schon nach kurzer Suche finden. In einer Vitrine aus

Glas fristet sie unscheinbar ihr Dasein neben einer Reihe von weiteren Figuren.

Ich wurde eines schier unverschämten Glücks teilhaftig. Unsere sehr rührige, an der Thematik interessierte Reiseführerin avisierte mich, ohne rot zu werden, als »einen der bedeutendsten Archäologen Deutschlands«. Mir war die Sache etwas peinlich – doch das Ergebnis war, dass mir die Museumsleitung erlaubte, die betreffende Vitrine zu öffnen und die »Astronautenfigur« eingehend zu untersuchen.

Im selben Augenblick streckten sich mir ein Dutzend Schweizer Taschenmesser entgegen, und mit zittrigen Fingern und klopfendem Herzen hebelte ich die Glasscheibe aus dem Rahmen. Kurz darauf hielt ich, als erster Forscher der Paläo-SETI genannten Fachrichtung, das kleine Wunderding in meinen Händen.

Zugegeben, ich war einen kurzen Augenblick lang ziemlich enttäuscht, denn so mickrig – das Figürchen misst gerade einmal zehn bis zwölf Zentimeter in der Länge – hätte ich mir den Grund meines Museumsbesuches nicht vorgestellt. Zudem besteht das Artefakt aus zwei Teilen: Der Kopf ist eine Art Stöpsel, den man vom zylinderförmigen Rumpf abziehen kann. Und der Kleine ist auch nicht versteinert, sondern besteht aus ganz normalem Holz.

»Man würde mir nicht glauben ...«

Seit ich diese Figur, die inzwischen als »Astronaut von San Pedro« in die Literatur einging, in meinen Händen halten durfte, weiß ich, wie die Annahme entstanden sein könnte, dass sie aus versteinertem Holz besteht. Das Objekt ist rundum mit Sand verkrustet; es gelang mir aber, mit den Fingern ein paar Sandkörnchen abzurubbeln. Außerdem konnte es vor meiner

Aktion nur durch die geschlossene Scheibe der Vitrine fotografiert werden. Was die Altersbestimmung betrifft, muss man also sehr vorsichtig sein. Es kann wirklich einige Tausend Jahre auf dem Buckel haben – ebenso gut aber auch nur ein paar Hundert.

Dies nimmt jedoch dem Fund, nach eingehender Abwägung aller bekannten Informationen, nichts von seiner ursprünglichen Faszination. Im Gegenteil: Jene reichlich fremdartigen Züge, ganz besonders im Bereich der Ohren, die eher an die Ausbuchtungen für in den Helm integrierte Kopfhörer erinnern, geben nach wie vor zu denken.[118]

Dieses Artefakt existiert also nachweislich, reiht sich ein in eine unüberschaubare Anzahl ähnlicher Objekte weltweit, die in krassem Widerspruch zu all dem stehen, was über unsere Vorgeschichte gelehrt wurde. Doch was ist mit den »außerirdischen Leichen«, auf die der Missionspater gestoßen sein will? Weitere Nachforschungen sollte man nicht von vorneweg mit der Phrase niederbügeln, dass dem Gottesmann hier wohl etwas die Fantasie durchgegangen sei. Padre LePaige galt in seinem Wirkungskreis als unbedingt zuverlässig, auf sein Wort konnte man sich stets verlassen.[116]

Sollte er wirklich auf sterbliche Überreste nicht von dieser Welt stammender Wesen gestoßen sein, so wären zwei Szenarien im Bereich des Möglichen: Zum einen könnten die Leichen oder Gegenstände konfisziert und entweder in die USA verbracht oder an einem geheim gehaltenen Ort in Chile versteckt worden sein. Ungleich wahrscheinlicher jedoch wäre, dass Padre LePaige noch lange vor seinem Tod persönlich dafür Sorge trug, dass die Funde wieder in den öden Weiten der großen Salzwüste verschwanden.

Ihm war völlig klar, dass die Zeit noch nicht reif war für derart weltbildstürzende Enthüllungen. Ein einziges Mal nur machte er die folgende Andeutung: »Man würde mir nicht glauben, wenn ich erzählen würde, was ich noch alles in den Gräbern gefunden habe. Ich will darüber nicht sprechen, um die Welt nicht zu beunruhigen.«[117]

»Filmriss«

Kehren wir nun von diesem Exkurs nach Südamerika wieder zurück zu John Spencers schaurigem mongolischen Abenteuer. Wohl der unheimlichste Aspekt seiner Erlebnisse wird deutlich, wenn wir einen Vergleich ziehen mit einer Beobachtungskategorie des modernen UFO-Phänomens, die anscheinend in den vergangenen 35 Jahren epidemische Ausmaße angenommen hat. In Wahrheit war sie stets präsent, doch nun bekam sie mehr Aufmerksamkeit.
Es geht um jene beunruhigenden Entführungen, die in der Nomenklatur des Phänomens wahlweise unter »Unheimliche Begegnungen der 4. Art«, »CE-IV-Erlebnisse« oder schlicht »Abductions« berühmt-berüchtigt wurden. Hier geht es nicht mehr nur um nahe Beobachtungen von UFOs oder um Begegnungen mit den mutmaßlichen Insassen dieser ominösen Flugkörper. Im Mittelpunkt des Entführungssyndroms steht der direkte Zugriff fremder Intelligenzen auf die Bewohner unseres Planeten. Häufig kommt es hierbei zu medizinischen Versuchen und regelrechten chirurgischen Eingriffen. Vom »Mainstream« der etablierten Wissenschaften immer noch heftig attackiert, gibt es inzwischen mehrere blitzsaubere medizinisch-psychologische Untersuchungen, welche die physikalische Realität dieser oft ausgesprochen traumatischen Erlebnisse abseits jeder Zweifel feststellen.[119]
Viele direkt Betroffene, aber auch Erforscher des komplexen Themas erwähnen regelmäßig das »Phänomen der verlorenen Zeit«, auch »Missing-Time-Syndrom« genannt. Bei den Op-

fern klafft eine große Lücke im Gedächtnis – es fehlt ein Abschnitt in ihrer Erinnerung. Sie haben buchstäblich einen »Filmriss«, der aber mittels regressiver Hypnose geschlossen werden kann.[120]

In meinem Buch über das UFO-Phänomen im 21. Jahrhundert[121] berichte ich über zwei Frauen aus meiner ostbayerischen Heimat, die auf ihrem nächtlichen Nachhauseweg eine Begegnung mit einem mysteriösen fliegenden Objekt hatten. Als sie daheim ankamen, mussten sie verwirrt feststellen, dass sie für eine nur 25 Kilometer lange Fahrtstrecke insgesamt zweieinhalb Stunden gebraucht hatten. Nach Abzug der normalen Fahrtzeit hatten sie gute zwei Stunden verloren, an die sie sich beim besten Willen nicht erinnern konnten.[122]

John Spencers schauriges Erlebnis in den Gewölben des Klosters von Tuerin zeigt deutliche Parallelen zu diesem beunruhigenden Aspekt des heutigen UFO-Phänomens. Nach Spencers Zeitgefühl war er nur zwei oder drei Stunden fort gewesen. Eigentlich hätte er schon am frühen Nachmittag wieder zurück sein müssen. Stattdessen war es finstere Nacht geworden, und der Abenteurer konnte sich nicht erinnern, was während der verlorenen Stunden in dem Labyrinth alles vorgefallen war. Seine Erinnerungen waren wie ausgelöscht.[8]

War er nicht nur auf einen lange verstorbenen Vertreter einer fremden Zivilisation gestoßen, die schon seit Urzeiten unsere Welt besucht? Halluzinierte Spencer, oder schlug der vermeintlich Tote wirklich die Augen auf? Was war in dem Gewölbe tatsächlich geschehen, und warum verschwand er nur wenige Tage darauf für immer von der Bildfläche? Wir werden es wahrscheinlich nie erfahren.

Es ist mehr als überfällig, derartige Berichte – ganz egal, ob sie aus unseren Tagen oder längst vergangenen Epochen stammen mögen – nicht einfach ins Reich der Fabel zu verbannen. In den letzten Jahren haben sich ein paar mutige Forscher bereits an das Rätsel herangetraut, doch die Mehrheit im wissenschaftlichen Lager verfährt weiter nach der Maxime »Warum nicht sein kann, was nicht sein darf«.

Dass die Opfer von UFO-Entführungen einen »Filmriss« haben, geschieht nicht erst in unserer Zeit. Steinalte Überlieferungen und »heilige Bücher« aller Religionen – selbst die Bibel macht da keine Ausnahme! – stecken voller gleichartiger Schilderungen. Bis in die Welt der Legenden und Märchen zieht sich die Spur der traumatischen Erfahrungen, die im Laufe der Geschichte in die jeweils gültigen Weltbilder und Vorstellungsweisen integriert wurden. Waren es einst Dämonen und Teufel, so kommen wir im Zeitalter eigener Raumfahrterfolge der Lösung des Rätsels vielleicht näher.

Durch die ganze Menschheitsgeschichte spannt sich ein Bogen beinahe identischer Vorfälle. Bei der Suche nach den »Schuldigen« stoßen wir immer wieder auf dieselben Urheber. In alten Zeiten nannte man sie die »Götter«. In ihrem Auftreten uns gegenüber mögen sie Wandlungen durchgemacht haben. Aber der Kern des unheimlichen Phänomens dürfte nach wie vor derselbe sein. Bis in unsere Tage des 21. Jahrhunderts …

7 Die Söhne der Sonnengöttin

Japans Mysterien – zu Land, zu Wasser und in der Luft

Neben dem »Reich der Mitte« ist auch Japan, das sich ebenso lange jeglicher Einflussnahme von außen her vehement widersetzte, ein reicher Quell für die Suche nach Indizien für außerirdische Besuche. Nicht nur uralte Mythen, auch harte Tatsachen sprechen eine deutliche Sprache. Die alten Götter hinterließen reichlich Spuren im Land der aufgehenden Sonne. Sie weisen in eine ferne Vergangenheit zurück und finden ihre moderne Entsprechung in den UFO-Begegnungen unserer Tage. Vielleicht trug gerade jener entschlossene und so lange erfolgreich durchgefochtene Widerstand gegen Einflüsse von fremden wie benachbarten Völkern dazu bei, dass uns Japan in diesem Punkt unerwartet viel zu bieten hat. Nach den alten Mythen waren es die Götter des Inselreiches selbst, die sogar noch in historisch belegten Zeiten feindliche Eindringlinge mit Sturmwind und hohen Wellen in die Flucht schlugen.

Zweimal wurden die Invasionstruppen vollkommen aufgerieben, als im 13. Jahrhundert Kriegsschiffe des Mongolenheeres Japan gleichzeitig von China und Korea aus in die Zange nahmen. Zwar gelang den Invasoren beide Male die Landung, aber ihre Schiffe wurden ebenso regelmäßig vom »kami-kaze«, dem »Göttlichen Wind« zerschmettert.

Kublai Khan (1215–1294), Groß-Khan der Mongolen und der Enkel des berühmt-berüchtigten Eroberers Dschingis Khan, schickte im Jahr 1274 eine mächtige Streitmacht aus, um Zentral- und Ostasien zu unterwerfen. Auch Europa blieb nicht ungeschoren – bis nach Ungarn drangen die wilden Horden vor. Ein Teil dieses riesigen Heeres, dem sich wegen des Schrecken verbreitenden Aussehens seiner Soldaten und ihrer Anzahl kaum jemand in den Weg zu stellen wagte, landete in der Hakozaki-Bucht an der Ostküste der Insel Kyushu. In der darauf entbrannten Schlacht gelang es den Japanern, ihre Stellungen zu behaupten. Während sich die Mongolen zu einem zweiten Angriff aufstellten, brach ein unbeschreiblicher Sturm los und versenkte Hunderte ihrer Schiffe. Die noch halbwegs unzerstörten trieb er mit ihren halb toten Besatzungen auf das offene Meer hinaus. Wer dort nicht starb, wurde an die Küsten Koreas gespült.

Sechs Jahre später. Nachdem die sonst so siegesgewohnten Mongolen ihre Schlappe verdaut hatten, wagten sie noch einmal einen Vorstoß. Eine noch größere Armee machte sich mit noch mehr Kriegsschiffen auf den Weg. Und dieses Mal gelang es den Kriegern Kublai Khans, an Land zu gehen, wo ihnen das Kriegsglück anfangs hold war. Doch nach einem fast zweimonatigen, ungemein zermürbenden Kampf wendete sich das Blatt wieder zugunsten der Japaner. Sie konnten die Eindringlinge an die Küste von Kyushu zurückdrängen. Dann stürzte sich abermals der »kami-kaze« brüllend und tobend auf die mongolischen Invasoren. Er vernichtete die Schiffe der Kriegsflotte und ertränkte deren Mannschaften. Die wenigen Feinde, die nicht auf dem überschwemmten Schlachtfeld ertrunken waren, wurden gnadenlos massakriert. Von dieser einst so gewaltigen Streitmacht schaffte es zum Schluss kein Einziger zurück nach China, wo Kublai Khan in T'ai-tu, wie Beijing seinerzeit genannt wurde, Hof hielt.

Von einem weiteren Versuch, in Japan einzudringen, sah der Mongolenherrscher in der Folge aus verständlichen Gründen ab.[83] Ganz egal, ob mit göttlicher Hilfe oder nicht, jene beiden Siege über die Mongolen trugen sehr zum Stolz der Bevölkerung Japans bei.

Steinzeiträtsel

Ein großer Teil der Frühgeschichte des japanischen Inselreiches liegt hingegen im Dunkeln. Nach Ansicht der Historiker konnte ein von der südlichen Insel Kyushu kommender kriegerischer Stamm in jahrhundertelangen Kämpfen gegen die angestammte Urbevölkerung das ganze Land erobern. Die Urbewohner, welche sich Ainus nennen, wurden dabei drastisch dezimiert. Heute leben nur noch wenige auf der im Norden gelegenen zweitgrößten Insel Hokkaido. Auf sie gehe ich etwas später noch ausführlich ein, da deren Vergangenheit und Existenz viele Geheimnisse birgt.
In Höhlengräbern auf der Insel Hokkaido fand man Felszeichnungen, deren Entstehung in die ausgehende Jungsteinzeit, etwa auf 2000 v. Chr. datiert wurde. Eine davon zeigt eine Gestalt mit ausladendem Kopfschmuck, offenbar ein König oder Stammeshäuptling. Mit hoch erhobenen Armen begrüßt er sieben runde Kugeln, die am Himmel über ihm zu schweben scheinen.
In dieselbe Epoche wird eine andere Zeichnung datiert, welche ebenfalls in einer Grabkammer auf Hokkaido gefunden wurde. Sechs Gestalten stehen in einer Reihe nebeneinander. Vier halten sich an den Händen, während die übrigen zwei nach oben zum Himmel deuten. Über ihnen ist eine stilisierte Spirale dargestellt. Die Bedeutung der Szenerie lässt reichlich Raum für Interpretationen. So etwa, ob es sich um die erwartungsvolle Begrüßung von Flugobjekten handelt, welche sich auf spiralförmiger Bahn der Erde nähern.[123]

Eines belegen die Zeichnungen sicher: Seit Urzeiten haben sich die Bewohner des Inselreiches lebhaft für rätselhafte Lichterscheinungen und Objekte am Himmel interessiert. Häufig dürften solche Phänomene – wie dies auch im alten China geschah – dann als Drachenmythen ihren Platz im Volksglauben gefunden haben. Die alten japanischen Traditionen stecken gleichfalls voller fliegender Ungeheuer, weich auf der Erde gelandeten »Sternen« sowie sonderbaren Gestalten, die dem »Bauch eines Drachen« entstiegen sind.

Wir sollten uns jedoch davor hüten, diese Beschreibungen einzig der ausufernden Fantasie der Menschen damaliger Zeiten zuzuschreiben oder im günstigsten Fall Fehlinterpretationen normaler Naturerscheinungen darin zu sehen. Wie kaum ein anderes Volk sind die Töchter und Söhne Nippons von Anfang an gewöhnt, Springfluten, Wirbelstürme, Erdbeben, Tsunamis und mehr zu beobachten und zu erdulden. Die Beschreibungen solcher Natur- und Wetterkapriolen kann man denn auch unschwer als solche erkennen. Ganz anders jedoch die Mythen und Überlieferungen, in welchen die Rede ist von Wesen, Fahrzeugen und Begebenheiten, die nicht im Raster der »natürlichen« Erklärungen hängen bleiben. Hier sind dann unkonventionelle Schlussfolgerungen gefragt.

Die älteste noch erhaltene Überlieferung Japans ist das *Kojiki*, die »Chronik von den uralten Begebenheiten«. Erst reichlich spät, nämlich im Jahr 712, wurde sie von dem kaiserlichen Hofbeamten Hiyeda-no-are niedergeschrieben, nachdem sie viele Jahrhunderte, wenn nicht gar Jahrtausende von fahrenden Erzählern und Sängern mündlich weitergegeben worden war. Im Jahre 720 wurde die Sammlung dann vom Prinzen Toneri noch einmal durchgearbeitet und in klassischem Chinesisch neu geschrieben. Der Adelige gab der Chronik den Titel *Nihongi*. Er widmete das Werk der Kaiserin, der er damit ihre Abstammung von der legendären Sonnengöttin Amaterasu aufzeigen wollte.[124]

Diese altjapanische Mythensammlung *Kojiki/Nihongi* legt Zeugnis ab über die Abstammung einer ganzen Herrscherdynastie von »Göttern«. Nicht von *dieser* Welt. Alles nahm seinen Anfang bei der Sonnengöttin Amaterasu. Deren Name bedeutet so viel wie »die vom Himmel scheinende Erhabene«.

Aus dem Orbit zur Erde

Besagte Amaterasu schickte ihren Enkel Ninigi-No-Mikoto zum Regieren des Inselreiches auf die Erde hinab. Der landete auf einem Berg im Westen der Insel Kyushu und führte drei geheimnisvolle Requisiten mit sich im Gepäck: einen metallenen Spiegel, ein Schwert und eine Juwelenschnur. Alle drei Gegenstände werden seit dieser Zeit als Reichskleinodien verehrt – und existieren noch immer.[125]
So wird beispielsweise der sagenhafte Metallspiegel im Inneren Schrein des Shinto-Tempels von Ise auf der Insel Honshu, verwahrt. Ise ist der bedeutendste Wallfahrtsort aller gläubigen Shintoisten in Japan. Diese verehren das heilige Artefakt, das eingehüllt ist wie eine Mumie, mit großer Inbrunst. Obwohl es bislang kein Sterblicher zu Gesicht bekommen hat, denn die eifrigen Shinto-Priester wickeln sofort eine neue Hülle darum, wenn die alte am Zerfallen ist.
Was aber verbirgt sich unter den vielen Hüllen? Ein technisches Relikt der alten »Götter«?
In den frühen Werken des Shinto – das sind die auf die Sonnengöttin Amaterasu zurückreichenden religiösen Vorstellungen der meisten Japaner – ist häufig von einer »schwebenden Brücke des Himmels« die Rede. Von dieser stiegen Götter und ausgewählte Menschen zur Erde hernieder. Diese geheimnisumwobene Brücke wird ausdrücklich als Verbindungsglied zwischen dem Götterfahrzeug und dem »himmlischen Felsen-

kahn« bezeichnet. Das Fahrzeug der Götter schwamm im Luftraum »wie ein Schiff auf dem Wasser«, wogegen der »himmlische Felsenkahn« einzig zum Flug »innerhalb des Luftraumes« benutzt wurde.[126]

Eine dieser Geschichten reizt ganz besonders dazu, in technisches Vokabular des 21. Jahrhunderts übertragen zu werden. Bevor Amaterasus Enkel Ninigi auf einer »schwimmenden Brücke« vom Himmel auf die Erde herabstieß, erzählte man ihm, dass an einer himmlischen Wegkreuzung eine seltsame Gottheit stehe. Deren Nase sei sieben Spannen lang, deren Mund und das Hinterteil würden ein lebhaftes Licht ausstrahlen. Daraufhin näherte sich die Göttin Uzumehime jener fremden Gottheit, die sich als Sarute-Hiko vorstellte und ihr verkündete, auch er wolle in Japan Fuß fassen. Dabei bot er ihr eine »fliegende Brücke« oder ein »himmlisches Vogelschiff« an.[8,126]

Und so würde es heute klingen: Ninigi-No-Mikoto befand sich mit seiner Crew auf dem Flug zur Erde. Sein Ziel waren die japanischen Inseln. Als sich sein Raumschiff dem Erdorbit näherte, meldeten seine Instrumente die Anwesenheit eines weiteren Flugobjekts, das in Warteposition im Erdorbit kreiste. Das andere Schiff kam rasch in Sichtweite, und nun konnte man leicht Einzelheiten ausmachen. Eine lange, weit in den Raum hinausragende Antenne ermöglichte es der fremden Schiffsbesatzung, genaue Informationen von der Erdoberfläche sowie über Bewegungen im erdnahen Raum zu empfangen. Einige Abteilungen an den gegenüberliegenden Enden des anderen Schiffes waren hell erleuchtet oder reflektierten das Sonnenlicht.

Ein weibliches Crewmitglied von Ninigi stellte den Kontakt zu der im Orbit kreisenden Station her. Die funkte postwendend ihre Antwort zurück. Nachdem man sich darüber verständigt hatte, dass die Mannschaften beider Raumschiffe dasselbe Ziel

ansteuerten, bot die andere Besatzung Ninigi-No-Mikoto eine Landefähre zur gemeinsamen Benutzung an.
In der irdischen Raumfahrt funktioniert es nicht anders: Von der internationalen Raumstation ISS im Orbit wird auf ein Shuttle umgestiegen, welches in die Erdatmosphäre eintritt und die Basis am Boden ansteuert.
Der Enkel des erwähnten Ninigi-No-Mikoto war übrigens Jimmu Tenno. Jimmu, der 660 v. Chr. den Thron bestieg, war der erste Kaiser Japans, der den Titel *Tenno* – das bedeutet »himmlischer Herrscher« – trug. Seither führen alle japanischen Kaiser bis zum heutigen Tag diesen Titel, der an die göttliche Abstammung der kaiserlichen Dynastie erinnern soll.

Schlag nach bei Einstein

Die Chroniken aus dem Land der aufgehenden Sonne beinhalten noch viel mehr Anspielungen auf eine in grauer Vorzeit von den »Göttern« betriebene interstellare Raumfahrt. So berichtet das *Nihongi* von Kaiser Kami-Yamato-Iharo-Biko, der 667 v. Chr. mit seinen himmlischen Vorfahren gesprochen hatte. Diese waren an Bord eines »funkelnden Himmelsschiffs« zu ihren früheren Wohnstätten zurückgekehrt. Gleichzeitig schritten sie 1 792 470 Jahre in der Zeit zurück.[127]
An dieser Geschichte – und mehr noch an der folgenden – hätte der geniale Albert Einstein (1879–1955), Physiker und Nobelpreisträger, seine helle Freude gehabt. Der beschrieb 1905 die Auswirkungen eines (hypothetischen) Weltraumflugs mit Lichtgeschwindigkeit. Dabei würde es zu einem signifikanten Zeitverschiebungs-Effekt (Zeitdilatation) kommen. In der steinalten Mythensammlung *Tango-Fudoki* wird dieser bereits, Tausende Jahre vor Einstein, in einer rührenden Geschichte verblüffend genau beschrieben.

Im Dorf Tsutsukaba, im Yosa-Distrikt, lebte einmal ein Mann mit Namen Inselkind. Eines Tages fuhr er, wie schon so oft zuvor, allein aufs Meer hinaus, um zu fischen. Da bekam er unerwarteten Besuch von einem bildhübschen Mädchen. Sie bot dem erstaunten Mann an, mit ihm in den Himmel zu kommen, wo sie gemeinsam mit ihm leben wolle. Und weil er sich in das Mädchen verliebt hatte, gab er ihrem heftigen Drängen schließlich nach.

Auf dem Weg in die Heimat des Mädchens passierten beide die Sternbilder der Plejaden und der Hyaden. In der himmlischen Residenz angelangt, heiratete der Fischer das Mädchen und verlebte eine glückliche Zeit mit ihr. Dann aber kam es, wie es kommen musste: Nach drei Jahren wurde Inselkind von unstillbarer Sehnsucht nach seiner irdischen Heimat befallen. Inständig flehend bat er darum, wenigstens für eine kurze Weile zurückkehren zu dürfen. Die Bitte wurde ihm gewährt, doch als er zur Erde zurückgebracht wurde, erschienen ihm sein Dorf und dessen Bewohner vollkommen fremd. Als er eine Zeit lang umhergeirrt war, fragte er einen des Wegs kommenden Mann nach seiner Familie. Der war erstaunt und antwortete ihm, dass vor nunmehr 300 Jahren ein Fischer mit Namen Inselkind allein aufs Meer hinausgefahren und nie mehr zurückgekehrt war.[128]

Was hier beschrieben wird, deckt sich haargenau mit dem von Einstein im Rahmen seiner Speziellen Relativitätstheorie postulierten Phänomen der Zeitdilatation. Diese ließ für Inselkind die Zeit viel langsamer ablaufen als für seine auf der Erde zurückgebliebenen Angehörigen. Und zwar umso langsamer, als der relativistische Raumflug dauert.

Die nachfolgende Tabelle verdeutlicht, dass bereits nach einem nur 15 Jahre dauernden Flug kaum mehr Freunde oder Verwandte existieren, welche die heimkehrende Crew begrüßen könnten.

10 Jahre im Raumschiff	25 Jahre auf der Erde
15 Jahre im Raumschiff	80 Jahre auf der Erde
20 Jahre im Raumschiff	270 Jahre auf der Erde
25 Jahre im Raumschiff	910 Jahre auf der Erde
30 Jahre im Raumschiff	3100 Jahre auf der Erde
35 Jahre im Raumschiff	10 600 Jahre auf der Erde
40 Jahre im Raumschiff	36 000 Jahre auf der Erde

Eine verblüffend ähnliche Geschichte präsentiert die Anthologie *Nippon Mukasi Banasi*. Ein Mann war noch jung von einer Reise in den Himmel zurückgekehrt. Von seiner Familie traf er jedoch kein Mitglied mehr lebend an. Alle waren sie vor langer Zeit bereits verstorben.[8]

Macht man sich die Tatsache bewusst, dass alle diese Schilderungen ja nicht aus unseren Tagen, sondern aus Olims Zeiten stammen, wir uns jedoch erst seit Einstein halbwegs einen Reim darauf machen können, so erscheint die Frage unvermeidbar: Woher stammte das präzise Wissen der alten Chronisten um gewisse physikalische Vorgänge, wie sie erst bei der Annäherung an die Lichtgeschwindigkeit auftreten?

Das Volk ohne Stammbaum

Nicht nur die Mythen der Japaner warten mit einer schier unerschöpflichen Vielfalt an Indizien für den Kontakt mit außerirdischen Intelligenzen auf. Die Ureinwohner des Inselreiches, die Ainus (Ainu = »Mensch«), bewahrten ihrerseits Erinnerungen an Begegnungen mit fremden Wesen. Nach den Überlieferungen der Ainus kam der Schöpfergott Okiki-Rumi-Kammi in einer gleißend hell erleuchteten »shinta« – seit alters die traditionelle Wiege dieses mysteriösen Volkes – zur Erde herniedergefahren.

Er habe die Ainus gelehrt, in der »rechten Art«, sprich: seinen Gesetzen folgend, zu leben. In der Zeit seines Wirkens auf Erden vernichtete er auch noch einen bösen Dämon.

Es mag vielleicht interessant sein, dass auf den alten Kinderwiegen, welche die Ainu-Handwerker noch immer fertigen, das Zeichen der Sonne abgebildet ist.[129] Verglichen die alten Ainus die Form des fliegenden Gefährts, mit dem der legendäre Kulturbringer auf die Erde kam, aus dem Grund mit einer Kinderwiege, weil jene den Umrissen des Götterfahrzeugs nicht unähnlich erscheint?

Zahllose Vermutungen wurden bisher über dieses geheimnisumwitterte »Volk ohne Stammbaum« gemacht. Die Ethnologen müssen zugeben, erschreckend wenig gesichertes Wissen über sie zu besitzen. Ganz im Gegensatz zu den anderen mongoliden Volksgruppen des östlichen Asiens weisen sie eine sehr helle Haut sowie braune Haare auf. Sie sind von relativ kleinem Wuchs und besitzen eine ausgesprochen starke Körperbehaarung. Heutzutage existieren noch etwa 17 000 Ainus; sie sind auf Hokkaido sowie den zu Russland gehörenden Kurilen und der Insel Sachalin ansässig.[1] Inzwischen hat eine intensive Vermischung mit der japanischen Bevölkerung stattgefunden, deshalb gibt es heute nicht mehr allzu viele reinrassige Ainus.

Die Sprache der Ainus ist mit keiner anderen bekannten auch nur annähernd verwandt. Diese und Reste der traditionellen Ainu-Kultur werden heute nur noch in einigen »Ethno-Dörfern« gepflegt, welche die Regierung eigens errichten ließ. Die bedeutendsten sind Shiraoi im Südwesten Hokkaidos sowie Chikabumi, im Zentrum der Insel gelegen. Dort wird, vornehmlich für Touristen, eine Folklore aufgeführt, die mit den originalen Bräuchen der Ainus herzlich wenig zu tun hat.

Mord am Mittler zwischen Mensch und Göttern

Der heute verharmloste »Bärenkult« der Ainus war einst nichts anderes als ein Ritualmord. In der Vergangenheit wurde zu diesem Zweck regelmäßig ein junger Bär gefangen und von den Frauen des Dorfes aufgezogen. Fast immer wurde das Jungtier sogar von ihnen gesäugt. War der Bär dann ausgewachsen, opferte man ihn im Verlauf einer ausgedehnten Zeremonie.[129] Absolut unklar ist aber, warum der bedauernswerte Sohlengänger den Opfertod starb, denn er galt bei den Ainus von jeher als »Mittler zwischen den Menschen und den Göttern«. Sie beteten ihn ebenso wie die Schlange an, die – welch ein Zufall! – nach ihrer Mythologie gleichfalls von den Sternen gekommen ist.[8,9]

Um einen weiteren ungewöhnlichen Brauch der Ainus handelt es sich beim sogenannten Kut. Damit wird ein Gürtel bezeichnet, den jede Ainu-Frau unter ihren Kleidern trägt. Jede Frau erbt ihren ganz speziellen Kut von ihrer Mutter, und keiner dieser Gürtel gleicht irgendeinem anderen. Sie heben sich voneinander ab durch ihre Muster, die Länge sowie die verwendeten Materialien. Die Gürteltypen werden mit bestimmten Gottheiten in Verbindung gebracht. Darüber hinaus werden ihnen magische Kräfte zugesprochen: So sollen sie fähig sein, Naturgewalten wie etwa Flutwellen oder Stürme im Zaum zu halten und auch ihre Trägerinnen vor Krankheiten zu schützen.[129,130]

Leider wissen die Ethnologen fast nichts über Sinn und Herkunft dieses Brauches. Ich könnte mir gut vorstellen, dass wir hier auch eine Art Cargo-Kult vor uns haben – ich habe bereits im vorangegangenen Kapitel einige Gedanken darüber formuliert. Der Auslöser ist in jedem Fall derselbe: Man sah bestimmte Gegenstände bei den für Götter gehaltenen Fremden. Dinge, welche zu ganz bestimmten Zwecken dienten und die einfach nachgeahmt wurden, ohne Aufbau und Wirkungsweise zu erkennen.

Über die Herkunft der Ainus sind sich die Forscher alles andere als einig. Der Völkerkundler Dr. Kindaichi von der Universität Tokio vermutete in ihnen Vorfahren der Indianer Nordamerikas. Ursprünglich im Norden Europas heimisch, zogen sie nach seiner Theorie über Island und Grönland in den Norden von Amerika, wo sich ein Teil von ihnen mit mongoliden Stämmen mischte. Die andere Gruppe gelangte über die Aleuteninseln und die Kurilen bis nach Japan, ohne von mongoliden Einflüssen berührt zu werden. Warum einfach, wenn es auch umständlich geht? Einem anderen Denkansatz folgend, wanderten die Vorfahren der Ainus von Osten her nach Japan ein. Und wiederum andere glauben, sie könnten möglicherweise sogar die ursprüngliche Rasse Ostasiens darstellen.[91]
Nichts Genaues weiß man nicht. Vielleicht waren an der Herkunft dieses geheimnisvollen Volkes ohne Stammbaum auch Faktoren beteiligt, die auf Eingriffe aus dem Weltall zurückgehen. Es ist nämlich kaum bekannt, dass auch die Vorfahren der Ainus für die Nachwelt Statuetten hinterließen, die, ähnlich wie bei den Dogu-Figuren, verblüffende Merkmale astronautischer Bekleidung aufweisen. Wie die viel bekannteren Dogus der Jomon-Zeit, entstanden die Plastiken der Ainus in derselben Epoche.[9]

Prähistorische Raumanzüge

Diese Jomon-Zeit war eine der frühesten Kulturepochen Japans. Sie wurde bislang von den Archäologen von 7500 bis 300 v. Chr. datiert. Wahrscheinlich muss man diese Einschätzung nun deutlich nach hinten revidieren. Denn Professor Kenichi Kobayashi von der Chuo-Universität datierte einige der Funde aus den Ruinen der Jomon-Kultur im Südwesten Japans auf ein Alter von stolzen 13 000 Jahren – in die ausgehende Altstein-

zeit! Anthropologen nehmen an, dass die Jomon Überlebende der letzten Eiszeit waren und noch deutlich früher als die Sumerer eine Hochzivilisation aufbauten.[131]
Die Funde, über die es nun geht, sind jedoch deutlich jüngeren Datums. In der ausgehenden Jomon-Periode, etwa um 600 v. Chr., begannen die Menschen dieser Kultur damit, seltsam anzusehende tönerne und steinerne Figuren anzufertigen. Die frühen Versionen waren in ihrer Ausführung noch klein und sehr primitiv. Doch dann schien sich ihr Stil plötzlich zu wandeln. Die Figuren bekamen detailliert herausgearbeitete Feinheiten. Auch ihre Größe wuchs: Die meisten Exemplare aus dieser Epoche messen zwischen 20 und 60 Zentimetern. Vereinzelt traten auch aus Bronze gefertigte Modelle auf. Ihre Bekleidung wies komplizierte Muster aus Bändern, Streifen und Punkten auf.
Doch das auffälligste Merkmal an ihnen war, dass sich die Augen der dargestellten Wesen hinter modern aussehenden, brillenartigen »Visieren« verbargen. Der ganze Kopf schien buchstäblich in einem Helm zu stecken. Mit heutigen Augen betrachtet, erinnern diese anthropomorphen, Dogu genannten Figuren eher an einen Piloten im funktionalen Overall nebst dazugehörigem Kopfschutz. Besser noch – an einen Weltraumfahrer.
Als die ersten Statuetten dieser Art im 19. Jahrhundert gefunden wurden, staunten die Gelehrten über die eindeutig technisch anmutende Ausführung. Insbesondere die Augenpartie sorgte unter den Archäologen für Rätselraten. Bei einigen Dogu-Figuren sind sie durch ovale Vorsprünge mit einem Schlitz in der Mitte angedeutet, bei anderen wiederum als rechteckige Fenster ausgearbeitet. Dies bewog den Forscher Shogoro Tsuboi im Jahre 1894 zu der Äußerung, dass ihn die ovalen Vorsprünge an moderne Brillen erinnern, wie sie die Eskimos tragen. Um ihre Augen vor einer Blendung durch den

Schnee effektiv zu schützen, sind diese Brillen mit einem veränderlichen Sehschlitz ausgestattet. Da man jedoch Ende des 19. Jahrhunderts die seltsamen Statuetten für Rüstungen von alten japanischen Samurai-Kriegern hielt, schenkte man den in die richtige Richtung zielenden Denkanstößen Tsubois keine weitere Beachtung.[132]

Erst 60 Jahre später wurden die Figuren wieder interessant. Der sowjetische Schriftsteller Alexander Kasanzew, der selbst drei Exemplare besaß, beschrieb sie 1962. Und seit der Veröffentlichung in Erich von Dänikens Buch *Zurück zu den Sternen* (1969) wurden sie buchstäblich über Nacht berühmt.[19]

»Unsere Beobachter sind der Ansicht ...«

Der Jomon-Anzug, wie die Figuren in Anlehnung an die Epoche, aus der sie stammen, auch genannt werden, interessierte in der Zwischenzeit noch andere Stellen. Dort wurde die Zeit reif für eine wirkliche Überraschung. Die mit dem Schriftsteller Kasanzew befreundeten Wissenschaftler Matsumura und Zeissig gelangten unabhängig von anderen Publikationen zur Überzeugung, dass die Bekleidung und die helmartige Kopfpartie der Dogus die detailgetreue Nachbildung von Weltraumanzügen darstellte, welche von anderen Planeten stammende Besucher getragen hatten.

Zeissig und Matsumura sandten in der Folge ausführliche Dokumente, Fotos und Zeichnungen sowie ihre Schlussfolgerungen an die US-Weltraumbehörde NASA. Diese sah das Ganze zum Glück nicht als das Werk von Spinnern und Spaßvögeln an, sondern wagte ihrerseits einen kühnen Schritt. Sie beauftragte die in Los Angeles ansässige Firma Litten Industries, nach selbigen Mustern einen Weltraumanzug herzustellen. Den Herren Matsumura und Zeissig sandte sie die folgende Replik:

»Unsere Beobachter sind der Ansicht, dass die Hypothesen zu dem Anzug, welcher auf den von Ihnen übersandten Dokumenten abgebildet ist, großes Interesse verdienen. Derselbe Anzug wurde nun angefertigt und an die NASA-Generaldirektion für astronautische Ausrüstung geschickt; er soll jetzt noch weiter perfektioniert werden. Wir teilen Ihnen ferner mit, dass die Verbindungsvorrichtungen, die Spezialfassungen der Augenlöcher, die beweglichen Gelenke und Kugelverschlüsse sowie die Kunstgriffe für die Aufrechterhaltung des Druckes, also alles, was Sie uns aufgezählt haben und auf den Fotografien angegeben ist, auf Anregung der oben erwähnten Direktion bei der steifen Ausführung des Astronautenanzuges berücksichtigt wurde.«[8]

Wie real und gleichzeitig fantastisch müssen die Vorbilder für die Dogu-Statuetten gewesen sein, wenn die NASA nach deren Vorlage sogar eine »Extravehicular Mobility Unit«, wie der spezielle Ausdruck für einen Weltraumanzug lautet, herstellen ließ!

Die Kontakte der alten Japaner mit jenen Humanoiden während der Jomon-Zeit waren sicher recht intensiv. Diese Statuetten tauchten nämlich in großer Anzahl auf der Hauptinsel Honshu auf, und zwar in den Bezirken Kamegaoka und Miyagi. Reiche Funde machte man auch im Kanto-Gebiet nordöstlich von Tokio sowie nahe der Stadt Aomori im äußersten Norden von Honshu. Und vergessen wir nicht die ähnlichen Figuren der Ainus auf Hokkaido.[9]

Mit diesen Funden aus der Frühgeschichte des Landes befasst man sich natürlich in Japan weit intensiver als außerhalb des Inselreiches. In den 1960er-Jahren hat sich ihrer der Experte Isao Washio besonders angenommen. Auch er stellte eindeutig vorhandene Merkmale von modern anmutender Weltraumbekleidung fest:

»Beide Handschuhe sind mit einem kugelförmig gerundeten Verschluss am Unterarm befestigt; die Augenovale können entweder geöffnet oder bis auf einen kleinen Schlitz geschlossen werden. Zu beiden Seiten sind kleine Hebel sichtbar, mit denen man die Öffnungsweite einstellen konnte. Die ›Krone‹ auf dem Helm ist wahrscheinlich eine Antenne; und die Zeichnungen auf den Anzügen sind keine Ornamente, sondern Vorrichtungen für eine automatische Druckregulierung.«[133]

Was weiß die Überlieferung über die Vorbilder dieser Skulpturen zu berichten? Nicht viel, außer dass es sich hierbei um »Helfer der Götter« handelte.

Eine andere Spur erscheint mir noch erwähnenswert. Jene Dogu-Figuren mit den ausgeprägtesten Raumfahrtmerkmalen tauchten um 600 v. Chr. auf. Zur selben Zeit kam auch Gott Ninigi-No-Mikoto vom Himmel herab, wurde Jimmu Tenno als Erster einer langen Reihe »himmlischer Herrscher« inthronisiert. Auf demselben Breitengrad, einige Tausend Kilometer entfernt, hatte der Prophet Hesekiel zeitgleich seine Begegnung mit einer Art Zubringerschiff. Als er sich mit seinem Volk am Fluss Chebar in der babylonischen Gefangenschaft (600–588 v. Chr. unter König Nebukadnezar II.) befand, da zeigte sich ihm die »Herrlichkeit des Herrn«. Mehr noch, sie nahm ihn offenbar auf einen Flug in den Erdorbit mit. Einprägen sollte man sich, was sie ihm kundtat:

»Du Menschenkind, du wohnst in einem Haus des Widerspruchs, sie haben wohl Augen, dass sie sehen könnten, und wollen nicht sehen, und Ohren, dass sie hören könnten, und wollen nicht hören, denn sie sind ein Haus des Widerspruchs.« (Buch Hesekiel, Kapitel 12, Vers 1–2)[134]

Erscheint es wirklich so weit hergeholt, die Dogu-Figürchen unvoreingenommen als das zu sehen, wonach sie eindeutig aussehen? Nämlich als ausgesprochen gut gelungene Darstellungen humanoider Wesen in zeitgemäß wirkenden Weltraumanzügen.

Megalithisches Japan

Megalithbauten – jene spektakulären Steinsetzungen, bei denen sich mir stets der Eindruck aufdrängt, für unsere Vorfahren wären diese viele Tonnen schweren Kloben wie Spielzeug gewesen. Es gibt sie auch in Japan. Auf der dünn besiedelten und etwas abgelegenen Ashizuri-Halbinsel im Westen Shikokus (diese ist die kleinste der Hauptinseln Japans) stand früher eine gewaltige Ansammlung von Megalithen wie im bretonischen Carnac. Viele der Steine wurden 1977 einfach achtlos beiseitegeräumt, um Platz für einen Park zu schaffen. Man findet sie aber immer noch in der näheren Umgebung unter dem dichten Blätterdach eines Waldes. Erhalten blieb ein Steinkreis sowie die Überreste von 17 Steinreihen (»Alignements«), die bis zu 185 Meter lang sind. Warum diese tonnenschweren Steine dort in grauer Vorzeit aufgestellt wurden, ist bislang unbekannt.[135]

Es hätte mich, ehrlich gesagt, sehr verwundert, wenn die Urjapaner nicht derselben Leidenschaft gefrönt hätten wie die Menschen überall auf dem Globus. So ist auch das Reich der aufgehenden Sonne in Sachen unbegreiflicher, exakter Steinbearbeitungen kein weißer Fleck auf der Landkarte.

Knappe 30 Kilometer südlich der alten Kaiserstadt Kyoto befindet sich die Stadt Nara. Auch sie war dereinst Kaiserstadt, und zwar von 710 bis 1192, also im japanischen Hochmittelalter. Aus dieser Periode sind noch die meisten religiösen Bauwerke erhalten. Sie liegen allesamt konzentriert um den großen Nara-Park: der prachtvolle Kasuga-Schrein, das Todaiji mit der größten aus Holz erbauten Halle der Welt und einer riesengroßen Buddhastatue sowie das Schatzhaus Shosoin aus dem 8. Jahrhundert mit dem Privatbesitz des Kaisers Shomu.

Nur wenigen allerdings ist bekannt, dass sich ein Stück Weges außerhalb der Stadt technisch vollendet bearbeitete Steinkolosse befinden. Gewaltige Brocken mit Rillen, Fugen und Ausbuchtungen, Leisten und Stufen vermitteln den Eindruck hochmoderner Betonbauten. Sie bestehen jedoch aus hartem Granit. Genau wie bei den ähnlich bearbeiteten Zyklopenmauern im Hochland von Bolivien und Peru stehen wir hier vor dem Rätsel, wer vor unbestimmbaren Zeiten und mit welchem technologischen Rüstzeug wahrhaft titanische Leistungen zuwegebrachte.

Yonaguni: Pyramide unter Wasser?

Die eigentliche Attraktion vorzeitlicher Megalithbauten Japans aber liegt unter Wasser. Am südlichen Ende der Ryukyu-Inselkette, nicht weit von Taiwan entfernt, liegt das kleine Eiland Yonaguni, bis vor nicht allzulanger Zeit ein Flecken ohne jede Bedeutung. Dann stieß der Sporttaucher Kihachiro Aratake dort Mitte der 1980er-Jahre – publik wurde der Fund jedoch erst Anfang des 21. Jahrhunderts – auf einem seiner Tauchgänge ganz unvermutet auf einen gewaltigen Unterwasserkomplex. In Tiefen zwischen fünf und 30 Metern unterhalb der Meeresoberfläche erstrecken sich exakte Terrassen mit sorgfältig geglätteten Oberflächen, steil ansteigenden Treppen mit scharfkantigen Stufen sowie Durchgänge, senkrechte Wände und Wege. Im Gesamtanblick hat man eine pyramidenähnliche Struktur vor sich, etwa 100 Meter vor der Küstenlinie von Yonaguni Island.
Archäologen und Geologen sowie Forscher anderer Fachrichtungen und interessierte Laien sind begeistert von dem Sensationsfund. Masaaki Kimura, ein Meeresseismologe von der Ryukyu-Universität auf Okinawa, beschäftigte sich in der Zwischenzeit eingehend mit dem Monument. Er ist überzeugt, dass es künstlich geschaffen wurde. Da man es logischerweise

nicht unter Wasser errichtet haben konnte, wurde es wohl in einer Epoche erbaut, als der Pegel des Ostchinesischen Meeres noch deutlich tiefer lag. Das war zwischen 8000 und 6000 v. Chr. der Fall. Denkbar erscheint auch die Möglichkeit, dass der ganze Komplex auf einem ursprünglich zu der Insel gehörenden Teil stand, der dann, beispielsweise durch ein Erdbeben, untergegangen ist.

Der künstliche Charakter des Unterwasserkomplexes ist nicht unumstritten. So vermutet der Geologe Robert M. Schoch von der Universität Boston eher eine durch natürliche Verwitterung entstandene Formation. Meines Wissens ist aber weltweit kein Fall bekannt, bei dem die Erosionskräfte der Natur solche gleichförmigen, geometrisch exakten und messerscharf abgegrenzten Strukturen entstehen ließen. Noch viel unwahrscheinlicher ist die Annahme, dass dies alles untermeerisch geschah. In diesem Fall wären nämlich die der Strömung ausgesetzten Partien abgerundet.

Dieser Umstand bereitet auch Professor Schoch Kopfzerbrechen. Trotz der von ihm favorisierten natürlichen Entstehung des Unterwassermonuments schreibt er: »Es kann durchaus sein, dass das Yonaguni-Monument eine natürliche Steinformation ist, die von Menschenhand verändert und verfeinert wurde – im Grunde eine viel frühere Version der brillanten Synthese aus Kunst und Natur, die in Pyramidenbauwerken wie Borobodur, Machu Picchu und Sacsayhuaman realisiert ist. (...) Auch wenn wir Yonaguni im Augenblick nicht in die Liste der weltweiten Pyramiden aufnehmen können, zeigt der Komplex doch die faszinierende Möglichkeit an, dass Baumeister viel früher in monumentalen Begriffen dachten und auf dieses Ziel mit größerer Sachkenntnis hinarbeiteten, als man bislang angenommen hat.«[137]

Landbrücke nach Taiwan

Was wissen wir über das rätselhafte Objekt, das – wie jedes Mal, wenn ein Fund partout nicht in das überkommene Bild unserer Vorgeschichte passen will – die Experten in Streit geraten lässt? Das »Corpus Delicti« selbst ist ein mächtiger Sandsteinmonolith, der geologisch ins Erdmittelalter (vor ungefähr 200 bis 60 Millionen Jahren) datiert wird. Er ist von rechteckiger Ausprägung und besitzt eine Länge von 200 Metern, eine Breite von 150 Metern und eine maximale Höhe von 26 Metern. Im Durchschnitt liegt das Gebilde 25 Meter unter der Meeresoberfläche, wobei die am höchsten gelegene Plattform bis fünf Meter unterhalb des Meeresspiegels reicht. Es sind vor allem die Terrassen, Plattformen und scharf abgegrenzten Stufen und Wände, die mit ihrer faszinierenden Gleichmäßigkeit den künstlichen Ursprung der Struktur unterstreichen.

Nicht weit entfernt befindet sich, auf der Insel Yonaguni, eine große Tropfsteinhöhle, in der alte Steinwerkzeuge und gemeißelte Steingefäße entdeckt wurden. Dies beweist, dass schon vor Jahrtausenden Menschen in unmittelbarer Nähe der Unterwasserbauten gelebt haben. Reste von Holzkohle, die in einer weiteren, heute unter Wasser liegenden Höhle gefunden wurden, datierten die Archäologen mit etwa 40 000 Jahren in die Altsteinzeit. Außerdem fand man unter Wasser ein grob behauenes Steintableau mit einem auf der Oberfläche eingeritzten »X« und einem »V«.[137]

Das geheimnisumwitterte Monument lag nicht immer unter Wasser. Denn mehrere mit wärmeren Perioden abwechselnde Eiszeiten führten immer wieder zu großen Schwankungen des Pegels. Dieser stieg nach der letzten Eisschmelze um bis zu 80 Meter an. Weite Regionen, die heute überflutet sind, waren einst völlig trockenes Land. Und zwischen dem chinesischen Festland, Taiwan und Japan befand sich eine Landbrücke.

Dort scheint in grauer Vorzeit rege Bautätigkeit geherrscht zu haben. Denn Ende des Jahres 2002 entdeckten Taucher bei den Pescadores-Inseln vor der Westküste von Taiwan eine zweifellos künstlich errichtete Mauer im Meer. Steve Shieh, der Direktor des taiwanischen Institutes für Unterwasserarchäologie, gibt das Alter des Walls mit 6000 bis 7000 Jahren an.

Die Mauer befindet sich in einer Tiefe von 25 bis 30 Metern. Sie liegt demnach genauso tief unter der Meeresoberfläche wie das Yonaguni-Monument, und es wird natürlich spekuliert, ob die Funde in einem Zusammenhang stehen. Der Wall vor Taiwan ist etwa einen Meter hoch, einen halben Meter breit und mehr als 100 Meter lang. Sonarmessungen haben ergeben, dass im selben Gebiet noch weitere solcher Mauern auf dem Meeresgrund stehen.

Bereits 1976 war eine drei Meter hohe Unterwassermauer nahe den Hu-Ching-Inseln entdeckt worden, deren Alter sogar auf 7000 bis 12 000 Jahre geschätzt wurde. Mitte der 1990er-Jahre stießen Taucher vor Taiwan auf die Ruinen einer versunkenen Stadt.[138] Kehren wir aber an dieser Stelle noch einmal zurück zu dem untermeerischen Monument vor Yonaguni Island.

Für Professor Masaaki Kimura, den bereits erwähnten Seismologen aus Okinawa, ist das Megalithbauwerk der Beweis für eine untergegangene Zivilisation, die auf Yonaguni existierte, lang bevor der steigende Meeresspiegel die Landbrücke dauerhaft unter Wasser setzte. Rund um unseren Globus wurden Pyramiden und andere hohe Bauwerke errichtet, vielleicht aus dem Grund, weil man sich dort den Göttern näher glaubte. Gut möglich, dass die unbekannten Bewohner von Yonaguni auf den großen Terrassen und Plattformen ebenfalls ihren Göttern huldigten. Die Götter, die aus einem sehr konkreten Himmel kamen, um ihren »Schützlingen« Zivilisation, Wissen und Regeln für ein geordnetes Zusammenleben, sprich: Kultur zur Erde zu bringen.

Schatten auf den Mauern

Bevor ich mich ins japanische Mittelalter begebe und erläutere, dass sich Besuche außerirdischer Wesen nicht nur auf die graue Vorzeit beschränkten, unternehme ich einen Abstecher ins dunkelste Kapitel menschlicher Kriegsführung.
Während der Zweite Weltkrieg in Europa Anfang Mai 1945 sein Ende fand, gingen die Kriegshandlungen auf dem asiatisch-pazifischen Schauplatz noch ein paar Monate weiter. Die Niederlage des japanischen Kaiserreiches ließ sich aber nicht mehr abwenden. Anfang August, als zwischen Japan und den Alliierten eigentlich schon alles entschieden war, gab Präsident Harry Truman den Befehl zum Einsatz der eben erst entwickelten Atombombe. Die Besatzung einer B-29 Superfortress warf am Morgen des 6. August 1945 die »Little Boy« genannte Bombe über der Industriestadt Hiroshima ab. Der Angriff forderte in wenigen Sekunden mehr als 80 000 Tote. Weit über 60 000 grauenhaft verbrannte Opfer siechten zum Teil noch lange Jahre jämmerlich dahin, bis auch sie ein gnädiger Tod von ihrem qualvollen Dasein erlöste.
Drei Tage später war die knapp 300 Kilometer entfernte Hafenstadt Nagasaki an der Reihe. Nun waren zwei der wichtigsten Industriezentren des Kaiserreiches nahezu vollkommen ausgelöscht. Und zum ersten Mal in der Geschichte der modernen Kriegsführung hatten die Überlebenden allen Grund, die Toten zu beneiden. In der Folge machten sich viele der Beteiligten heftige Vorwürfe, hatte sie die Regierung der Vereinigten Staaten unversehens zu Massenmördern gemacht.
Im schwer zerstörten Hiroshima richteten die Stadtväter zum Gedenken an den nuklearen Holocaust eine Gedenkstätte im heute als »Friedenspark« bekannten Zentrum ein. Hier, im »Ground Zero« der Verwüstung, stehen nahezu unbeschädigte Mauern. Darauf kann man die gespenstisch anmutenden Um-

risse von menschlichen Gestalten erkennen. Schemenhafte Spuren von Opfern jener unbeschreiblichen Explosion, die im Bruchteil einer Sekunde buchstäblich verdampft sind. Hierdurch wurde das dahinter liegende Mauerwerk von etwas weniger Lichtenergie getroffen als die umliegenden Partien. So entstand, nach demselben Prinzip wie die Fotografie, das schaurige Abbild eines Menschen in der Millisekunde seines Todes im Atomfeuer.[40]

Ein anderes Land in Asien scheint in uralten Zeiten ähnlich schmerzliche Erfahrungen gemacht zu haben wie Japan in den allerletzten Tagen des Zweiten Weltkriegs. Es ist Indien. Dessen Überlieferungen sprechen nicht von silbernen Drachen, Donnervögeln oder fliegenden Schlangen am Himmel, sondern von modernen Flugmaschinen. In uralten Sanskritschriften werden sie »Vimaanas« genannt. Und es wurde auch nicht mit »Blitzspießen« oder mit »Donnerschlägen« wie in alten Mythen Chinas gekämpft, sondern mit furchterregenden Hightechwaffen, deren Beschreibungen bar jeder mythologischen Verschleierung sind.

Es sind detaillierte Berichte über Atomschläge. Diese müssen sich vor Tausenden Jahren ereignet haben. Nachzulesen sind sie in den altindischen Nationalepen *Mahabharata* und *Ramayana*. Bis zum August 1945 konnten die Gelehrten darin nichts anderes erkennen als die altbekannten und typischen Übertreibungen, wo immer über mythische Götterschlachten erzählt wurde. Doch Hiroshima veränderte auch ein Weltbild. Und so war der US-Physiker J. Robert Oppenheimer (1904–1967), der auch als »Vater der Atombombe« bekannt wurde, einer der Ersten, die hellhörig wurden bei Schilderungen wie dieser:

»Es war ein einziges Geschoss,
Geladen mit der ganzen Kraft des Universums.
Eine weiß glühende Säule aus Rauch und Flammen,

So hell wie zehntausend Sonnen, stieg auf in all ihrem Glanz.
Es war eine unbekannte Waffe, ein eiserner Donnerkeil,
Ein riesiger Todesbote, der in Asche verwandelte
Das gesamte Geschlecht der Vrishnis und Andhakras.
Die Leichen waren dermaßen verbrannt,
Dass sie nicht wiederzuerkennen waren.
Die Haare und Nägel fielen ihnen aus,
Tongefäße zerbrachen ohne Grund
Und die Vögel verfärbten sich weiß.«[139]

»Jedenfalls in neuerer Zeit«

Nein, dies ist keine Schilderung aus Hiroshima nach dem Morgen des 6. August 1945. Das ist die etliche Tausend Jahre alte Beschreibung einer fürchterlichen Vernichtungswaffe mit Namen Agneya im indischen Nationalepos *Mahabharata*. Wer nun denkt, dass solche Schilderungen nur auf der Blüten treibenden Fantasie vorzeitlicher Ependichter beruht, ist auf dem Holzweg. Denn es gibt noch heute handfeste Indizien dafür, dass in den uralten indischen Mythen atomare Schläge beschrieben werden, die so real und gleichzeitig so schrecklich waren, wie jene im Japan der letzten Kriegstage 1945.
Unter den Ruinenstädten Mohenjo Daro und Harappa – beide liegen heute auf dem Gebiet des Staates Pakistan – gab der Boden menschliche Skelette frei, deren Strahlungswerte so hoch waren, dass man mit gutem Grund von radioaktiver Kontamination sprechen kann. Und in einem Streifen, der sich über den Westen Chinas, Indien, Pakistan bis in den Irak erstreckt, stießen Archäologen ab einer bestimmten Tiefe auf regelrecht verglaste Schichten. Eine Art von grünlichem geschmolzenen Glas. Wer hat eine Antwort auf die Frage, warum diese Schicht jenen Sandverglasungen so ähnlich sieht, wie sie bei atomaren

Testexplosionen der 1950er-Jahre in der Wüste von Nevada oder in der Wüste Gobi entstanden sind?

J. Robert Oppenheimer, nach dem Krieg Direktor des »Institute for Advanced Study« in Princeton (New Jersey), wurde im Jahr 1952 im Verlauf einer Diskussion von seinen Studenten gefragt, ob jene Testbombe von Alamogordo vom 16. Juli 1945 denn die erste gewesen sei. Seine Antwort fiel ungemein kryptisch aus: »Nun ja. Jedenfalls in neuerer Zeit.«[83]

Mittlerweile gibt es Hinweise darauf, dass bei einer mörderischen Explosion, die in der Nacht des 17. Juli 1944 eine Basis der NAVY in Port Chicago (Kalifornien) zerstörte, ein nuklearer Sprengsatz in die Luft ging – ein Jahr vor dem offiziell ersten Test. Ob das mit Absicht geschah oder eine Verkettung tragischer Umstände war, ist ungeklärt, doch dies nur am Rande.[140]

Manchmal berichten Forscher und Abenteurer über rätselhafte Funde, die uns Schauer über den Rücken zu jagen vermögen. Der Reisende De Camp entdeckte Ruinen, die so starke Zerstörungen aufwiesen, wie sie schwer durch einen herkömmlichen Brand entstanden sein können. Ein paar Felsformationen wirkten förmlich so, als wären sie teilweise geschmolzen und ausgehöhlt wie von glutflüssigem Stahl angespritzte Zinnplatten. Die unheimlichen Ruinen sollen sich in einem Gebiet befinden, das sich zwischen dem Ganges und den benachbarten Rajmahal-Bergen erstreckt.[8]

Es ist dies eine selbst heute noch weitgehend unerforschte Region in Westbengalen, nicht allzu weit von der Grenze zum Nachbarstaat Bangladesch. Das Gebiet ist von Nebenflüssen und Seitenarmen des Ganges durchzogen. Außer in den monsunfreien Monaten ist dort kaum ein Durchkommen möglich. In der restlichen Zeit verhindert Hochwasser jede Erschließung. Unübersehbare braune Fluten wälzen sich dann auf das Gangesdelta zu, dem Golf von Bengalen entgegen. Dass in einer so anheimelnden Umgebung auch Giftschlangen und dergleichen unangenehmes Getier prächtig gedeiht, versteht sich beinahe von selbst.

Etwas weiter südlich stieß der Offizier J. Campbell noch in den Tagen des britischen Empire auf ähnliche Ruinen. Hierbei machte er eine unheimliche Entdeckung, die uns erst seit Hiroshima und Nagasaki verständlich geworden ist. Auf dem teilweise zu Glas gewordenen Boden eines Innenhofes dieser namenlosen Ruinenstätte war ganz deutlich der schattenhafte Abdruck einer menschlichen Gestalt zu erkennen.

Auch andere Indienreisende berichteten, sie hätten in unzugänglichen Regionen des Subkontinents in Ruinen liegende Stätten entdeckt, die der Dschungel fast vollständig verschlungen hatte. Sie beschrieben die Mauern der Gebäude als »dicken Kristallscheiben gleich«, von unbekannten Kräften zerfressen und durchbohrt.[8]

Welche schrecklichen Geheimnisse hat der alles überwuchernde Urwald Indiens unseren Blicken entzogen? Zahllose Zeugnisse fürchterlicher Begebenheiten in grauer Vorzeit liegen ungehoben im Boden, nahezu unerreichbar für uns und geschützt durch eine dem Menschen feindliche Natur. Kehren wir jedoch aus dem Reich von Heldenepen und vernichtenden Götterkriegen zurück und wenden uns den Mysterien des mittelalterlichen Japan zu.

Geheimnisvolle »Schilfmenschen«

Während der Nara-Periode und der beginnenden Heian-Zeit (in unserer westlichen Zeitrechnung zwischen 700 und 850 n. Chr.) tauchten in Japan geheimnisvolle Wesen auf. Man nannte sie *Kappas*, und sie wurden im gesamten Inselreich gesichtet. Es existieren aus dieser Zeit sogar künstlerische Darstellungen jener Geschöpfe.

Den frühmittelalterlichen Überlieferungen gemäß handelte es sich um humanoide Gestalten, die vornehmlich in Sümpfen und an Flüssen lebten. Sie gingen aufrecht und trugen an Händen und Füßen flossenartige Schwimmhäute, aus denen lange, hakenähnliche Krallen ragten. Die großen Ohren, an denen jeweils so etwas wie eine Kapsel angebracht zu sein schien, waren beweglich. Ihre Augen wirkten dreieckig und in die Länge gezogen. Auf ihrem Kopf trugen die Kappas eine Art runder Scheibe, aus der vier lange Nadeln herausstanden.

Was an dem relativ kleinen Kopf jener Wesen am meisten auffiel, war ein rüsselartiger Auswuchs. Er war mit einem gedrehten Schlauch vergleichbar und führte von Mund und Nase, welche sich offenbar darunter verbargen, nach hinten zum Rücken. Dort mündete er in einen tornisterähnlichen Kasten. Über vergleichbare »Rüsselwesen« – ein globales Phänomen – habe ich schon im vorangegangenen Kapitel berichtet.

In einem Beitrag in der Zeitschrift *Mainichi Graphic* vertrat der japanische Naturwissenschaftler Professor Komatsu Kitamura die Meinung, dass jene »Schilfmenschen« aus dem All gekommen sein könnten. Auffällig ist in der Tat die verblüffende Ähnlichkeit mit Froschmännern oder auch mit Piloten von Kampfjets. So gesehen hätte der »Rüssel« als Atemmaske gedient, deren Versorgungsschlauch zu einem Lufttank auf dem Rücken führte. Man kann spekulieren, ob diese Wesen nicht an das auf diesem Planeten übliche Luftgemisch gewöhnt waren oder die Atemgeräte nur für bestimmte Tätigkeiten benötigten. Die scheibenförmige Kopfbedeckung wäre in der Praxis dann mit Antennen bestückt gewesen und diente ihnen untereinander zur Kommunikation.

Die Überlieferungen jener Zeit wissen über die Kappas, dass sie in großen »Muscheln« gewohnt hätten, welche auf dem Wasser schwimmen konnten. Von Zeit zu Zeit erhoben sie sich und flogen mit hoher Geschwindigkeit durch die Luft.[115,133] Haben die *Kappas* also etwas mit den sagenhaften Göttern aus dem All zu tun? Waren es Vertreter einer untergegangen irdischen Hochkultur? Oder gehörten sie einer anderen Gruppe von Außerirdischen an, die in einer der Neuzeit näheren Epoche ihr Intermezzo abgaben?

UFOs am Himmel über Japan

Die alten Chroniken berichten, dass es im späteren japanischen Mittelalter, vom 12. bis 14. Jahrhundert, sehr lebhaft am Himmel über Japan zuging. Es war eine unruhige Zeit damals, in der mehr und mehr Macht vom Tenno an die Kasten der Ritter (»Samurai«) sowie der Krieger (»Bushi«) überging. Die eigentlichen Beherrscher waren die Feldherren (»Shogun«). Mehrere Clans und Interessengruppen wetteiferten um Macht und Einfluss. Dabei kam es immer wieder zu kriegerischen Auseinandersetzungen. Gerade diesen Umständen verdanken wir jedoch einen Großteil der Sichtungsberichte. Die Kriegsparteien übten sich in erhöhter Wachsamkeit und beobachteten ihre Umgebung mit Argusaugen – einschließlich jener Vorgänge, die sich am Himmel abspielten.

Im Jahr 1361 beobachteten viele Menschen ein fliegendes Objekt von der Form einer Trommel. Es stieg aus dem Japanischen Meer auf und verschwand rasch am Himmel. Bei mehreren Gelegenheiten wurden leuchtende Dinge am Firmament gesichtet, die von den erstaunten Augenzeugen mit dem Vollmond verglichen wurden. Wären sie einzeln und nicht in Formationen aufgetaucht, wäre diese »natürliche Erklärung« plausibel erschienen.

Zahlreiche Einwohner von Kyoto sahen Feuerkugeln in den Lüften. Eines der gesichteten Objekte wurde als rotierendes rotes Rad charakterisiert. Auch eine mittelalterliche Tuschezeichnung lässt ein von hellen Flammen umzüngeltes Rad erkennen, das hoch über den Köpfen der Menschen am Himmel schwebt.[83,123]

In der Nacht des 27. Oktober 1180 erhob sich ein – exakt so beschrieben es die Zeugen – »irdenes Gefäß« von einem Berggipfel in der im Süden Honshus gelegenen Provinz Kii und flog daraufhin in nördlicher Richtung davon. Rasch verschwand das Objekt am Horizont, wobei es eine leuchtende Spur hinterließ.

An ein »Gottesurteil« glaubten wohl die an einer Hinrichtung Beteiligten die im Jahr 1271 stattfinden sollte. Am Ort der Exekution erschien urplötzlich ein unbekanntes Flugobjekt, worauf der Delinquent in letzter Minute gerettet wurde.

Am 24. September 1235 lag der kaiserliche General Yoritsume mit seinen Soldaten in einem Manöver. In dieser Nacht beobachteten die Wachen, wie am Himmel südlich ihres Heerlagers mysteriöse Lichter kreisten. Über einen Zeitraum von mehreren Stunden hielten diese die herbeigeeilten Mannschaften und Offiziere mit den absonderlichsten Flugmanövern in Atem. Sie vollführten halsbrecherische Sturzflüge und Kursänderungen, die sämtlichen Gesetzen der Schwerkraft spotteten. Schließlich wussten sich die Soldaten nicht mehr zu helfen und weckten zu nächtlicher Stunde ihren General.

Der ordnete am Morgen danach eine Untersuchung der Phänomene an. Die von General Yoritsume eingesetzte »Expertenkommission« kam zu einem Ergebnis, das sich harmonisch in die Reihe heutiger UFO-Erklärungen einfügen könnte. Sie glaubte nämlich, herausgefunden zu haben, es sei »nur der Wind gewesen, der die Sterne am Himmel in Schwingungen versetzt hatte«.[83,141]

Wir wollen den damaligen UFO-Ermittlern fairerweise nachsehen, dass sie bemüht waren, für die seltsamen Manöver am Himmel eine – wenigstens aus deren Sicht – rationale Erklärung anzubieten. Am Ende hätte eine den Vorfällen angemessenere Beurteilung eine Zurechtweisung oder härtere disziplinarische Maßnahmen nach sich gezogen. Gut möglich, dass da-malige Machthaber auf Erscheinungen, die das geltende Weltbild zu sprengen drohten, auch nicht gelassener reagierten als viele ihrer heutigen Amtskollegen.

»Nichts rechtfertigt es zu bestreiten ...«

Inzwischen hat man dazugelernt. Ebenso wie in der Volksrepublik China, wo ein sehr liberaler Umgang mit derartigen Themen gepflegt wird, hat auch in Japan ein Umdenken beim Militär und in der Politik eingesetzt. Was unumgänglich erscheint bei der Vielzahl gut dokumentierter Fälle.

Am 17. April 1981 befand sich der Frachter Taki Kyoto Maru vor der Westküste Japans, etwa 300 Kilometer von der Stadt Kanazawa entfernt. Das Wetter war ruhig und die Sicht klar. Doch urplötzlich stieg ein scheibenförmiges, hell schimmerndes UFO aus dem Ozean empor. Kapitän Usuda, der später in Kanazawa interviewt wurde, gab an, das Objekt habe ein blaues Licht ausgestrahlt. Als es aus dem Wasser hervorschoss, erzeugte es eine Welle, die das Schiff beinahe überspült hätte. Daraufhin schwebte das UFO heran und umkreiste den fast 30 Meter langen Frachter. Eine zweite große Welle, die das Schiff beschädigte, entstand, als das Flugobjekt wieder ins Meer eintauchte.

Obwohl Kapitän Usuda während des Vorfalls die völlig aufgeregte Crew beruhigen musste und sehr besorgt um die Sicherheit der Taki Kyoto Maru war, konnte er feststellen, dass der Flugkörper etwa 15 Minuten abwechselnd kreiste und auf der Stelle stand. Das Objekt bewegte sich so schnell um das Schiff, dass es nicht deutlich zu sehen war, außer wenn es schwebte.

Solange es kreiste, waren seine Konturen verwischt. Es war riesig. Als es in der Luft schwebend verharrte, konnte Kapitän Usuda erkennen, dass sich der Durchmesser der Scheibe auf vier bis fünf Schiffslängen belief.

Als der Kapitän versuchte, Hilfe anzufordern, blieb die Funkanlage stumm. Ein Blick auf die Anzeigenadeln des Instrumentenbretts auf der Brücke verhieß nichts Gutes. Auch die Instrumente versagten ihren Dienst. Die Nadeln drehten sich mit derselben Geschwindigkeit synchron im Kreis, wie das UFO über dem Schiff kreiste.

Das Auftauchen des Flugobjekts zeigte übrigens noch eine unerwartete Wirkung, und zwar auf die Zeitmessung an Bord. Nachdem das UFO wieder ins Meer eingetaucht war, stellte der Kapitän nach Rücksprache über Funk fest, dass alle Uhren auf dem Frachter um 15 Minuten nachgingen. Dies entsprach ziemlich genau der Zeit, die das Objekt für die Zeugen sichtbar gewesen war.[83]

Ein offizieller Sprecher der japanischen Küstenwache äußerte sich folgendermaßen zu dem Vorfall: »Aufgrund der Befragungen und der atypischen Beschädigungen am Schiffskörper nehmen wir an, dass sie mit etwas sehr Ungewöhnlichem zusammengetroffen sind. Offiziell nennen wir es ein unidentifiziertes Objekt, ein einfaches UFO.«[83]

Auch bei den japanischen Streitkräften nimmt man das Phänomen sehr ernst. Bereits 1967 erklärte General Kanshi Ishikawa, der damalige Stabschef der Luftwaffe: »Falls UFOs Flugobjekte sind, die in der Luft schweben, sollten sie mit Radar geortet werden können. Zahlreiche Belege zeigen auch, dass sie mit Radar geortet wurden. Demzufolge sind die UFOs Realität und kommen vielleicht aus dem Weltall.«[142]

Im September 1977 gab General Akira Hirano unverhohlen zu: »Wir beobachten häufig unbekannte fliegende Objekte am Himmel. Und wir untersuchen sie in aller Stille.«[142]

Nachdem sich im Dezember 2007 über Japan eine regelrechte Sichtungswelle ereignet hatte, forderte der Oppositionspolitiker Ryuji Yamane die Regierung auf, eindeutig Stellung zu den Vorfällen zu beziehen. Zwei Tage zuvor hatte Regierungssprecher Nobutaka Mashimura bereits verlauten lassen, dass er absolut überzeugt von der Existenz von UFOs sei. Auf die Frage des Oppositionellen Ryuji Yamane indes antwortete der damalige Verteidigungsminister Shigeru Ishiba: »Nichts rechtfertigt es zu bestreiten, dass UFOs existieren, und von einer anderen Lebensform kontrolliert werden.«[143]

Dem ist nichts hinzuzufügen.

8 UFOs im Reich der Mitte
Der unzensierte Himmel über China

Lange schon bin ich davon überzeugt, dass ein Zusammenhang bestehen muss zwischen den legendären »Göttern« aus dem Kosmos und dem »modernen« UFO-Phänomen, das selbst im 21. Jahrhundert noch allgegenwärtig ist.[121] Ob es sich um die gleichen Intelligenzen wie damals oder um Vertreter anderer Zivilisationen aus den Tiefen des Weltraumes handelt, bleibt im Augenblick Inhalt mehr oder minder gewagter Spekulationen. Die Gefahr besteht jedoch, dass wir wichtige kausale Verknüpfungen und Erkenntnisse übersehen, würden wir die beiden Themenbereiche strikt voneinander getrennt untersuchen. Womöglich kann das Mysterium eines Eingriffes aus dem Weltraum ohnehin nur eine befriedigende Lösung finden, wenn wir es in seiner Gesamtheit angehen.
Deshalb möchte ich die in den vorangegangenen Kapiteln vorgestellten Indizien für außerirdische Beeinflussung konsequent weiterführen – bis zu vergleichbaren Vorfällen, die in unsere Tage reichen. Gut denkbar, dass die moderne UFO-Forschung gute und brauchbare Hinweise auf Existenz und ehemalige Präsenz der »göttlichen« Besucher zu erbringen vermag. Dazu im Umkehrschluss: Waren die Außerirdischen in der Vergangenheit auf unserem Blauen Planeten Erde, so können sie es auch in unseren Tagen – wieder oder noch immer – sein.
Wie überall auf der Welt begann das »moderne« UFO-Zeitalter auch im zentral- und ostasiatischen Raum lange, ja sehr lange

vor der berühmt gewordenen Begegnung vom 24. Juni 1947. An jenem Tag beobachtete der Geschäftsmann und Sportflieger Kenneth Arnold eine Reihe nicht identifizierter Objekte mit geradezu außergewöhnlichen Flugeigenschaften über dem Mount Rainier, im Bundesstaat Washington. Diese in die Annalen des Phänomens eingegangene Sichtung – sie würde heutzutage in die relativ unspektakuläre Kategorie der Tageslichtscheiben fallen – erfuhr aus einem Grund so viel Publizität: Arnold prägte damals im Verlauf eines Interviews einen Ausdruck, der von Stund' an als Synonym für das ganze UFO-Phänomen Verwendung finden sollte: Die »fliegenden Untertassen« waren geboren.

Viele Jahre früher, am 25. Mai 1893, sichtete die Besatzung des Dampfers »Caroline«, der im Ostchinesischen Meer zwischen Shanghai und Japan unterwegs war, eine ganze Armada fliegender Scheiben am Himmel. Diese bewegten sich langsam in nördlicher Richtung, zwischen dem Schiff und den Bergketten der nahen Insel Kyushu hindurch. Während der etwa zwei Stunden andauernden Sichtung konnten die Beobachter mithilfe eines Teleskops feststellen, dass die Scheiben rot gefärbt waren und braune Rauchspuren oder Kondensstreifen hinterließen.[133]

Wir können allerdings viel weiter zurück in frühere Dynastien des imperialen China gehen. Und werden auf ähnlich mysteriöse Vorfälle stoßen wie beim modernen UFO-Phänomen. Abstürze und Entführungsszenarien inbegriffen.

Der lange Weg zurück

Während der Regierungszeit des Ming-Kaisers Hongwu – dieser war von 1368 bis 1399 an der Macht – stellte Militärkommandant Qui Jingsi seine Truppen entlang dem »Gelben

Fluss«, dem Hwangho, auf. An einem Nachmittag fiel in der Militärfestung »Platane« ein gewaltiges, leuchtendes Objekt vom Himmel herab in den Fluss. Dabei schossen mächtige Flammen bis in die an den Ufern aufgestellten Unterkünfte, wobei viele Krieger schwere Verletzungen erlitten. Vom einfachen Soldaten bis zu den hohen Offizieren des Generalstabs waren alle Mann durch den dramatischen Vorfall aufs Äußerste beunruhigt. Was aus dem herabgestürzten Objekt geworden ist, wusste leider die Anthologie *Erzählungen aus dem Norden*, der wir den Bericht aus unruhigen Zeiten verdanken, nicht zu sagen.[144]

Auch das Entführungssyndrom war im Reich der Mitte präsent, wie das unheimliche Erlebnis eines Bauern belegt, der nach einer offenbar kurzen Bewusstlosigkeit ganz plötzlich 1000 Kilometer von zu Hause entfernt wieder zu sich kam.

Nicht weit von der Stadt Songxi lebte im Dorf Xinianzui ein Bauer mit Namen Tan. Am 8. Mai 1880 stand Herr Tan frühmorgens auf, um in dem Wäldchen hinter seinem Haus spazieren zu gehen. Dort erblickte er ein vielfarbiges leuchtendes Objekt, welches sich in der morgendlichen Dämmerung grell vom Hintergrund abhob. Tan glaubte, ein Feuer sei ausgebrochen, und so lief er zu dem Objekt, um es zu löschen. Unmittelbar darauf hatte der Bauer das Gefühl, in einer Art »Wolke« gen Himmel zu fliegen. Nun ertönte ein leises, schwer zu beschreibendes Signal, und von einem Augenblick zum nächsten verlor Tan das Bewusstsein.

Nur wenige Augenblicke später – nach seinem Zeitempfinden – kam er auf den Boden zurück. Nachdem er das Bewusstsein wieder erlangt hatte und sich nach allen Seiten hin umwandte, bemerkte er, dass er sich in einem Gebirge befand. Aber wie er dorthin geraten war, konnte er sich beim besten Willen nicht erklären. Als er verwirrt durch die ihm fremde Gegend irrte, begegnete ihm ein Holzfäller. Der fragte, was ihm widerfahren

sei. Tan antwortete, er sei ein Bauer aus Songxi in der Provinz Hubei, und ließ verlauten, was ihm geschehen war.
Überrascht entgegnete ihm der Holzfäller, er befinde sich im Gebirge in der Provinz Guizhou – mehr als 1000 Kilometer von seinem Heimatort entfernt. Dann zeigte er dem Bauern die Richtung an, in die er gehen müsse. Sofort machte sich Tan auf den Weg. Nachdem er 18 Tage und Nächte gewandert war, kam er in Xinianzui an. Seine Familie hatte ihn schon für tot gehalten und um ihn getrauert. Umso erstaunter waren die Angehörigen, ihn wieder gesund, wenn auch völlig erschöpft nach dem Gewaltmarsch wiederzusehen. Und die schier unglaublichen Umstände seines Verschwindens zu vernehmen.[144]

»Schattenjäger« und »Foo Fighter«

Aber begeben wir uns wieder in eine der unseren nähere Epoche. Über die Sichtungen, die der russische Asienforscher Nikolai Roerich in den 1920er-Jahren im Altaigebirge machte, habe ich schon im Kapitel über Tibet berichtet. Natürlich tauchten auch im Zweiten Weltkrieg unbekannte fliegende Objekte am Himmel über China auf. Stellvertretend für die zahllosen Vorfälle aus jenen Tagen sei eine Beobachtung, die Ding Qijing zusammen mit einigen Kollegen machte.
Das Ereignis fand im Juni oder Juli 1943 statt. Ding Qijing war damals Wächter im Depot der Eisenbahnverwaltung von Guangxi-Guizhou. Es war während der japanischen Besatzung, deshalb hatte man das Depot zum Schutz vor feindlichen Fliegerangriffen an den Fuß des Berges von Dao'ai ausgelagert. Hier nun der Bericht von Ding Qijing:
»Es war nachmittags zwischen 15 und 16 Uhr, das Wetter sehr schön, und am Himmel befand sich kein Wölkchen. Wir hatten ein brummendes Geräusch gehört und vermuteten feindliche

Flieger, die unser Lager überflogen. So gingen wir ins Freie und sahen ein quadratisches Objekt am Himmel, in welchem sich das Sonnenlicht widerspiegelte. Zunächst dachten wir, das Objekt sei von einem Flugzeug abgeworfen worden, doch ein Flugzeug hatten wir nicht bemerkt. Das Brummen kam immer näher und wurde dabei immer lauter, und das quadratische Objekt wurde immer größer und deutlicher wahrnehmbar. So begriffen wir, dass der dumpfe Lärm von dem Flugobjekt stammte.

Es strahlte erheblich heller als ein Flugzeug, auf das Sonnenlicht fällt, und befand sich etwa 1000 Meter über dem Boden. Dort blieb es eine ganze Zeit lang stehen. Wir konnten deutlich erkennen, dass das Unterteil des Quadrates ziemlich flach war. Jede Seite maß (perspektivisch gesehen; HH) über 30 Zentimeter und die Höhe etwa zehn Zentimeter. Es ähnelte einer silbrigen, jedoch quadratischen ›fliegenden Untertasse‹. Man konnte links und rechts, vorn und hinten nicht unterscheiden. Keine Flügel, kein Leitwerk, keine Propeller. Das Objekt schien aus nur einem Stück zu bestehen, ohne Öffnung, ohne Bullauge. Nachdem es für einen Augenblick am Himmel stehen geblieben war, setzte es plötzlich zu einem senkrechten Aufstieg an.«
Je mehr das UFO an Höhe gewann, desto mehr verringerte sich auch das Geräusch. Zum Schluss blieb nur noch ein schimmernder Fleck. Die anderen Beobachter gingen. Ding Qijing blieb allein zurück und verfolgte es bis zu dessen völligem Verschwinden am Himmel. Die gesamte Beobachtung währte insgesamt zwei Stunden. Der Zeuge war sich gewiss, dass er weder eine Rakete noch einen Satelliten betrachtet hatte – die gab es nämlich zu jener Zeit noch nicht. Als er in den 1980er-Jahren darüber befragt wurde, vermochte er sich daran zu erinnern, dass während des Krieges oft von sogenannten »Schattenjägern« die Rede war, die man für geheime Waffenentwicklungen hielt.[144]

Die Piloten amerikanischer Bombergeschwader, welche auf der Route nach Japan über den Pazifik flogen, berichteten wie ihre Kollegen auf den europäischen Kriegsschauplätzen über unbekannte Flugobjekte. Sie nannten sie »Foo Fighter«. Diese tauchten meist als orange bis rötlich leuchtende Lichter am nächtlichen Himmel auf, verfolgten die Flugzeuge und brachten es dabei auf Geschwindigkeiten, die von den verblüfften Männern in ihren »fliegenden Kisten« auf 800 und mehr Stundenkilometer geschätzt wurden.

Das war sagenhaft schnell, denn die damaligen propellergetriebenen Flugzeuge erreichten durchschnittlich nur 300 bis 500 Stundenkilometer. Allein die ersten strahlgetriebenen Jäger vom Typ Messerschmitt Me 262, die ab Ende 1943 zum Einsatz kamen, schafften an die 800 Kilometer pro Stunde. Sie stellten die Spitze der damaligen Flugzeugtechnik dar. Doch mit den waghalsigen Manövern der fliegenden Bälle oder Lichter konnten auch sie nicht mithalten.

Es ist sogar ein Fall bekannt, bei dem eine Me 262 während eines Testflugs am 29. September 1944 von einem unbekannten Objekt begleitet wurde, welches daraufhin mit geschätzten 2000 Stundenkilometern – beinahe doppelter Schallgeschwindigkeit also – davonschoss.[145]

Bei Einsätzen am Tage wurden die »Foo Fighter« in der Regel als silberne Kugeln oder Scheiben beschrieben. Und sie sorgten für Verwirrung auf allen Seiten. Hielten die Alliierten sie am Anfang noch für Geheimwaffen des Feindes – in diesem Fall etwa der Japaner –, so mussten sie sich nach deren Kapitulation eines Besseren belehren lassen. Da stellte sich nämlich heraus, dass auch japanische Piloten von den Objekten verfolgt worden waren. Die schrieben die fliegenden Scheiben ihrerseits den Amerikanern zu.[83]

Darwin und das *Kommunistische Manifest*

Über UFO-Erscheinungen im Reich der Mitte aus der Zeit nach dem Zweiten Weltkrieg konnten wir sehr lange so gut wie nichts in Erfahrung bringen. Verglichen mit Japan, das sich nach der Kapitulation dem Zwang zu einer Orientierung nach Westen hin nicht entziehen konnte, schlug China eine ganz andere Entwicklung ein. Bis weit in die 1970er-Jahre hinein ließ es die vorherrschende, staatstragende Doktrin nicht zu, über rätselhafte Phänomene zu berichten oder gar deren Realität in Erwägung zu ziehen. Zumindest offiziell.
Nachdem das japanische Kaiserreich, das schon seit dem Jahr 1937 große Gebiete Chinas besetzt hielt, bedingungslos kapituliert hatte, nutzten die Kommunisten unter Mao Zedong sogleich die Gunst der Stunde. Vorwiegend unter der ländlichen Bevölkerung errangen sie viel Sympathie. Im September 1948 traten sie dann zu einer letzten, auf breiter Front angelegten Offensive an und eroberten im Laufe eines knappen Jahres das ganze Land von Norden her. Am 1. Oktober 1949 rief Mao Zedong schließlich die Volksrepublik China aus.
Von diesem Augenblick an bestimmte die marxistische Ideologie das Leben und Denken der Chinesen. Wie in anderen kommunistischen Ländern hatte auch das offizielle China alles verworfen, was nur im Entfernten nach Übersinnlichem, Außerirdischen und UFOs roch. Das »rote« Weltbild ließ weder den Begriff Gott noch die Möglichkeiten über- oder gar außerirdischer Einflüsse zu. Alles war erklärbar, alles war irdisch. Und vergegenwärtigen wir uns, dass auch die Evolutionslehre (besser: -theorie) von Charles Robert Darwin (1809–1882) integraler Bestandteil des *Kommunistischen Manifests* ist, dann wird einiges klarer. In dieser streng materialistischen Doktrin hält der Mensch die Spitze der Evolution. Der sozialistische Mensch hatte gehorsam und kritiklos zu dieser Ideologie zu

stehen. Dass diese allerdings deutlich an den mittelalterlichen Unfehlbarkeitsanspruch der Päpste erinnernde Züge trug, störte weder die Urheber noch die geistigen Verfechter. Offenbar sind sich politische Anschauungen und Religionen viel ähnlicher, als man glaubt!

Auch nachdem Mao Zedong im September 1976 das Zeitliche gesegnet hatte und leichte Ansätze einer ersten Liberalisierung in greifbare Nähe rückten, wurde das Thema UFOs und Außerirdische noch immer totgeschwiegen. Oder als »Erfindung der imperialistischen Kriegstreiber im Westen« gebrandmarkt. Ähnlich beschwichtigend taktierte man auch in der Sowjetunion. Jahrzehntelang ließ sich diese ausgesprochene Verdummungspolitik hervorragend verkaufen. Allerdings stehen die großen »Demokratien« des Westens dieser Praxis in Sachen Volksverdummung in nichts nach.

Nachholbedarf in Sachen UFOs

Dies änderte sich in der Volksrepublik erst am 13. November 1978. Da erschien in Beijings größter Tageszeitung *Renmin Ribao* (»Volkszeitung«) ein Artikel zum Thema UFOs, verfasst von einem mutigen Journalisten mit Namen Sheng Heng Yen. Eine Reihe weiterer Berichte wurde in den darauffolgenden Jahren in anderen chinesischen Gazetten publiziert. Darin waren Augenzeugenberichte von Piloten, Wissenschaftlern sowie anderen qualifizierten Beobachtern zu lesen.[142]

Ganz China staunte. Gleichzeitig wurde eine riesige Lawine losgetreten. Überall im ehemaligen Reich Maos setzte ein enormes Interesse an der bis dahin von den Behörden unterdrückten Problematik ein. Hunderte Leser einer Zeitschrift für Weltraumforschung setzten sich in ihren Leserbriefen vehement für eine vorurteilsfreie Erforschung des Phänomens durch die Regierung ein. Selbige reagierte außergewöhnlich schnell und beauftragte die Universität von Wuhan in der Provinz Hubei mit der Bildung einer UFO-Studiengruppe.

Wie gewaltig der Nachholbedarf zu der Thematik war und noch immer ist, lässt sich daran ermessen, dass die besagte Studiengruppe von der Startausgabe ihrer Publikation *Zeitschrift für UFO-Forschung* innerhalb weniger Tage 300 000 Exemplare verkaufen konnte. Von diesem Moment an zögerten viele Chinesen – Zivilisten wie Angehörige der Armee – keinen Augenblick mehr, in Leserbriefen an Zeitungen und Zeitschriften ihre eigenen Erlebnisse zum Besten zu geben.

Dass die Wissbegierde der Chinesen für alles rund ums Thema »Besuch aus dem Weltall« geradezu unheimlich geworden ist, das durfte auch ich bereits persönlich erfahren. Denn mittlerweile haben Verlagshäuser in der Volksrepublik mehrere meiner Bücher auf Chinesisch veröffentlicht – vor allem jene Titel, in denen es um Mysterien aus dem Reich der Mitte geht. Dieses Buch respektive sein Vorläufer inbegriffen. Man will wissen, was im eigenen Land so los ist.

Wertvolle Arbeit bei der Sichtung und Auswertung von chinesischen UFO-Berichten leistete der in den USA lebende Forscher Paul Dong. Als Mitglied der Organisation APRO (Aerial Phenomena Research Organisation) bereiste er erstmals 1981 die Volksrepublik und hielt dort eine Reihe von Vorträgen an bedeutenden Universitäten und Hochschulen des Landes. Dabei konnte er Hunderte Sichtungsberichte sammeln, die ihm während der anschließenden Diskussionen zugetragen wurden. Eine große Anzahl davon fasste er in seinem 1983 erschienenen Buch *UFOs over modern China* zusammen, welches – neben der Arbeit des chinesischen UFO-Ermittlers Shi Bo[144] – zu den besten und zuverlässigsten Quellen für UFO-Sichtungen in der Volksrepublik zählt.[146]

In politischen Kategorien

Am 1. Januar 1964 beobachteten viele Bewohner Shanghais ein großes, zigarrenförmiges Objekt, das in südwestlicher Richtung flog. Durch zahlreiche Anrufe alarmiert, gab der Kommandant der nächstgelegenen Luftwaffenbasis den Befehl, das als feindlich eingestufte Flugzeug zu verfolgen. Sofort stiegen mehrere MIG-Jäger auf und nahmen Kurs auf den Flugkörper, um ihn zu stellen und, wenn möglich, zur Landung zu zwingen. Trotz einer verbissenen Verfolgungsjagd gelang dies nicht, und das UFO entwischte. So begnügten sich die offiziellen Stellen damit, einige grimmige Verlautbarungen über die »Verletzung des chinesischen Luftraumes durch Flugzeuge der USA« herauszugeben und die leidige Sache möglichst schnell ad acta zu legen.[142,147]

Waren es hier die Yankees, denen das UFO in die Schuhe geschoben wurde, mussten im folgenden Fall die Russen herhalten. Zum besseren Verständnis sollte ich vorab noch kurz die politische Situation dieser Epoche umreißen. Ende der 1950er-Jahre führten ideologische, politische und territoriale Meinungsverschiedenheiten zum Bruch Chinas mit der Sowjetunion. Die stellte 1960 sämtliche technischen und finanziellen Hilfsprojekte ein, verwies zudem 1965 alle chinesischen Studenten des Landes. Streitigkeiten um Gebietsansprüche führten 1969 zu blutigen militärischen Auseinandersetzungen am Grenzfluss Ussuri im Nordosten sowie in der Provinz Xinjiang (Sinkiang) im Nordwesten Chinas. Wen wundert es da, dass UFO-Beobachtungen auf der Stelle politisch umgemünzt und als feindliche Übergriffe des »Aggressors aus dem Norden« betrachtet wurden.

Die Chinesin Gu Ying, Übersetzerin bei der Nachrichtenagentur *Neues China*, leistete vier Jahre Dienst in einer militärischen Baubrigade. Mitte April 1968 versetzte man sie zu einem

Pionierregiment, das im nördlichen Teil der Wüste Gobi an einem Bewässerungsprojekt arbeitete. Der Abend dämmerte schon, als ihre Aufmerksamkeit auf ein leuchtendes fliegendes Objekt am Himmel gelenkt wurde.

Die damals 17-jährige Gu Ying und mehrere ihrer Kameradinnen sahen eine »große Scheibe mit wehenden Flammen«, die sich ganz langsam auf die Wüste herabsenkte. Sie war von leuchtend orangeroter Farbe, und ihr Durchmesser betrug schätzungsweise drei Meter, als sie in einer Entfernung von weniger als einem Kilometer an den Mädchen vorüberglitt. Sie flog mit einer leichten Neigung parallel zum Horizont. Die jungen Soldatinnen glaubten, auf der Scheibe einen separaten, stärker leuchtenden oder blitzenden Lichtpunkt ausmachen zu können.

Plötzlich setzte das Gerät zur Landung an. Der Kompaniechef alarmierte sofort das nahe Hauptquartier des Regiments, von wo aus gleich mehrere bewaffnete Kradmelder losfuhren. Das Herannahen der Motorradtruppe muss ganz sicher in dem UFO bemerkt worden sein. Denn kurz bevor die Soldaten dort ankamen, stieg es pfeilschnell auf und entschwand rasch den Blicken. Weil die Grenze zu der (mit der Sowjetunion verbündeten) Mongolei nicht weit entfernt lag, waren die meisten überzeugt, eine neuartige Aufklärungsmaschine der Russen vor sich gehabt zu haben. Diese sei zu Spionagezwecken über der Volksrepublik getestet worden. Damals war die Existenz unidentifizierter Flugobjekte für die normalen Chinesen noch kein Begriff.

Bei seiner kurzen Landung aber hatte das Objekt Spuren hinterlassen, die den Umriss eines versengten Kreuzes markierten. Da die Herkunft des Flugkörpers für die Beobachter sowie deren Vorgesetzten ohnehin klar schien, wurden damals weder Untersuchungen angestellt noch Bodenproben genommen. Alle Beteiligten dachten zu jener Zeit ausschließlich in politischen Kategorien, hielten die UFO-Landung für die Vorbereitung einer unmittelbar bevorstehenden Invasion durch die Sowjetunion. Dabei waren jene leuchtenden Objekte für die in der Wüste Gobi stationierten Truppen beinahe schon ein vertrauter Anblick, sie hatten sie zuvor bereits des Öfteren beobachtet. Allerdings war ihnen die Landung eines dieser Flugkörper neu.[144,146]

Liberaler als im Westen

Nach wie vor fliegen die rätselhaften Objekte über die riesige Wüste im Norden der Volksrepublik. Herr Guo Qi, Kader der Abteilung für öffentliche Sicherheit in Taiyuan, beschrieb eine Sichtung, die sich in derselben Region beinahe auf den Tag neun Jahre nach der vorerwähnten zugetragen hatte.
»Es war im April 1977 vor dem Eingang zum Kino unseres Regiments. Da sahen viele Zuschauer, die gerade im Begriff waren, den Vorführraum zu betreten, ein leuchtendes rundes Flugobjekt, das um unsere Kaserne kreiste. Mal senkte es sich herab, dann stieg es wieder auf. Einige der Zeugen konnten sogar beobachten, dass es sich im Uhrzeigersinn um die eigene Achse drehte. Wir alle haben es etwa fünf Minuten lang beobachtet, als jedoch der Film begann, sind die Leute in den Vorführraum gegangen. Aus dem Grunde wissen wir nicht, wie sich das Flugobjekt entfernt hat.«[144]
Die Art und Weise, wie hier von den Zeugen offenbar Prioritäten gesetzt wurden, lässt erahnen, dass UFO-Sichtungen in der Wüste Gobi nicht gerade Seltenheitswert besaßen.
In diesem Zusammenhang fällt auf, dass nicht wenige Berichte von Angehörigen der Armee stammen. Also von einem Personenkreis, der eigentlich aufgrund seiner exponierten Stellung zum Stillschweigen verpflichtet wäre. Eigenartigerweise ist je-

doch hier eine sehr liberale Informationspolitik zu beobachten. Sie steht in krassem Gegensatz zu all jenen Vertuschungskampagnen, wie sie die anderen Großmächte in den vergangenen Jahrzehnten betrieben haben. Ganz anders in China: Dort können, anders als beispielsweise in den USA, Militärpiloten ganz offen über ihre Begegnungen mit unbekannten Flugobjekten berichten. So scheint hier, nach all den Jahren restriktiver Handhabung zu Maos Zeiten, ein wohltuend frischer Wind zu wehen.

Kaum bekannt ist, dass insgeheim bereits Anfang der 1970er-Jahre eigens eine Studiengruppe zur Erforschung des UFO-Phänomens gebildet wurde, die dem Armeeministerium unterstellt war. Der Grund hierfür war naheliegend: Speziell in den an die Mongolei und die frühere Sowjetunion angrenzenden nordwestlichen Provinzen Xinjiang und Gansu begannen sich plötzlich die Sichtungen markant zu häufen.[142] Ahnte man bereits oder wusste man schon Konkreteres, dass hier rätselhafte Dinge im Gange waren, die man der Bevölkerung auf Dauer nicht mit den militärischen Aktivitäten der Nachbarn im Norden erklären konnte?

Qualifizierte Augenzeugen

Über dem Luftwaffenstützpunkt Lintiao in der erwähnten Provinz Gansu kam es am 23. Oktober 1978 zu einer besonders spektakulären UFO-Sichtung, bei der gleich einige Hundert Soldaten zu Augenzeugen wurden. Die Piloten der dort stationierten Jagdstaffel und mehrere Hundert weitere Soldaten verfolgten gerade einen Kinofilm, der, wie im ländlichen China auch heute zuweilen noch üblich, im Freien vorgeführt wurde. Kurz nach 20 Uhr, der Film hatte gerade begonnen, ging eine heftige Unruhe durch die Reihen der Zuschauer. Fast gleichzeitig blickten alle zum klaren und wolkenlosen Himmel hinauf.

Dort bewegte sich ein großes Objekt von Ost nach West. Es tauchte zuerst in einem Winkel von zirka 60 Grad über dem Horizont auf und flog daraufhin über die Köpfe der Versammelten hinweg. Dann wurde die Sicht auf das UFO durch eine Reihe von Gebäuden versperrt, die in etwa 60 Metern Entfernung vom Freiluftkino standen.
Die Erscheinung wurde übereinstimmend als großer, länglicher Körper beschrieben, dessen Konturen jedoch nur undeutlich zu erkennen waren. Das Objekt hatte zwei Lichter wie Suchscheinwerfer an seinem vorderen Ende, von seinem rückwärtigen Teil ging eine leuchtende Spur aus. Die Lichter im Frontbereich wie auch am Heck änderten mehrmals Länge und Helligkeit und beschienen eine Art Nebelwolke, die den Flugkörper einhüllte. Das UFO bewegte sich in geringer Flughöhe relativ langsam geradeaus. Durch seine Größe nahm es ungefähr 20 bis 30 Grad des Gesichtsfelds ein und blieb für zwei bis drei Minuten sichtbar, bevor es am Abendhimmel verschwand.[142]
Was diesem Sichtungsbericht ein besonderes Gewicht verleiht, ist die Tatsache, dass neben der großen Anzahl der Augenzeugen etliche von ihnen über eine sehr hohe Qualifikation verfügten. Allen voran die zur Filmvorführung versammelten Jagdflieger. Sie versicherten ganz entschieden, dass das Objekt keine Ähnlichkeiten mit einem bekannten Flugzeugtyp gehabt habe. Ebenso wiesen sie die üblichen Erklärungsversuche, wie Meteoriten, Vogel- oder Heuschreckenschwärme von sich. Sie konnten mit äußerster Sicherheit ausschließen, einer optischen Täuschung aufgesessen zu sein, und beriefen sich dabei auf ihre nicht unerhebliche Flugerfahrung. Diese hätte es ihnen jederzeit ermöglicht, das Objekt zu identifizieren, wäre es konventioneller Bauart gewesen.[142]
An der Argumentation ist nicht zu rütteln. Denn Jagdflieger werden konsequent darauf gedrillt, in Bruchteilen von Sekunden – im Ernstfall entscheiden diese über Leben oder Tod –

anfliegende Flugzeugtypen zuverlässig und zweifelsfrei zu erkennen und deren Herkunft zu identifizieren. Blitzschnell müssen sie entscheiden, welche Maßnahmen zu treffen sind. Alles muss sich exakt und in kürzester Zeit abspielen. Was den eben geschilderten Fall betrifft, hatten die Piloten sogar ungewöhnlich viel Zeit für ihre Beobachtung zur Verfügung. Pech für Skeptiker: Angesichts so zahlreicher, gut geschulter Zeugen werden sie sich schwertun, das Geschehen halbwegs plausibel »wegzuerklären«.

Massensichtung mit tragischem Ausgang

Ein weiterer Vorfall mit ähnlichen Begleitumständen, jedoch leider mit tragischem Ausgang für einige Beteiligte ereignete sich am Abend des 7. Juli 1977 gegen 20.30 Uhr im Bezirk Zhangpo in der südchinesischen Provinz Fujian. Mit Abstand ist dies der spektakulärste Fall einer Massensichtung, von dem in China jemals berichtet wurde.
An jenem Abend nahmen rund 3000 Menschen an einer Freiluftaufführung des rumänischen Films *Alarm im Donaudelta* teil. Der Film lief noch nicht lange, da geschah etwas völlig Unerwartetes. Ohne jede Warnung stießen zwei orangerot leuchtende, oben und unten abgeplattete Flugobjekte auf die Zuschauer hernieder. Sie kamen so tief herunter, dass sie beinahe den Boden berührten. Sie strahlten einen leuchtenden Glanz aus und flogen dicht nebeneinander. Die zu Tode erschrockenen Menschen nahmen schlagartig eine starke Hitze wahr, und deutlich war ein tiefer, summender Ton zu vernehmen.
Heillose Panik breitete sich aus. Manche der Zuschauer warfen sich zu Boden, aber weitaus mehr suchten ihr Glück in der Flucht. Zwei Kinder wurden totgetrampelt und über 200 Menschen zum Teil schwer verletzt. Während die Massenpanik

noch in vollem Gange war, stiegen die unbekannten Objekte
wieder auf und verschwanden binnen Sekunden.
Ein Arzt des Bezirkskrankenhauses, in dem viele der Verletzten medizinisch versorgt wurden, sowie zwei Beamte des örtlichen Büros für öffentliche Sicherheit waren bereit, den unglaublichen Vorfall zu bestätigen. Anfangs glaubten die Behörden an eine optische Täuschung aufgrund von Lichteffekten oder fehlerhaftem Filmmaterial. Doch eine genaue Untersuchung des verwendeten Filmstreifens erbrachte keinerlei Anhaltspunkte für eine derartige Annahme. So sah man sich gezwungen, den Vorfall, der beklagenswerterweise solch tragische Folgen nach sich gezogen hatte, als ungeklärt zu den Akten zu nehmen.[146]

Auf Kollisionskurs

Ungleich glimpflicher ging hingegen die folgende »Unheimliche Begegnung der ersten Art« aus. Sie deckt sich mit ungezählten Vorfällen des gleichen Musters, in die Militärflugzeuge aller Nationen verwickelt wurden. Ein gemeinsamer Nenner solcher Begegnungen sind störende Einflüsse auf die elektronischen Einrichtungen der Flugzeuge, die in anderen Fällen schon zu Abstürzen geführt haben.
In der Jahresmitte 1982 kam es im Norden von China zu einem sprunghaften Anstieg der Zwischenfälle mit nicht identifizierten Flugobjekten. Aus der Grenzprovinz zur ehemaligen Sowjetunion, dem an das östliche Sibirien grenzende Heilongjiang, gingen am Abend des 18. Juni zahllose Berichte über UFO-Beobachtungen ein. Fünf Piloten der Luftwaffe, die mit ihren Jets auf einem regulären Patrouillenflug über dem Grenzgebiet waren, sahen sich von einem Moment zum nächsten mit einer außergewöhnlichen Erscheinung konfrontiert.

Um 21.57 Uhr versagte plötzlich die Elektronik in den hochmodernen Kampfflugzeugen. Die Navigationssysteme fielen ebenso aus wie die Sprechverbindung untereinander und mit der Bodenstation. Dafür bekamen die Piloten Sichtkontakt zu einem riesigen Flugobjekt von milchig gelbgrüner Färbung. Das unbekannte Objekt schien immer größer zu werden, beschleunigte immens und wirkte in dem Moment »so groß wie ein Berg aus Nebel«. Im Zentrum der Erscheinung waren »schwarze Bereiche« zu erkennen.

In seinem Bericht gab einer der Piloten zu Protokoll: »Als ich das Objekt zum ersten Mal sah, flog es mit hoher Geschwindigkeit auf mich zu und drehte sich dabei schnell. Bei seiner Rotation brachte es Lichtringe hervor. In deren Zentrum war Feuer. Nach zehn Sekunden explodierte das Zentrum des Ringes, danach dehnte sich der Kern des Objekts rasch aus.«

Da ihre Instrumente ausgefallen waren, mussten alle Piloten auf Sichtflug zu ihrer Basis zurückkehren. Die fünf verfassten ausführliche Berichte über das Geschehen, welche gemeinsam mit gleichfalls angefertigten Zeichnungen in der bereits erwähnten ersten Ausgabe der *Zeitschrift für UFO-Forschung* veröffentlicht wurden.[142]

Deutlich dramatischer war ein Vorfall, der ein ziviles Verkehrsflugzeug in eine bedrohliche Lage brachte. Im Februar 1995 bereitete ein Pilot seine Maschine für die Landung auf einem Flughafen der Provinz Guizhou im Südwesten Chinas vor. Er befand sich gerade in einer Höhe von 2400 Metern und hatte den Landeanflug eingeleitet, als das Anti-Kollisionssystem an Bord ein frontal auf das Flugzeug zusteuerndes Objekt registrierte. In einer Entfernung von etwa 1800 Metern vor der 737 konnte die Besatzung sehen, wie das UFO seine Form von rautenförmig in rund und zugleich die Farbe von Gelb nach Rot änderte.

Der Pilot konnte zum Glück rechtzeitig ausweichen und die Maschine trotzdem wohlbehalten landen. Das UFO war noch mehrere Minuten lang auf dem Flugzeugradar zu erkennen, ehe es in südlicher Richtung verschwand. Später bestätigte der Tower des Flughafens, dass keine anderen Maschinen in der Region unterwegs gewesen waren.[148]

Vorreiter in Sachen offene Archive

Ich habe bereits darauf hingewiesen, mit welcher Offenheit, sei es im Vergleich zu den Zeiten Mao Zedongs oder mit der bei uns im Westen lang geübten Praxis, von den offiziellen Stellen in China an die UFO-Thematik herangegangen wird. Es ist beeindruckend, mit welcher Bereitschaft Militär und zivile Behörden die Bevölkerung über das Phänomen unterrichten. In großzügiger Weise gewähren sie offiziellen wie privaten Interessierten ihres Landes Zugang zu den Akten.
In China findet sogar eine vorurteilsfreie akademische Diskussion über UFOs statt – etwas, was wir im Westen nach Jahrzehnten des Lächerlichmachens noch immer nicht geschafft haben. Schon 1982 besaß die chinesische UFO-Forschungsgesellschaft mehr als 3600 ordentliche und weitere 40 000 wissenschaftlich gebildete Mitglieder.[149] Sie ist der staatlichen Gesellschaft für Wissenschaft und Technologie angegliedert. Die Mehrzahl der chinesischen UFO-Forscher sind promovierte Wissenschaftler oder Ingenieure, und manche UFO-Gesellschaften verlangen von ihren Mitgliedern sogar Hochschulabschlüsse. Sun Shili, ein ehemaliger Angestellter im Außenministerium und heutiger Direktor der UFO-Forschungsgesellschaft in Beijing, erklärte in einem Interview im Jahr 2000 den Unterschied:
»In den Vereinigten Staaten stehen jene Gelehrten, die sich mit diesem Thema befassen, unter Druck und werden regelmäßig verspottet. In China dagegen ist die Diskussion ziemlich frei,

und deshalb sind in dieser Beziehung amerikanische Akademiker sehr eifersüchtig auf uns.«[150]
China hat damit praktisch eine »Vorreiterrolle« übernommen, denn seit ein paar Jahren bröckelt die Front des Schweigens an allen Ecken und Enden. In Europa war Frankreich das erste Land, das seinen Bürgern gegenüber zugegeben hat, dass es das Phänomen ernst genug nimmt, um eine staatliche Untersuchung durchzuführen. Seit dem Jahr 2007 geht die »Grande Nation« daran, sukzessive alle gesammelten Berichte zu veröffentlichen. In mehr als 30 Jahren wurden 1650 Dossiers archiviert, was einer Menge von immerhin 100 000 Seiten entspricht.[151]
Nach und nach entschlossen sich auch Spanien, Italien und Dänemark dazu, ihre Dokumente zu jedermanns Einsicht freizugeben. Russland folgte dem guten Beispiel – von dort kommen teilweise atemberaubende Berichte über Sichtungen von Kosmonauten sowie über Abstürze – und 2008 Großbritannien. Doch mit Informationen über die spektakulärsten Fälle hält sich das Königreich noch vornehm bedeckt. Und auch Kanada, Mexiko, Chile, Peru und Brasilien machen bei der unseligen Geheimniskrämerei nicht länger mit.
In den Vereinigten Staaten wurde jahrzehntelang von den Behörden brisantes und geheimes UFO-Material unter Verschluss gehalten. Zwar wurde der »Freedom of Information Act« (FOIA, Gesetz zur Informationsfreiheit) erlassen, mit dem interessierte Gruppen in den 1970er- und 1980er-Jahren die Freigabe von einigen Berichten erstritten, die als nicht relevant für die nationale Sicherheit eingestuft wurden. Was von den Behörden aber als »staatsgefährdend« erachtet wurde, schlummert auch weiterhin für unbestimmte Zeiten in den Archiven der NSA (National Security Agency) und der CIA (Central Intelligence Agency). Die undurchsichtigen Vorgänge seit dem 11. September 2001 haben freilich nicht dazu beigetragen, die Informationsfreudigkeit der US-Behörden zu fördern.

Und Deutschland? Das ist in diesem Kontext sowieso eines der traurigsten Kapitel. In einem Land, in dem die Politikverdrossenheit der Bürger durch das einzigartig bescheuerte Verhalten seiner politischen Kaste stündlich wächst, existiert offiziell überhaupt kein UFO-Phänomen. Ich bin gespannt, wie die Verantwortlichen – vom kleinen Polizisten auf der Straße bis zu den Entscheidungsträgern »ganz oben« – reagieren, wenn tatsächlich einmal der »Fall der Fälle« eintreten sollte. Der deutsche Michel soll dumm gehalten werden. Da ist es schon viel wohltuender, den Blick wieder aufs Reich der Mitte zu richten, das uns inzwischen in vielerlei Hinsicht abgehängt hat.
Dies gilt ohne Einschränkung auch für die UFO-Forschung, wo man sich nicht davor scheut, das Rätsel sogar an den Universitäten »hoffähig« zu machen.

Wie in uralten Zeiten

Chinesische Forscher konnten inzwischen Tausende Sichtungsberichte zusammentragen. Einer von diesen gefällt mir besonders gut. Denn er zeigt Ähnlichkeiten mit einer Begebenheit aus der vordynastischen Zeit der legendären Urkaiser, der Eingang in die Mythologie fand.
Am Morgen des 25. April 1981 sah der Zeuge Du Sheng Yuan am Himmel über Beijing einen sonderbaren Flugkörper kreisen. Zwar versuchte er sofort, beim Fernsehen und der Zeitung anzurufen, aber da es erst gegen 7 Uhr morgens war, konnte er noch keinen Verantwortlichen erreichen. So ging er wieder nach draußen, um seine Beobachtung mithilfe eines Fernglases fortzusetzen. Zwischenzeitlich befand sich die Erscheinung ziemlich genau über seinem Standort und hielt eine Flughöhe, die er auf mindestens 2000 Meter schätzte.

Durch das Glas konnte er die Form gut erkennen. Das UFO war elliptisch. Der mittlere Bereich war weißlich, und der Boden schien leuchtend grün. Der ganze Flugkörper wies einen seltsamen Glanz auf. Er flog unbeständig, einmal schnell und dann wieder ganz langsam. Schließlich stoppte er gänzlich, um unmittelbar darauf wieder abrupt zu beschleunigen. Du Sheng Yuan gelang es unterdessen, mehr als 20 Bewohner der umliegenden Wohnungen zusammenzutrommeln. Gemeinsam beobachteten diese das UFO, bis es gegen 7.25 Uhr außer Sichtweite kam.[142]

Der Fall weist Parallelen zu einer Episode auf, die sich um den legendären Urkaiser Huang Di, den »Gelben Kaiser«, rankt. So soll sich im 20. Jahr seiner Regentschaft ein ungewöhnliches Phänomen am Himmel gezeigt haben. Da erschienen bunte glänzende Wolken, und in der Nähe soll sich eine rotglühende Luftzone mit einer ebensolchen grünen abgewechselt haben. Der rot glühende Teil hatte zwei Sterne in der Mitte, der grün glänzende hingegen nur einen. Man nannte diese Erscheinung »die glänzenden Sterne«. Sie sollen am klaren Morgenhimmel wunderbar geleuchtet haben.[7]

Viele solche Details aus uralten Zeiten verdanken wir einer typisch imperialen Einrichtung Chinas: dem »Kaiserlichen Ritualamt«, dem alle ungewöhnlichen Vorfälle und Begebenheiten aus dem Riesenreich gemeldet werden mussten. Und bevor ich es vergesse: Die sagenumwobenen Urkaiser, deren erster der erwähnte Huang Di war, betonten hartnäckig, nicht von irdischen Vorfahren abzustammen – sondern von den »Himmelssöhnen«, die auf feurigen metallenen Drachen aus dem Weltall zur Erde herniedergefahren seien.[74] Sie kamen also nicht durch eine natürliche Geburt auf unsere Welt. Für »normale« Herrschergeschlechter regierten diese Herren zudem unnatürlich lang – in der Regel mehrere Hundert Jahre.

Ähnliches kennen wir auch von den alten Babyloniern. Nach deren Königsliste »WB 444« regierten zehn Urkönige insgesamt 456 000 Jahre lang, ehe die Sintflut kam. Und danach? »Da stieg das Königtum abermals vom Himmel herab.«[152]

Unheimliche Begegnung auf der Landstraße

Sicher hat der eine oder andere Leser sich eingedenk dieser Sammlung chinesischer UFO-Fälle schon gefragt, ob im Reich der Mitte auch nahe Begegnungen mit den vermutlichen Insassen von gelandeten Flugobjekten aktenkundig geworden sind. Diese Frage kann man ohne Wenn und Aber bejahen – mehr noch: in der Volksrepublik China haben wir es mit einer ähnlich hohen Anzahl von Berichten über Begegnungen mit humanoiden Wesen zu tun wie in anderen Teilen der Welt auch. Fremdartige Gestalten, die jenen Kisten entstiegen zu sein scheinen, deren Flugeigenschaften in der Regel sämtlichen Gesetzen der Physik spotten. Es ist darum kein Wunder, wenn sich daran die Geister scheiden. Jedoch sind es auch hier inzwischen zu viele Fälle, um sie noch ins Reich der Fabel verweisen zu können. In verstärktem Maß gilt das für Entführungen, auf die ich im nachfolgenden Kapitel ausführlich eingehen werde. Hier aber nun, stellvertretend für viele, eine Humanoidensichtung aus China.

Gegen 4 Uhr am frühen Morgen des 13. Dezember 1978 sinnierten zwei LKW-Fahrer, die bei Longwangmiao auf der Lanxi-Xinangiang-Nationalstraße in der Provinz Zhejiang unterwegs waren, bestimmt nicht über außerirdisches Leben. Der Fahrer Wang Ding Yuan steuerte den vorne fahrenden Lastwagen, als er plötzlich einen mächtigen, vertikal vom Himmel stoßenden Lichtstrahl bemerkte. Im selben Moment sah er zwei ungewöhnliche menschenartige Wesen mitten auf der Straße stehen. Als beide Fahrer ihre Laster abrupt stoppten, verschwand die Erscheinung.

Die Männer diskutierten über das seltsame Geschehen, obwohl dem zweiten Fahrer, Wang Jian Ming, die Sicht auf das Phänomen verdeckt gewesen war. Aus dem Grunde beschlossen sie, die Reihenfolge der Wagen zu tauschen, also Wang Jian Ming vorausfahren zu lassen. Nach etwa fünf bis sechs Kilometern fiel diesem in 200 Metern Entfernung ein Lichtstrahl auf sowie zwei kleine Gestalten, die neben der Landstraße standen. Selbige waren nur 1,50 Meter groß, trugen eine Art Overall und auf ihren Köpfen Helme. Ein Gegenstand, der über ihre Schultern hing, erinnerte von der Form her an eine Thermoskanne. Auch bemerkten die Zeugen bei jeder der Gestalten eine Art Keule in der linken Hand sowie ein rotes Licht an der Spitze des Helmes.

Ein weiteres Mal hielten die Fahrer an. Nun wollten sie der ominösen Angelegenheit auf den Grund gehen. Als Wang Jian Ming aus dem Werkzeugkasten seines Lastwagens ein Brecheisen holte und derart bewaffnet auf die kleinen Gestalten zustürmen wollte, verschwanden diese ganz unvermittelt und gleichzeitig mit ihnen der senkrechte Lichtstrahl.[142]

Die »Herzlichkeit« dieser Begrüßung steht der in nichts nach, die auch bei vielen Begegnungen in der westlichen Welt an den Tag gelegt wurde. Falls es sich bei diesen Fremden tatsächlich um Abkömmlinge jener »Götter« aus der dunklen Vergangenheit des Menschen handeln sollte, dann lassen unsere Manieren stark zu wünschen übrig.

Auf der anderen Seite ist es auch nicht die feine englische Art, wie diese fremden Entitäten im Schutze der Nacht mit Menschen umgehen, ja regelrecht mit ihnen experimentieren. Stichwort: Unheimliche Begegnungen der vierten Art.

9 Inbegriff des Albtraums

Das nächtliche Grauen geht um

Eine ländliche Gegend in Japan. Mitten in der Nacht erwacht der alte Bauer Kishi und läuft zur Tür. Durch den Lärm, den er dabei macht, erwachen auch seine Frau und sein Sohn. Der fragt den Vater, ob ihm nicht gut sei, doch der verneint.
»Draußen ist etwas Seltsames geschehen. Es war wie ein Donner, habt ihr es nicht gehört? Und dieses grüne Licht, dieses viele grüne Licht ...«
Kishis Frau und Sohn blicken einander verwundert an, hatten sie doch weder das leiseste Geräusch noch irgendein Licht wahrgenommen. Der Bauer hat einen sonderbaren Gesichtsausdruck. Er macht den Eindruck, als würde er schlafwandeln, doch er nimmt jede Kleinigkeit wahr, die um ihn herum geschieht. Seltsam erregt, warnt er seine Familie nachdrücklich davor hinauszugehen. Als ihn seine Frau zu beruhigen versucht, ermahnt er sie, die Nerven zu behalten, egal, was nun geschehen möge. Dann öffnet er die Haustür und geht ins Freie. Durch das Fenster beobachten die beiden, wie er umhergeht, sich aufrichtet und wild mit den Händen gestikuliert, gerade so, als wollte er auf jemanden einreden, der ihm gegenübersteht. Beinahe hat es den Anschein, als spräche er mit einem unsichtbaren Gegenüber. Nach ein paar Minuten macht Kishi kehrt und geht ins Haus zurück.
»Das verstehe ich nicht«, murmelt er. Beunruhigt will sein Sohn wissen, was denn passiert sei.

»Habt ihr es nicht auch gesehen?«, fragt der Bauer vollkommen aufgeregt. »In Wirklichkeit war es keine Sternschnuppe. Es war ein großer Feuerdrache, der auf unsere Wiese herabgekommen ist. Warum, das weiß ich nicht. Aber aus dem Bauch dieses Drachen sind zwei kleine Männer herausgekommen und haben in einer fremden Sprache zu mir gesprochen. Ich versuchte zu antworten, aber wir haben uns nicht verstanden. Dann sind sie wieder in den Bauch des Feuerdrachen gestiegen und …«
In diesem Augenblick stockt Herr Kishi, stützt seinen Kopf zwischen die Hände und bricht ohnmächtig zusammen. Vorsichtig legen ihn seine Frau und der Sohn auf eine Reismatte und bleiben ängstlich besorgt bei ihm sitzen. Doch schon bald fällt er in einen tiefen und ruhigen Schlaf. Als ihn am darauffolgenden Morgen seine Angehörigen auf das rätselhafte Erlebnis ansprechen, weiß der Bauer nichts mehr und behauptet, die ganze Nacht über gut geschlafen zu haben.[8]

Unheimliche Begegnungen der vierten Art

Was war Herrn Kishi widerfahren, das zudem seinen Anverwandten verborgen blieb? Hatte sich alles nur in seiner Einbildung abgespielt, oder projizierte ihm irgendjemand das Erlebnis ins Gehirn? Kam in ihm so etwas wie eine kollektive Urerinnerung hoch, die sich ins Gedächtnis der Menschheit eingeprägt hatte? Eine Erinnerung an Zeiten, in denen die Götter mit ihren »feurigen Drachen« auch auf den japanischen Inseln gelandet waren.
Ich kann es nicht mit Bestimmtheit sagen. Leider wusste man zu jener Zeit, als sich diese Episode ereignete, noch nichts über die Technik der regressiven Hypnose. Mit deren Hilfe hätte man womöglich einige Erinnerungen wieder ans Licht des Tages gezogen, die – nicht ganz unbeabsichtigt – in die Tiefen des

Unterbewusstseins versenkt worden waren. Herrn Kishis unheimliches Abenteuer zeigt nämlich frappierende Ähnlichkeiten mit Vorfällen, die später geradezu epidemisch auftreten und dabei in etwa demselben Strickmuster folgen sollten. Diese begleiten – dessen bin ich mir gewiss – die Menschheit bereits seit urdenklichen Zeiten.

Die Rede ist von »Unheimlichen Begegnungen der vierten Art«, einer Erlebniskategorie des UFO-Phänomens, die man auch unter der etwas profaneren Bezeichnung »Entführungen« kennt. Im Anhang zu diesem Buch erkläre ich die inzwischen auf fünf Kategorien angewachsenen »Unheimlichen Begegnungen« im Einzelnen; hier möchte ich mich gezielt den Entführungen widmen.

Seit ein paar Jahrzehnten also behauptet eine ständig wachsende Anzahl durchaus ernst zu nehmender Menschen, von den Insassen eines UFOs in deren Vehikel verschleppt worden zu sein. Dort würden dann regelrechte medizinische Experimente an ihnen durchgeführt. Von einem noch beklemmenderen Aspekt, der weibliche Entführungsopfer betrifft, wird noch die Rede sein.

Häufig kam es auch zum Einsetzen und zur späteren Entfernung mysteriöser Implantate in verschiedene Körperregionen. Von diesen Objekten existieren mittlerweile nicht nur Röntgenaufnahmen[153], es konnten in einigen Fällen auch Implantate entfernt und einer chemischen Analyse unterzogen werden.[154] Diese ergab, dass es sich um keine biologischen und in der Natur auftretenden Objekte handelt.

Doch bei der Frage, ob sie irdischen oder definitiv außerirdischen Ursprungs sind, ist man weiterhin uneins. Für nicht von dieser Welt stammende Intelligenzen wäre es aber sicher ein Leichtes, solch kleine Gegenstände dem menschlichen Körper anzupassen, indem man sie nach der körpereigenen Chemie herstellt.[119]

In sehr vielen Fällen kamen detaillierte Erinnerungen durch die Anwendung regressiver (rückführender) Hypnosetechniken ins Bewusstsein der Opfer zurück. Dieses Phänomen, das offensichtlich einen Generalangriff auf unser Realitätsempfinden darstellt, ist in der Englisch sprechenden Welt unter der Bezeichnung »Abductions« bekannt. Wie kaum eine andere Kategorie des UFO-Phänomens stellen uns die Entführungen vor die kompromisslose Entscheidung, das Ganze entweder als Wahrheit zu akzeptieren oder komplett als hirnrissig abzutun. Einmal von der Möglichkeit abgesehen, sich in eine »psychologische Variante« zu flüchten, was meiner Meinung nach dem harten Kern des Problems nicht gerecht wird.

Natürlich gilt es auch, sorgfältig »die Spreu vom Weizen zu trennen«, denn es finden sich zuweilen auch Fakes, wie Schwindelmanöver auf Neudeutsch heißen, unter den Schilderungen. Das lässt sich nie ganz verhindern – doch diesen steht eine weitaus größere Anzahl an Fällen gegenüber, an deren Authentizität und Realität keine Zweifel bestehen dürften.

Kleinwüchsiger Albtraum

Als Urheber der Entführungen werden meist kleine, zwischen 1,00 und 1,50 Meter große Kreaturen beschrieben. Diese scheinen humanoid zu sein und gleichzeitig auch ein wenig embryonenähnlich. Wegen der Beschaffenheit ihrer Haut – oder der Färbung der Bekleidung, falls vorhanden – nennt man sie »kleine Graue« oder »Little Greys«, womit man sie von anderen Typen humanoider Wesen zu unterscheiden versucht. Auffallendstes Charakteristikum aber ist der im Verhältnis zu ihrem schmächtigen Körper riesige, kahle Kopf. Dieser besitzt große, schräg stehende Augen, einen schmalen schlitzförmigen Mund ohne Lippen sowie eine angedeutete Nase, die zumeist nur aus zwei Löchern besteht. Außenliegende Ohren existieren ebenso wenig wie Kopf- oder Körperbehaarung. Die großen und weit auseinanderliegenden, mandelförmigen Augen verleihen den kleinen Grauen ausgesprochen orientalisch-mongolid wirkende Gesichtszuge.[119,141,155,156]

Oft beginnen Entführungen damit, dass die unmittelbare Umgebung der Zeugen in ein ungewöhnliches Licht getaucht wird, wie im folgenden Fall aus Japan. Und nicht immer kommt es zu einer vollendeten Entführung. In manchen Fällen scheinen die Fremden eine Art von »mentaler Kommunikation«, sprich Gedankenübertragung zu benutzen.

Am späten Nachmittag des 3. Oktober 1978 fuhr Hideicho Amano mit seinem Wagen eine Bergstraße nahe seinem Heim in Sayama hinauf. Als passionierter CB-Funker wollte er den guten Empfang auf der Bergspitze ausnutzen. Auf dem Rücksitz saß Juri, seine zweijährige Tochter. Oben angekommen bemerkte er zu seiner Überraschung, dass das Fahrzeug trotz der bereits begonnenen Dämmerung in ein grelles Licht getaucht war. Gleichzeitig erstarben der Motor und die elektrische Anlage. Amano sah sich um, konnte jedoch den Ursprung der Helligkeit nicht ausmachen.

Plötzlich richtete sich das Licht auf seine Tochter, ein stark gebündelter orangefarbener Strahl zielte genau auf die Magengegend des kleinen Mädchens. Und ehe Amano noch reagieren konnte, fühlte er, wie sich ein metallener Gegenstand fest gegen seine Stirn presste. Als er aufblickte, versetzte ihm ein unheimlich anzusehendes Wesen ohne erkennbare Nase im Gesicht den größten Schrecken seines Lebens.

Während er zu jeglicher Bewegung unfähig war, versuchte das fremde Geschöpf, mit Amano zu kommunizieren. In seinem Bewusstsein tauchten fremdartige Bilder auf, und er glaubte, hohe und schreiende Laute zu vernehmen. – Auch andere Entführte berichten immer wieder von Bildern und Eindrücken, die ihnen ganz offenbar auf telepathische Weise vermittelt wurden. – Wie lange Amano, vor Entsetzen gelähmt, dem unheimlichen Wesen gegenübersaß, daran vermochte er sich später nicht mehr zu erinnern. Doch nach einiger Zeit verschwand der kleinwüchsige Albtraum, und sofort funktionierte auch die Elektrik seines Wagens wieder.

Wie von Furien gehetzt, jagte Hideicho Amano die Bergstraße talwärts. Er wagte nicht einmal, sich zur Rückbank umzudrehen, wo sein Töchterchen Juri saß. Erst nachdem er unten angekommen war, wandte er sich der Kleinen zu, die unversehrt schien und nur über starken Durst klagte. An diesem Abend ging Amano mit heftigen Kopfschmerzen zu Bett. Später sagte er, das unbekannte Wesen habe eine Botschaft in seinem Gehirn hinterlassen, in der es seine Wiederkehr ankündigte.[147]

Wenn ich zu diesem Thema nun einige prägnante Beispiele aus der westlichen Welt bringe, dann ganz bestimmt nicht aus dem Grund, dass das Phänomen im Fernen Osten nicht existiert. Sondern vielmehr deshalb, weil wir hier im Westen inzwischen auf die Arbeit namhafter Mediziner und Psychologen zugreifen können.

»Mischung aus Grille und Hornisse«

Im Zusammenhang mit den unheimlichen Erlebnissen des amerikanischen Abenteurers John Spencer im Kloster von Tuerin (vgl. Kap. 6) habe ich bereits das Phänomen der verlorenen Zeit oder »Missing-Time-Syndrom« beschrieben, dem Entführungsopfer immer wieder ausgesetzt sind. Am frühen Morgen des 19. Juli 2005, es war in etwa 3.30 Uhr, fuhr die Australierin Dina Holdcroft auf einer einsamen Landstraße bei Ravenshoe. Die Region liegt etwa 100 Kilometer südlich der Küstenstadt Cairns im Norden des Bundesstaates Queensland.

Plötzlich geschahen seltsame Dinge. Das Autoradio gab fremdartige Geräusche von sich, und ihr Mobiltelefon klingelte mehrmals. Doch jedes Mal, wenn sie abnahm, war kein Anrufer am anderen Ende. Plötzlich wurde der Umkreis des Wagens in grelles Licht getaucht, und für Bruchteile von Sekunden ging der Motor aus. Er sprang jedoch gleich wieder problemlos von selbst an. Leuchtender Nebel umgab das Auto, und dann hörte Dina noch ein schwirrendes Geräusch. Von da an fehlten ihr, wie sie später bemerkte, ungefähr 30 Minuten Zeit, an welche sie nicht die Spur einer Erinnerung hatte.[157]

Auch Kinder werden von dem meist im Schutze der Nacht agierenden Inbegriff des Albtraums nicht verschont. Ganz im Gegenteil. Meist ziehen sich diese traumatischen Erlebnisse wie ein roter Faden durch das ganze Leben, denn die ungebetenen »Besucher« entführen ihre Opfer immer wieder.

Am 15. Juni 2007 wachte in Suwannee im US-Bundesstaat Georgia die sechsjährige Heather (Name geändert; HH) gegen 2.00 Uhr frühmorgens auf und berichtete ihrer Mutter von ihrem »Albtraum«. Sie sei zusammen mit einer riesigen »Hornisse« in einem Raum gewesen, doch es war keine Hornisse, sondern eher eine »Mischung aus Grille und Hornisse – wie eine Gottesanbeterin, aber viel größer«. Die Kleine beschrieb noch weitere Geschöpfe, die mit etwa dreieinhalb Fuß (1,00 bis 1,10 Meter) wesentlich kleiner waren. Diese sahen nicht wie Insekten, aber ebenso wenig menschlich aus. Und sie besaßen tiefschwarze, unheimliche Augen. Dem Mädchen fiel auch auf, dass die fremden Kreaturen Schuhe trugen, »wie sie Basketballspieler haben«.

Noch ganz frisch war die Erinnerung, dass die Geschöpfe ihr eine Art Schlauch oder Instrument ins Ohr geschoben hätten und dieses auch der Grund für den »schlechten Geschmack in ihrem Mund« gewesen sei. Im selben Moment habe sie begonnen, sich heftig zu wehren, und habe zwei der Wesen von sich stoßen können. Das Nächste, an das sie sich erinnern konnte, war, dass sie in ihrem Bett aufwachte.[158] War wirklich alles nur ein Albtraum?

Whitley Striebers hartnäckige Besucher

Weltweit bekannt wurden die Entführungen des amerikanischen Schriftstellers Whitley Strieber. Der nicht nur in den USA erfolgreiche Autor verfasste in den Jahren von 1977 bis 1983 einige Thriller und Horrorgeschichten, wie *Wolfen* oder *The Hunger*. In den darauffolgenden Jahren konzentrierte er sich mehr auf ernstere Literatur und schrieb Bücher, die sich stattdessen an Fakten und nicht an Fiktionen orientieren. Doch seine Beschäftigung mit dem Horrorgenre brachte Kritiker auf den Gedanken, die Bücher über seine Entführungen[141,159] beruhten ebenfalls auf Erfindung. Oder im besten Falle auf der »Konstruktion seiner eigenen Erfahrung« aufgrund von einschlägigen Erlebnissen anderer.[160] Strieber betonte hingegen stets die für ihn reale Natur der Begegnungen. Im Anhang zu seinem Buch *Die Besucher* findet der Leser eine ausführliche Stellungnahme von Dr. Donald F. Klein, dem Leiter der Forschungsabteilung des »New York State Psychiatric Institute«, der ihn hypnotisiert hatte, sowie das Ergebnis eines Lügendetektortests, dem Strieber sich am 31. Oktober 1986 stellte. Denn nur fünf Tage zuvor war er aus seiner Blockhütte, die in einer abgelegenen Waldregion des Staates New York steht, in ein Flugobjekt entführt worden. Und wie sich herausstellte, nicht zum ersten Mal.
Kleine, bleiche Wesen mit großen Köpfen und ein weibliches, insektenartiges Geschöpf hatten ihn aus seinem Bett geholt. Er verglich Letztere, genau wie das Mädchen aus dem vorange-

gangenen Fallbeispiel, mit einer überdimensionalen Gottesanbeterin (*Mantis religiosa*, eine räuberische Fangheuschrecke). Zu jeder Bewegung unfähig, hatte er den Eindruck, zusammen mit den Entführern aus der Hütte fortzuschweben. Es ging mitten durch den Wald, wo er glaubte, die Bäume an sich vorbeistreichen zu spüren, bis er sich im Raumschiff dieser Fremden wiederfand. Dort wurden in einer Art Operationssaal medizinische Untersuchungen an ihm vorgenommen.

Strieber beschreibt eine lange, glänzende, haarfeine Nadel, die ihm die fremden Wesen ins Gehirn einführten. Im selben Augenblick hatte er das Gefühl, als würde sein Kopf buchstäblich explodieren. Dann wurde ein mechanisches Gerät »mit einer Art Netz aus Kabeln am Ende« in seinen Darm eingeführt. Beklemmend schildert er seine absolute Hilflosigkeit und den ohnmächtigen Zorn angesichts dieser Vergewaltigung durch die Besucher.

Später wachte er in seinem Bett auf, hielt alles zunächst nur für einen bösen Traum. In den Folgetagen litt er unter äußerst unangenehmen Schmerzen in seinem After. Strieber hatte das unbestimmte Gefühl, dass ihm etwas Schlimmes zugestoßen war, aber keine bewusste Erinnerung an diese Nacht.

Gut eine Woche nach diesem Erlebnis kamen Schmerzen hinter seinem rechten Ohr hinzu, und der Kopf tat ihm weh. An ebendieser Stelle hinter dem Ohr fand Striebers Frau einen winzigen Einstich. Jetzt erst wurde ihm klar, dass er das Ganze nicht geträumt hatte. Der Eingriff in seinen Kopf mit der feinen Nadel musste wirklich stattgefunden haben.

Zu dieser Zeit hatte Whitley Strieber von Budd Hopkins gehört. Der im Jahre 2011 verstorbene Forscher hatte sich schon Anfang der 1980er-Jahre als Erster intensiv mit dem Entführungsphänomen auseinandergesetzt. Spontan entschied Strieber sich, jenem sein Erlebnis mitzuteilen. Hopkins riet ihm zu einer Hypnosebehandlung durch den erwähnten Dr. Donald

Klein, da er aus Striebers Schilderungen schloss, dass noch ein Großteil der Erinnerungen unter einer Art posthypnotischer Blockade stehen könnte.

Deckerinnerungen

In mehreren Sitzungen arbeiteten sie nicht nur die traumatischen Ereignisse jenes 26. Oktober 1986 auf, als der Schriftsteller aus seiner Blockhütte in den Wäldern von New York entführt wurde. Nach und nach zeigte sich, dass Whitley Strieber schon seit seiner Kindheit immer wieder entführt worden war. Um die Erinnerungen an diese Vorgänge aus seinem Bewusstsein auszutilgen, hatten ihm die unheimlichen Aliens offenbar eine Deckerinnerung eingepflanzt.

Diese auch als »Screen Memories« bekannte Nebenerscheinung sorgt dafür, dass sich die Betroffenen an gänzlich andere Dinge erinnern als an das, was ihnen tatsächlich widerfahren ist. Budd Hopkins konnte feststellen, dass häufig Tiere, denen die Entführten laut ihrer Deckerinnerung begegneten, eine bedeutende Rolle spielen.[161] Bei Strieber war es zum Beispiel eine große Eule, die immer wieder in seinen Erinnerungen auftauchte.

Aus der Praxis der klinischen Psychologie kennt man das Phänomen der Deckerinnerungen aus einem anderen Zusammenhang. Diese treten überwiegend bei Situationen auf, in denen die Betroffenen unter besonders heftigen Traumata leiden – wie etwa schwerem sexuellen Missbrauch –, die nicht anders bewältigt werden können. Hier ist es das Unterbewusstsein, das sich eine andere Erinnerung konstruiert, damit das Opfer nicht an seinen Erlebnissen zerbricht.[162]

Die Hypnosesitzungen Striebers brachten so manch verschüttetes Erlebnis wieder zum Vorschein. Die früheste Begegnung hatte der junge Whitley vermutlich im Alter von zwei Jahren. Er konnte sich noch ganz dunkel an »eine Gruppe großer grauer Affen« erinnern, die einen Abhang heraufkamen. Dies war im Sommer 1947 nahe dem Landhaus seiner Großmutter geschehen. Übrigens gibt es da auch eine zeitliche Übereinstimmung mit der ersten großen UFO-Sichtungswelle, die in jenen Tagen begann.

Ähnliche Torturen mit spitzer Nadel musste auch eine Amerikanerin aushalten, die den grauhäutigen Entführern mitsamt ihrer ganzen Familie in die Hände fiel. Der damals in der Eifel stationierte US-Soldat Chris Owens soll im November 1978 nahe der Stadt Trier gemeinsam mit seiner schwangeren Frau Pamela sowie ihrem kleinen Sohn Brian entführt worden sein. Die Familie war zu Besuch bei einem Freund gewesen und befand sich auf dem Rückweg, der für gewöhnlich nicht länger als eine halbe Stunde in Anspruch nahm. Später konnten sie sich nur noch an ein großes, ovales Objekt erinnern, das auf einsamer Landstraße über ihrem Auto geschwebt war. Die nachfolgenden eineinhalb Stunden aber waren komplett aus ihrer Erinnerung gelöscht.

Durch regressive Hypnose ergab sich, dass Pamela Owens aus dem Auto gestiegen war, als das UFO genau über ihnen verharrte. Sie verlor das Bewusstsein und kam erst wieder auf einem Tisch im Inneren des Flugkörpers zu sich. Zwei ungefähr 75 Zentimeter kleine Wesen mit großem Kopf, riesigen tief liegenden Augen und grauer Haut, deren Finger gut doppelt so lang zu sein schienen wie die eines Menschen, führten eine medizinische Untersuchung durch. Sie stachen der Schwangeren eine acht Zentimeter lange Nadel oberhalb des Nabels in den Bauch.

Voller Sorge fragte Pamela nach ihrem kleinen Sohn, welcher ebenfalls entführt worden war. Einer der »kleinen Grauen« versuchte, sie zu beruhigen, indem er – ohne beim Sprechen

die Lippen zu bewegen – versprach, auf das Kleinkind aufzupassen. Nun verlor sie abermals das Bewusstsein und kam, abseits der Straße stehend, wieder zu sich. Das Objekt flog davon, und die restlos verstörte Familie konnte mit eineinhalb Stunden Verspätung ihre Heimreise fortsetzen.[160]
Die Glaubwürdigkeit solcher Geschichten wird von Skeptikern regelmäßig mit der Begründung infrage gestellt, dass die Handlungsmuster der angeblichen Entführer völlig absurd seien. Und tatsächlich lässt sich – auf den ersten Blick – weder eine klare Linie noch Logik hierin erkennen. Welchem nachvollziehbaren Ziel sollte es auch dienen, schwangere Hausfrauen oder harmlose Bewohner des australischen Outback zu entführen? Und warum trifft es eine immer größer werdende Anzahl Menschen? Wäre es nicht genug, den Wissensdurst an ein paar wenigen Exemplaren der Spezies Homo sapiens zu stillen?

Beklemmende Einsichten

Der bereits zitierte Whitley Strieber spekulierte über Sinn und Zweck der Entführungen, dass Außerirdische sich einer großen Anzahl Menschen bemächtigen, um diese genetisch zu manipulieren.[141] Demnach wäre weltweit ein in seiner Tragweite beispielloses Ereignis im Gange, das unser aller Leben verändern wird. Wie sehr Strieber mit seiner Einschätzung den sprichwörtlichen Nagel auf den Kopf getroffen haben mag, offenbart sich, sobald wir uns auf den wohl beklemmendsten Aspekt rund um jene ganze Entführungsthematik einlassen.
Immer mehr Frauen berichten von schier unfassbaren Geschehnissen. Sie seien von den unheimlichen Besuchern regelrecht zu Zuchtzwecken missbraucht worden. Mediziner und Psychologen haben sich mittlerweile ernsthaft mit diesem Problem beschäftigt und konnten eine Art Muster herausarbeiten,

welches charakteristisch für jene Vorgänge ist, die sich im Rahmen ganzer Entführungsserien über einen längeren Zeitraum abspielen.

Die betroffenen Frauen werden in den unterschiedlichsten Situationen – meist aus dem Bett, in Ausnahmefällen auch schon mal aus dem fahrenden Auto heraus – entführt. Sie sind dabei zu keiner Gegenwehr fähig. Später, unter regressiver Hypnose, erinnern sie sich daran, auf einem Behandlungstisch gelegen zu haben. Ringsum standen kleine graue Geschöpfe mit den hinlänglich bekannten schräg angeordneten, tiefdunklen Augen.

Dann wurde an ihren Unterleibsorganen manipuliert, was ausnahmslos als unangenehm empfunden wurde. Hierbei kommt es dann zu künstlichen Befruchtungen, offenbar zur Schaffung hybrider Kinder, einer Mischung zwischen Mensch und Alien. Und auf demselben Wege, wie sie dorthin gelangten, kamen die Leihmütter wider Willen nach vollbrachter Schwängerung zurück.

Gynäkologen und andere Mediziner – einige möchte ich später noch explizit vorstellen – untersuchten zahlreiche Frauen, bei denen eine Schwangerschaft eindeutig nachgewiesen werden konnte. Doch in der 12. bis 13. Schwangerschaftswoche verschwanden die Embryos buchstäblich über Nacht, ohne dass es zu Blutungen oder Gewebeausstoßungen gekommen war, wie das bei Fehlgeburten oder Abtreibungen der Fall ist.[163]

Kein irdischer Arzt könnte den Fötus in so einem frühen Entwicklungsstadium außerhalb des Mutterleibes am Leben erhalten. Unsere Ärzte können in seltenen Ausnahmefällen Frühgeburten ab der 23. Schwangerschaftswoche retten, doch leiden diese meist ihr Leben lang unter Behinderungen und Einschränkungen. Der erwähnte »Embryodiebstahl« geschieht in aller Regel im Verlaufe einer weiteren Entführung der ungefragt missbrauchten Frauen.

Zu einem späteren Zeitpunkt werden die Frauen abermals aus ihrer gewohnten Umgebung verschleppt. Dabei präsentieren ihnen die Fremden Neugeborene, zuweilen auch kleine und größere Kinder, die sich in einem speziellen Raum befinden. Es sind »Hybridkinder«, deren Aussehen meist als »halb menschlich und halb wie die kleinen Grauen« beschrieben wird. Sie haben weiße Haare, und ihre Lippen sind voller als auf den allseits bekannten Darstellungen der kleinwüchsigen Eindringlinge.

Einige Frauen bekamen im Laufe dieses »Präsentationsszenarios« hybride Säuglinge an die Brust gelegt, um sie zu stillen. Schier unfassbar, aber ein Indiz für die erschreckende Realität jener Erlebnisse: Manche der Frauen mussten feststellen, dass ihre Brüste nach ihrer Rückkehr Muttermilch absonderten![163]

Der berühmteste Fall

Ein Entführungsfall in Verbindung mit Hybridkindern hat es, dank der besonders akribischen Untersuchung durch den bereits erwähnten Forscher Budd Hopkins, zum Musterbeispiel für diese Übergriffe in den intimsten Bereich der Opfer gebracht. Es handelt sich um die Amerikanerin Kathie Davis (Name geändert; HH), die den albtraumhaften Kidnappern offenbar bereits als Kind in die Hände gefallen war.

Schon in Kathies frühester Kindheit geschahen seltsame Vorfälle, die als »Träume« verarbeitet wurden. Wie jener, in dem die Mutter das Kind in einem Kleiderschrank verbarg, um es vor einer »Bedrohung aus dem Himmel« zu beschützen. Bei anderer Gelegenheit erinnerte Kathie sich undeutlich an ein seltsames Haus, in dem sie einen »kleinen Jungen« getroffen hatte. Im Dezember 1977 entführte man die zu einer jungen Frau herangewachsene Kathie aus einem Auto heraus, während alle anderen Mitfahrer irgendwie »ruhiggestellt« wurden. Danach kam es zum ersten gynäkologischen Eingriff. Offenbar fand eine künstliche Befruchtung statt, weitere sollten folgen. Nur zwölf Wochen später, im März 1978, war Kathie Davis erneut an der Reihe. Die »kleinen Grauen« entnahmen ihr den Embryo wieder. Im darauffolgenden Jahr setzte man ihr durch eine Sonde, die in die Nase geschoben wurde, ein Implantat ein. Am 30. Juni 1983 sah Kathie seltsame Lichter, die ihren Garten bei Copley Woods (Ohio) abtasteten. Als sie nach dem Rechten sehen wollte und ihr Haus verließ, wurde sie von einer Art Energiestoß getroffen, der sie bewegungsunfähig machte. In jener Nacht mussten die medizinischen Manipulationen an ihr zur wahren Tortur ausgeartet sein. Nur mit ihrem Nachthemd bekleidet, kam sie blutüberströmt im Hinterhof ihres Hauses zu sich. Nun war es genug. Sie wandte sich an Budd Hopkins, der zu dieser Zeit durch seine Abduktionsforschungen bereits auf sich aufmerksam gemacht hatte.

Im Verlaufe einer hypnotischen Rückführung fand Hopkins heraus, dass die Frau auch eine Begegnung mit einem zartgliedrigen Geschöpf gehabt hatte. Es war zur Hälfte menschlich und zur anderen außerirdisch. Kathie Davis bezeichnete es als ihre Tochter, die aus der erwähnten Entführung nebst künstlicher Befruchtung vom Dezember 1977 stammen sollte. Zwei weitere hybride Babys, denen sie auch Namen geben durfte, wurden ihr im April 1986 in die Arme gelegt. Seine akribischen Untersuchungen in der Angelegenheit führten Budd Hopkins zu der Überzeugung, dass Kathie während der über Jahre fortdauernden Entführungsserie für insgesamt neun dieser Hybridkinder zur unfreiwilligen Leihmutter gemacht wurde.[155]

Ich darf hier nicht vergessen zu erwähnen, dass bei solchen »Unheimlichen Begegnungen der vierten Art« von den Fremden häufig auch Familienmitglieder mitgenommen werden.

Denken wir an die Familie des US-Soldaten Chris Owens, die komplett entführt wurde.[160] Im Falle von Kathie Davis soll auch deren Sohn Tommy wiederholt das Ziel der »kleinen Grauen« gewesen sein. Wie vom Blitz gerührt musste die Mutter eines Nachts zusehen, wie einer der »Besucher« aus Tommys Zimmer kam.[155]

Starker Tobak

Geschichten wie diese stellen unsere Gutgläubigkeit auf eine harte Probe. Man muss eigentlich Verständnis aufbringen für jene, die an dieser Stelle abblocken, für die »bis hierher und nicht weiter« gilt. Dies muss man akzeptieren, denn noch immer herrscht das Recht auf freie Meinung. Was aber auf keinen Fall geschehen darf: die Opfer echter Entführungstraumata auch noch dem Spott ihrer Mitmenschen auszusetzen. Was übrigens für viele der Entführten wie auch für die Realität ihrer Erlebnisse spricht, ist die große Scheu, die sie häufig vor dem Bekanntwerden ihrer Erfahrungen haben.
Über viele Betroffene wurden psychologische und psychiatrische Gutachten erstellt, wurden Lügendetektortests gemacht wie im Fall von Whitley Strieber. Fabulanten und Menschen mit geistig-seelischen Defekten konnten so gut wie möglich ausgesiebt, »die Spreu vom Weizen getrennt« werden. Doch den echten Abduktionsopfern muss es wie blanker Hohn in den Ohren klingen, was ihnen alles unterstellt wird. Dass sie entweder als begnadete Schauspieler die Welt zum Narren halten oder eine Art Ersatzreligion in dieser gottlosen Zeit kreiert haben, »weil man ja schließlich etwas glauben muss«.[160]
Starker Tobak: auf der einen Seite die völlig bizarr klingenden Entführungsgeschichten und auf der anderen die oft völlig überzogenen Reaktionen hierauf. Wie schon gesagt: Die Mei-

nung ist frei. Die Menschen lächerlich zu machen ist jedoch nicht die feine englische Art.

Doch die Zeiten haben sich geändert, gottlob hat inzwischen ein Umdenken eingesetzt. Der leider 2011 verstorbene Budd Hopkins bekam Schützenhilfe von Professor David Jacobs, einem Geschichtswissenschaftler an der Temple-Universität in New York. Dieser sieht – wie Whitley Strieber – in den künstlichen Befruchtungen die eigentliche Motivation für den Entführungswahnsinn. Eine ganz neue Spezies soll gezüchtet werden, die halb menschlichen und halb außerirdischen Ursprungs ist.[156]
»Alles himmelschreiender Unsinn«, dachte sich Professor Dr. John Mack von der renommierten Harvard-Universität. Er bekleidete dort einen Lehrstuhl für Psychiatrie, war Doktor der Medizin und Träger des Pulitzer-Preises für herausragende journalistische Leistungen. Als ein Mensch, den man beim besten Willen nicht in die Ecke der Spinner und Fantasten verbannen konnte, hatte er enorme Schwierigkeiten, sich vorzustellen, dass in den abenteuerlichen Geschichten von kleinen grauen Entführern und zwangsweise geschwängerten Hausfrauen auch nur der Hauch einer Wahrheit stecken könnte. Es *musste* Schwindel sein. Was folgte, war eine Verwandlung vom Saulus zum Paulus.
Im Verlauf der wohl umfangreichsten fundierten klinischen Untersuchungen, denen Entführte je unterzogen wurden, gelangte Professor Mack zu der Überzeugung, dass die Erlebnisse dieser Menschen eine erschreckend reale Dimension besitzen. Er musste seine vorgefasste Meinung grundlegend revidieren, denn die Ergebnisse seiner langjährigen streng wissenschaftlichen Studien waren eindeutig. Die traumatischen Erlebnisse beruhen weder auf psychischen Fehlfunktionen noch auf Schwindel. Dies bedeutet im Klartext: Die Abduktionsopfer waren weder verrückt, noch haben sie sich ihre hanebüchen klingenden Geschichten aus den Fingern gesogen.

Was Mack an schockierenden Erkenntnissen aus seinen Studien gewann, legte er in Buchform vor. Wobei er es nicht unterließ, auch die von Hopkins und Jacobs geleistete Vorarbeit gebührend zu würdigen: »Die Pionierarbeit von Budd Hopkins und David Jacobs hat – was in meinen Fällen reichlich bekräftigt wird – gezeigt, dass das Entführungsphänomen auf zentrale Weise in ein Züchtungsprogramm eingebunden ist, welches in die Erschaffung von außerirdisch-menschlichen Mischlingsnachkommen mündet.«[119]
Die intensive Arbeit mit den so schwer Traumatisierten muss in John Mack und seinem gewohnten Weltbild eine tief greifende Erschütterung ausgelöst haben. Diese spiegelt sich am besten in seiner einleitenden Feststellung wider: »Mehr als jede andere Forschung, die ich je unternommen habe, hat mich diese Arbeit veranlasst, unsere herrschende Weltsicht oder den Realitätskonsens infrage zu stellen, an die ich zeit meines Lebens ständig geglaubt und die ich in meiner klinisch-wissenschaftlichen Arbeit stets angewandt hatte.«[119]
Dass solch starker Tobak wie dieser seine Kollegenschaft im Elfenbeinturm der hehren Wissenschaft nicht gerade zu Begeisterungsstürmen hinzureißen vermochte, versteht sich wohl beinahe von selbst. Leider kann John Mack sein bewunderungswertes Werk nicht weiterführen. Denn der couragierte Kämpfer für ein neues und vorurteilsfreies Weltbild weilt nicht mehr unter uns. Nach einem Vortrag in London am 27. September 2004, auf dem Heimweg vom Nachtessen ins Hotel, wurde er auf einem Fußgängerüberweg angefahren und erlag noch an der Unfallstelle seinen schweren Verletzungen.[164] Allerdings dürften seine ihm nicht gerade wohlgesinnten Kollegen damit nichts zu tun gehabt haben. In der Regel sind die Londoner Autofahrer überaus gesittet und rücksichtsvoll. Doch der Unglücksfahrer war betrunken und bretterte an dem Zebrastreifen einfach drauflos. Es war schlicht ein tragi-

scher Unfall – aber kein Grund für die unvermeidlichen Verschwörungstheorien.

Mit dem Entführungsproblem befasste sich ab Ende der 1980er-Jahre auch die Organisation TREAT, von »Treatment and Research on Experienced Anomalous Trauma« – »Behandlung und Erforschung erlebter anomaler Traumata«. Geleitet wurde die nur aus Ärzten und Psychologen bestehende Gruppe von der Psychologin Dr. Rima Laibow, hat sich aber leider zwischenzeitlich aufgelöst.[162]

Nichts Neues unter unserer Sonne

Entführungen in beängstigender Anzahl. Geheime Züchtungsprogramme. Genetische Manipulationen durch Außerirdische. Das alles sind Schlagworte, die polarisieren – uns also entweder ein verständnisloses Kopfschütteln abnötigen oder uns zutiefst beunruhigen. Je nach Informationsstand, je nachdem, wie der Einzelne mit Einbrüchen in sein lieb gewonnenes Weltbild umzugehen pflegt. Da mag die Erkenntnis auch nicht sonderlich beruhigend wirken, dass derlei Dinge nicht neu sind, sondern irgendwann – vielleicht schon immer – einmal da gewesen.

In Mythen und heiligen Schriften vieler Völker spielen Entführungen von jeher eine Schlüsselrolle. Der alttestamentarische Urvater Henoch war das erste biblische Opfer eines Falles von Kidnapping.[165,166] Bekannter ist, zumindest für den eifrigen Bibelleser, der Prophet Hesekiel. Der wurde vom »Höchsten« weggeführt,[134] was auch nicht anders zu interpretieren ist. Im indischen Nationalepos *Mahabharata* bot Gott Indra dem Yudhistira an, lebendig in den Himmel aufzufahren.[139] Dasselbe geschah Ma Tse-Yan, einem berühmten Arzt und erhabenen Lehrer des Taoismus. Was ebenfalls im alten China geschah:

»Himmlische Drachen« entführten junge Frauen und brachten sie zu ihren Herrschern in den Himmel.[15] Selbst die verwirrenden Vorgänge rund um die bei wiederholten Entführungen aus dem Mutterleib verschwundener Föten sind absolut nichts Neues unter unserer Sonne. Vor etwa 2500 Jahren praktizierten die Götter im alten Indien exakt dasselbe. Regelrechte Embryo-Transfers, nachzulesen in den heiligen Schriften der Jaina-Religion.

Danach beschloss der Rat der Götter, einer der Ihren sollte zur Erde herabsteigen, um eine neue Religion zu gründen. Dafür nahm Mahavira (altind. »großer Held«) die Form eines Fötus an. Ein anderer Gott – Harinaigamesin – wurde mit der Verpflanzung der göttlichen Leibesfrucht in die Gebärmutter einer irdischen Frau beauftragt. Der ritt auf einem prächtigen »Pfau« zur Erde hernieder, wo er in der Stadt Kundagrama auf Devananda stieß, eine zu dieser Zeit schwangere Brahmanin. Ohne zu zögern, traf er seine Vorbereitungen für den Eingriff.

»Er legte sie in tiefen Schlaf, aber ihre Augen waren offen, und er tat es ihr ohne Schmerzen, denn sie befand sich in einem Zustand des Traumes«, heißt es da. Eingriffe unter lokaler Anästhesie in heutiger Zeit ließen sich auch nicht treffender beschreiben. Mit den Worten, »möge die Erhabene mir erlauben«, nahm Harinaigamesin die Leibesfrucht aus dem Bauche Devanandas und setzte stattdessen den Embryo des Gottes Mahavira ein. Nach getanem Werk flog er in den Himmel zurück und erstattete der dort versammelten Götterrunde ausführlich Bericht.

Diesen kam jedoch – o Schreck! – die plötzliche Erkenntnis, dass ein Gott nur von einer Königin geboren werden könne. Doch die jetzige Leihmutter gehörte nur der Priesterkaste an. Harinaigamesin blieb deshalb nichts anderes übrig, als noch einmal zur Erde herniederzufahren. Dort traf er die Königin Trisala, die sich – was für ein Zufall! – im selben Stadium der

Schwangerschaft befand wie Devananda. Der Reisende in Sachen komplizierter chirurgischer Eingriffe tauschte nun die Embryonen der beiden Frauen untereinander aus und entschwand wieder in seine himmlischen Gefilde. Zum Glück verstand er sein Handwerk, denn nach der komplikationslos verlaufenen Austauschaktion kam Trisala im Jahre 549 v. Chr. mit einem gesunden Sohn nieder. Dieser sollte später, wie in der göttlichen Runde besprochen, unter dem Namen Mahavira die Jaina-Religion begründen.[167]

Im Schutz der Nacht

Spontan fällt mir hier noch ein in den Traditionen zahlreicher Völker verwurzeltes Element ein, das verblüffend dem Embryonendiebstahl beim Entführungsphänomen gleicht. Die Rede ist vom sogenannten Wechselbalg. Damit bezeichnet der Volksglaube ein kränkliches, nicht selten missgestaltetes Kind, welches der Wöchnerin durch Zwerge, Feen oder Kobolde anstelle des eigenen untergeschoben wird.[1] In vielen Fällen bleibt das leibliche Kind für immer verschwunden.

Für unsere Vorfahren waren Götter, die aus dem Himmel kamen und ihnen Besuche abstatteten, keine abwegige Vorstellung. Und im Mittelalter nahm man Entführungen viel selbstverständlicher hin als wir im 21. Jahrhundert. Damals waren es Kobolde, Elfen oder Feen, die sich – siehe das Beispiel vom Wechselbalg – die Menschen schnappten. Heute sind es die »kleinen Grauen«. Aller Ungewissheit zum Trotz kann man wohl eines sagen: Das Phänomen sowie dessen Protagonisten waren dieselben. Einzig die Sprache hat eine Wandlung erfahren und erlaubt es uns heute auch, die Verantwortlichen beim Namen zu nennen.

Möglicherweise sind die Entführungen mit all ihren Facetten noch nicht einmal das Schlimmste an der Sache. Schwerer dürfte wiegen, dass das Problem noch immer geleugnet, ins Lächerliche gezogen und unter den Teppich gekehrt wird. Löbliche Ausnahmen bestätigen inzwischen die Regel.

Die Verschleierer aber und die Hardliner unter den Skeptikern, sie arbeiten den Fremden buchstäblich in die Hände. Während Humbug und psychologische Unregelmäßigkeiten die Hitliste der »natürlichen Erklärungen« anführen, können die ungebetenen Besucher operieren, wie es ihnen gefällt. Noch immer spazieren sie – meist im Schutz der Nacht – völlig ungeniert in die Wohnungen ahnungsloser Bürger und verschleppen diese aus ihrer gewohnten Umgebung.[153,155,159] Sie haben auch nichts zu befürchten, denn offiziell gibt es sie nicht.

Für jemanden, der nicht existiert, agieren sie umso folgenreicher. Und dies so konsequent, dass man nur den Schluss ziehen kann, dass sie sich im Recht wähnen mit ihren Taten. Darum wird es Zeit, Fragen nach dem Sinn und Zweck ihres Handelns zu stellen. Und woher sie das Recht zu nehmen glauben, so handeln zu dürfen, wie es ihnen beliebt.

10 »Alte Rechte«, oder:
Der Sinn hinter der Maske des Absurden

Am 18. März 1978 wurde der damals 30-jährige LKW-Fahrer William J. Herrmann unweit seines Hauses in Charleston (South Carolina) entführt und an Bord eines UFOs gebracht. Was er hierüber später zu berichten wusste, stärkt die Vermutung, dass es Verbindungen gibt zwischen jenen kleinwüchsigen Entführern und den als göttlich empfundenen Wesen, deren unübersehbare Spuren sich einem roten Faden gleich durch unsere Geschichte wie auch durch die Mythen aller Völker ziehen.

Was war geschehen? William Herrmann begegnete einem silbrig glänzenden, leuchtenden Objekt, dessen Durchmesser er auf etwa 20 bis 25 Meter schätzte. Dann verlor er das Bewusstsein. Das Nächste, an das er sich erinnern konnte, war eine Art Liege, auf der er sich ausgestreckt fand. Um ihn herum schien alles in ein rötliches Licht getaucht, und anfangs wusste er nicht, wo er sich befand. Plötzlich gewahrte er drei Gestalten von nur etwa 1,50 Meter Größe, die mit overallartigen Monturen bekleidet waren. Ihre Gesichter wirkten ausgesprochen asiatisch. Und sie hatten riesige Köpfe, starrten ihr Opfer mit runden schwarzen Augen an. Unter ihrer nur durch zwei Löcher angedeuteten Nase befand sich der sehr kleine schmallippige Mund. Und wie bereits aus zahllosen Fällen bekannt, besaßen die Fremden keine Kopfhaare und weder Augenbrauen noch Wimpern.

Das Merkwürdigste aber war eine Art Emblem, das sie auf ihren Uniformen trugen. Auf der linken Brustseite jedes Overalls prangte ein metallisch glänzender Schild. Hierauf wiederum ein geflügelter Drache als Symbol.[87,168]

Ich habe es bereits an früherer Stelle erwähnt: In der altchinesischen Mythologie brachte der metallisch glänzende, Feuer speiende Drache die legendären Urkaiser zur Erde herab. Und zwar nicht aus irgendeinem ominösen, religiös interpretierbaren Himmel, sondern aus den Tiefen des Weltalls![74]

Merken wir uns diese Details für den Moment. Gut möglich, dass sie uns auf eine vielversprechende Spur führen bei unserem Versuch, hinter den Absurditäten des Entführungsphänomens auf Sinn, Zweck und vor allem Rechtfertigung zu stoßen.

Archetypische Erfahrung

Die nach wie vor undurchsichtige wie ungelöste Angelegenheit ins Reich des Obskuren, der Träume und der notorischen Schwindeleien zu verbannen muss zwangsläufig in der Sackgasse enden. Angesichts des immer erdrückender werdenden Beweismaterials ist es nicht länger zu verantworten, die Augen vor offensichtlichen Tatsachen zu verschließen. Als Allegorie auf eine so kurzsichtige Verhaltensweise skizzierte der amerikanische Querdenker Charles H. Fort (1874–1932) einst seinen Nachtwächter. Ursprünglich auf die Astronomie gemünzt, bin ich mir aber sicher, dass sie grundsätzlich auf den gesamten wissenschaftlichen »Mainstream« passt.

Der Nachtwächter bewacht ein halbes Dutzend roter Lampen in einer abgesperrten Straße. In dem Viertel gibt es Gasbrenner, Stehlampen und hell erleuchtete Fenster. Man reibt Streichhölzer an, setzt Öfen in Brand, und ein Gebäude steht gar in hellen Flammen. Neonlichter und Autoscheinwerfer blitzen auf. Und was macht unser Nachtwächter? Der kümmert sich einzig und allein um seine sechs roten Lampen.[105] Wie Vogel Strauß den Kopf in den Sand zu stecken wird uns keinen Millimeter weiterbringen bei der Lösung eines Problems, das uns alle ohne Warnung betreffen kann. Es ist zugegebenermaßen eine mehr als unbefriedigende Situation, nach zahllosen und hervorragend dokumentierten Entführungsfällen einem grundlegenden Verständnis noch keinen echten Schritt näher gekommen zu sein. Geschweige denn der Entwirrung des Rätsels. Ist die Botschaft vielleicht so simpel wie »Wir sind hier! Bereitet euch vor!«?[169] In ähnlicher Weise äußerte sich auch der bereits zitierte Whitley Strieber. Er hält es für möglich, dass hinter den Entführungen wesentlich mehr stecken könnte, als Religionen, Wissenschaften oder Regierungen für sich beanspruchen mögen: »Es scheint, als würden wir die wichtigste archetypische Erfahrung unseres Zeitalters nicht zur Kenntnis nehmen wollen. Ist das der Grund, warum die Besucher körperliche Gestalt annehmen und dann nachts die Leute aus den Betten zerren, damit wir uns endlich diesen Phänomenen zuwenden?«[141] Geradezu philosophisch nehmen sich Dr. John Macks Überlegungen aus, der in dem ganzen Entführungsphänomen eine echte Chance auf Einblicke in die wirkliche Natur unseres Universums sieht: »Diese Intelligenz, die hier zu arbeiten scheint, (…) ist subtiler, und ihre Methode besteht darin, uns einzuladen, uns zu erinnern, unsere Kultur von unten nach oben sowie von oben nach unten zu durchströmen und unser Bewusstsein in einer Weise zu öffnen, die eine Schlussfolgerung vermeidet, damit es sich von den Einschränkungen befreien kann, welche wir üblicherweise brauchen. Die Intelligenz bietet genügend Beweise an, dass etwas grundlegend Wichtiges im Gange ist, aber sie bietet nicht die Art von Beweis, welche eine ausschließlich auf Erfahrung begründete, rationale Art des Wissens befriedigen würde. Sie überlässt es uns, die Realität des Phänomens zu erfassen, einen Schritt dorthin zu tun und zu würdigen, dass wir in einem Universum leben, das anders als das ist, an das zu glauben man uns gelehrt hat.«[119] Bestimmt steckt in jeder dieser Einschätzungen mehr als nur das sprichwörtliche Körnchen Wahrheit. Ich möchte eine Überlegung daran anschließen, die uns zurück zu unseren Uranfängen führt. Und die möglicherweise als schlüssige Erklärung für die nachgerade ungeheuerliche Selbstverständlichkeit dienen kann, mit der die Fremden ihre Eingriffe massenhaft durchführen.

Schöpfung im Genlabor

Alle Religionen rund um unseren Globus stimmen im Grunde in einer Kernaussage überein: Die Götter schufen den Menschen genau nach ihrem Ebenbild. Steinalte Mythen und Überlieferungen werden gleichfalls nicht müde, die menschliche Spezies als Abkömmlinge der Götter oder, was speziell das alte Reich der Mitte angeht, der »Himmelssöhne« zu bezeichnen. Auch der Gott der Bibel macht da keine Ausnahme: »Und Gott sprach: ›Lasset uns Menschen machen, ein Bild, das uns gleich sei, die da herrschen über die Fische im Meer und über die Vögel unter dem Himmel und über das Vieh und über alle Tiere des Feldes und über alles Gewürm, das auf Erden kriecht.‹« (1. Buch Mose, Kap. 1, Vers 26)[134]

Warum indessen der Gott einer monotheistischen Weltreligion sich hier im Plural auszudrücken beliebt, ist nur einer von ungezählten Widersprüchen, welche auf das Eingreifen fremder Intelligenzen hinweisen. Oder hätte der allmächtige und allwissende Gott es nötig, einen Stab von Mitarbeitern zu beschäftigen?

Auch aus Südamerika kennen wir entsprechende Schöpfungsmythen. Etwa aus Guayana. Im Bergland von Acari an der Grenze Guayanas zu seinem großen Nachbarn Brasilien entspringt der Rio Trompetas. Der mündet schon nach 500 Kilometern in den Amazonas. Die Schöpfungsmythen der an den Ufern des Trompetas ansässigen Indianer erzählen von dem Götterpaar Pura und Mura. Als Schöpfer der Welt besaßen sie weder Eltern noch Frauen. Es waren kleine Wesen (!), die nicht sterben mussten, da sie sich wie die Schlangen und manche Insekten häuten konnten.

Pura und Mura erschufen die Menschen – in dieser Geschichte wurden sie aus Holz geschnitzt – und brachten ihren Geschöpfen auch die Kultur. Nach getaner Arbeit verließen sie diesen Planeten: Sie kehrten wieder in den Himmel zurück.[170]

Oder nehmen wir die Erschaffung des Menschen im *Popol Vuh*, dem heiligen Buch der Quiche-Maya. Es gehört zu den ganz wenigen Schriftzeugnissen, die das sinnlose Wüten der christlichen Missionare überlebten, als diese auf brachiale Weise die Urbevölkerung davon »überzeugten«, dass der christliche Glaube die allein selig machende Wahrheit sei.

Das *Popol Vuh* wurde 1530 in die lateinische Sprache übertragen und existiert, soweit bekannt, erstmalig seit dieser Zeit in Schriftform. Man kennt mehrere Versionen mit leicht unterschiedlicher Akzentuierung.[171] Auch in dieser Schöpfungsgeschichte geht die Erschaffung der Menschheit durch Experimente der »Götter« vor sich, von denen zuvor allerdings einige missglückt waren.

Dass sich das Prozedere vom altbekannten, natürlichen Verfahren deutlich unterschied, streicht die Überlieferung explizit heraus: »Dies sind die Namen der ersten Menschen, die erbaut, erschaffen wurden: Der erste Mensch, dieser war Balamquitze, der zweite dann Balamacab, der dritte dann Mahucutah, der vierte endlich Iquibalam; dies sind also die Namen unserer ers-

ten Ahnen. Nur Gebautes, nur Geschöpfe wurden sie genannt; sie haben keine Mutter, keinen Vater, und nur Edle können wir sie nennen. Keine Weiber haben sie geboren, und sie wurden auch nicht als Söhne gezeugt, von der Meisterin des Bauens und vom Meister des Erschaffens, von der Gebärerin und dem Söhne-Erzeuger. Sondern ein Wunder war es, dass sie erbaut wurden, dass sie erschaffen wurden. Ein Zauber, gewirkt von der Erbauerin und dem Schöpfer, von der Gebärerin und dem Söhne-Erzeuger, ja von der Mächtigen und von Kukumaz.«[172]
Dass der Mensch ein Kreuzungsprodukt, ein Hybride mit Genen von sowohl außerirdischer wie irdischer Herkunft sei, weiß eine andere Stelle des *Popol Vuh* zu betonen: »So wurden geschaffen und geformt unsere Ahnen, unsere Väter. Vom Herzen des Himmels, vom Herzen der Erde.«[172]
Den wohl spannendsten Schöpfungsmythos, der auf gentechnische Eingriffe außerirdischer Intelligenzen hinweist, fand man bei den alten Sumerern. Samuel N. Kramer (1897–1990), ein amerikanischer Sumerologe, übersetzte sein Leben lang Keilschrifttafeln aus dem mesopotamischen Raum. Eins der auf Ton verewigten Dokumente passt geradezu perfekt in diesen Kontext: »In jenen Tagen, in der Schöpfungskammer der Götter, in ihrem Duku, wurden Lahar und Aschnan geformt (…). In jenen Tagen sagte Enki (einer der Schöpfergötter) zu Enlil (göttlicher Beherrscher des Luftraumes): ›Vater Enlil, Lahar und Aschnan, sie, die im Duku erschaffen worden sind, lassen wir sie aus dem Duku hinabsteigen.‹«[173]
Was um alles in der Welt sollen wir unter jener Schöpfungskammer mit Namen »Duku« verstehen? War es ein gentechnisches Labor, in dem die entsprechenden Manipulationen am Erbgut der künftigen Menschheit vorgenommen wurden? Wo befand sich diese mysteriöse Einrichtung? Stand das »Duku« auf der Erde, oder kreiste es als Raumstation im Orbit? Für diese Annahme würde die Aufforderung sprechen, dass die

von den Göttern geformten Aschnan und Lahar aus dem »Duku« hinabsteigen sollten.

Ich denke, die Erschaffung des Homo sapiens durch nicht von dieser Welt stammende Intelligenzen habe ich nun mit einer erklecklichen Anzahl Beispiele aus aller Welt dokumentiert. Wer es noch ein Stück genauer wissen will, kann in meinem Buch *Götterbotschaft in den Genen* weiterlesen.[162]

Besitztum oder Verzweiflung?

Gehen wir also einen Schritt weiter und setzen einmal rein hypothetisch voraus, dass es sich bei den Protagonisten heutiger Entführungen um Nachfahren der Götter-Astronauten handelt, die durch ihre hoch entwickelte Gentechnik den Homo sapiens erschufen. Leiten sie vielleicht daraus ein höchst zweifelhaftes Recht ab, mit ihren Opfern in dieser oft menschenverachtenden Weise umzugehen, wie sie in mittlerweile Tausenden Protokollen von Hypnoserückführungen beschrieben wurden? Vielleicht machen sie dann nur an einem Punkt weiter, an dem die alten »Götter« seinerzeit aufgehört hatten.

Eine große Anzahl entführter Personen konnte ihre Verwunderung nicht zurückhalten, mit welch unverfrorener Selbstverständlichkeit die Eingriffe durchgeführt wurden. Den Opfern drängte sich der Eindruck auf, als würden die Fremden eine Art »Besitzrecht« ausüben. Whitley Strieber resümierte:

»Mir fiel mein Protest ein, als sie mir versicherten, dass die Operation keinen Schmerz verursachen würde. Das Gefühl der Hilflosigkeit war schwer zu ertragen. ›Ihr habt kein Recht dazu‹, hatte ich gesagt. ›Wir haben das Recht.‹ Vier große Worte. Niederschmetternde Worte. Wir haben das Recht. Wer gab es ihnen? Mit welcher ethischen Begründung? Ich fragte

mich, ob sie es manchmal hinterfragten oder ob es vollkommen selbstverständlich für sie war.«
»Vielleicht stammte dies Recht aus einer anderen Richtung, als man annehmen würde. Wenn sie ein Teil von uns waren, haben wir es ihnen vielleicht selbst gewährt.«
»Wenn es aber wirklich Besucher sind, dann wollte ich die moralische Begründung ihres ›Rechts‹ wissen. Wir selbst stellen allerdings unsere Rechte über andere Geschöpfe auf dieser Erde kaum je infrage. Es war schon merkwürdig, sich plötzlich jener Macht ausgesetzt zu sehen, die wir selbst ohne Weiteres Tieren gegenüber auszuüben pflegen.«[141]
Ein Entführungsopfer, das sich ebenfalls dem Forscher Budd Hopkins anvertraut hatte, brachte das Problem treffend auf den Punkt: »Für wen, verdammt noch mal, halten die sich eigentlich, dass sie mit uns machen können, was sie wollen, so als ob wir überhaupt nichts wären.«[155]
Die Wahrheit ist bitter: Ganz offensichtlich sehen es diese Fremden als ihr gutes Recht an, mit einer Selbstverständlichkeit ohnegleichen wie auch mit eiskalter Präzision, ihre medizinischen und gynäkologischen Eingriffe an uns zu exerzieren.

- Ist es das Recht des Stärkeren?
- Ist es das Recht des »Besitzers«?
- Ist es vielleicht das Recht, das einer heftigen Verzweiflung innewohnt?

Jene albtraumhaften Geschöpfe sind uns höchstwahrscheinlich auf vielen Gebieten, vor allem technisch, haushoch überlegen. Man kann also davon ausgehen, dass sie sich als die Stärkeren fühlen und ihre Überlegenheit uns gegenüber bedenkenlos ausspielen. Ihr Verhalten ist ohne Abstriche auch auf die Ausübung einer Art »Besitzrecht« anwendbar, sind in ihren schwarzen, mandelförmigen Augen doch die Belange ihrer Opfer scheinbar nebensächlich. Was könnte aber hinter der dritten Alternative stecken? Wäre es denkbar, dass die Fremden aus einer echten Notsituation heraus agieren? In *Götterbotschaft in den Genen*, das die genetischen Manipulationen der alten »Götter« an unserem Erbgut zum Inhalt hat, brachte ich folgenden völlig neuen Gedankengang in die Diskussion ein. Eine selber vom Entführungssyndrom Betroffene konfrontierte mich schon vor ein paar Jahren mit einer etwas seltsam klingenden Behauptung: Bei Kindern, die an der äußerst seltenen Krankheit Progerie leiden, handle es sich um Hybriden, die – anstatt nach etwa zwölf Wochen im Verlaufe einer weiteren Entführung wieder entnommen zu werden – wie ein ganz normaler menschlicher Fötus volle neun Monate ausgetragen worden sind.[162]

Verblüffend gleiche Erscheinungsbilder

Diese zum Glück extrem seltene, auf einem Gendefekt basierende Krankheit ist in der Medizin als *Hutchinson-Gilford-Syndrom* bekannt. Sie führt zu einer bereits im Kindesalter beginnenden und buchstäblich wie im Zeitraffer fortschreitenden Vergreisung. Die statistische Wahrscheinlichkeit dafür, dass ein Kind mit Progerie zur Welt kommt, liegt bei 1:800 000. Insgesamt soll es derzeit weltweit etwa 40 Kinder mit diesem Defekt geben, der ihnen eine durchschnittliche Lebensdauer von nur 14 Jahren ermöglicht. Ein Kind mit Hutchinson-Gilford-Syndrom erblickt ohne erkennbare Abnormitäten das Licht der Welt. Im Alter zwischen sechs und zwölf Monaten treten dann die ersten Symptome auf. In der Regel sind dies Haarausfall und Arterienverkalkung, Osteoporose und eine Verzögerung des Wachstums, bis Letzteres mit ungefähr drei Jahren vollkommen zum Erliegen kommt. Auch die Form und die Proportionen des Schädels weichen markant von denen gesunder Kinder ab.[174]

Als Ursache wird heute eine »spontane Mutation« im Lamin-A-Gen angenommen, das unter anderem auch für die Aktivierung anderer Gene verantwortlich ist. Ein sogenannter Gendefekt also – aber was sagt dieser Terminus schon konkret aus? Wäre es möglich, dass es bei der Hybridisierung zweier unterschiedlicher Spezies – und genau darum geht es ja letztlich bei dem ganzen Entführungs- und Fremdbefruchtungsszenario – zu fehlerhaften Sequenzen im »genetischen Code« kommt? Lassen sich besagte Defekte auf eine mangelnde Kompatibilität der Gene unterschiedlicher Arten zurückführen?

Ausgehend von den Anregungen meiner Informantin habe ich – was bis dato noch nie ausreichend berücksichtigt wurde – einige Vergleiche angestellt. Und zwar zwischen den Erscheinungsbildern der viel zitierten »kleinen Grauen« und den bedauernswerten Kindern, deren Lebensspanne durch die grausame Diagnose Progerie meist schon vor Erreichen der Pubertät ihrem Ende zustrebt. Und ich bin auf einige wirklich verblüffende Übereinstimmungen gestoßen.

1. Hutchinson-Gilford-Patienten besitzen meistens übergroße Köpfe, bei denen der Gehirnschädel im Vergleich zum Gesichtsschädel deutlich überproportioniert ist. Dagegen sind die Nasen sehr klein und schmal, was auch für die Ohrläppchen gilt, die mitunter zur Gänze fehlen.[175] Hier liegt eine völlige Übereinstimmung in der Kopfform sowie weitgehend bei der Nase vor, während in den Beschreibungen der »Little Greys« außen liegende Ohren so gut wie gar nicht vorkommen.

2. Genauso ausgeprägt sind die Übereinstimmungen beim Größenwachstum. Die durchschnittliche Körpergröße der Grauen wird mit etwa 1,20 Meter angegeben, was wiederum

ziemlich exakt der maximal erreichbaren Größe der Kinder mit Progerie entspricht. Und auch im Gewicht, das in beiden Fällen um die 20 Kilogramm beträgt, herrscht auffallende Übereinstimmung.[176]

3. Das Erscheinungsbild der Kinder vermittelt einen dünnen, ausgesprochen zerbrechlichen Eindruck, was besonders auf Arme und Beine zutrifft.[175,177] In einem von Budd Hopkins ausführlich dokumentierten Fall beschrieb der Entführte die Beine der Aliens wie folgt: »Magere Knöchel und Beine, nur wie mit einer Haut überzogen. (…) Ihre dünnen Knochen waren mit weißem, wie Marshmallows aussehendem Fleisch bedeckt.«[161]

4. Auch die Tatsache, dass die Haut der so rasch Gealterten trocken und runzelig aussieht wie bei Greisen, deckt sich mit den Beschreibungen der »Little Greys«. Kinder mit Progerie besitzen oft so gut wie keine Körperbehaarung und keine Wimpern und Augenbrauen. Entführte berichteten auch diese Einzelheiten über die offenbar nicht von dieser Welt stammenden Wesen.

Für mich sind das zu viele Punkte, um sie wieder einmal dem viel zu oft strapazierten Zufall in die Schuhe zu schieben![178]

Dramatische Konsequenzen

Angesichts dieser frappierenden Übereinstimmungen halte ich die Frage durchaus für legitim, ob die kleinwüchsigen Geschöpfe womöglich kollektiv unter Progerie leiden. Und das in einer weit schlimmeren Form, als wir sie von der im Vergleich geringen Anzahl an Fällen aus der ganzen Welt kennen. Die Konsequenzen hieraus aber wären absolut dramatisch: Eine steinalte Spezies würde verzweifelt um ihr Überleben kämpfen!

Sie wäre akut vom Aussterben bedroht, da die Nachkommen schon im Jugendalter dem Tode geweiht sind. Möglicherweise erlitten die Fremden degenerative Veränderungen, durch die sich ihre DNS-Replikation, also die Weitergabe des Erbgutes von einer Generation zur nächsten, fortlaufend verschlechterte. Dieses Szenario einmal vorausgesetzt, wären sie längst unfruchtbar geworden und könnten sich allenfalls durch Klonen fortpflanzen. Was deren Krankheit wiederum zu 100 Prozent weitergeben würde.[162]

Auch für uns wären die Konsequenzen dramatisch. Sollten ihre nächtlichen Beutezüge de facto eine Art Notwehr darstellen, wären wir moralisch dazu verpflichtet, ihnen die Hilfe zu gewähren, auf die sie dringend angewiesen sind? Wie es aussieht, nehmen sie sich, was sie brauchen, ohne lange nachzufragen, ob es uns passt oder nicht.

»Wir haben das Recht.«

Mir ist vollkommen klar, dass ich mit solchen Gedanken keineswegs nur auf freudige Zustimmung stoßen werde. Vom wissenschaftlichen »Mainstream« wird das Entführungsphänomen und das darin eingebundene Hybridisierungsprogramm vehement geleugnet. Was die bedauernswerten Progerie-Kinder betrifft, werden allen voran die permanent Betroffenheit heuchelnden, der schmutzigen Ideologie der »Political Correctness« verhafteten Gutmenschen heftig aufschreien. Hat man doch wieder einmal eines jener Denkverbote verletzt, welche von dieser unseligen Gruppierung wie Fettnäpfe in der Landschaft verteilt wurden.

Sollte tatsächlich eine außerirdische Rasse darauf angewiesen sein, eine Art »Gen-Auffrischung« von den Menschen zu bekommen, dann wird auch schlagartig klar, warum es den Fremden nicht genügt, ihren Wissensdurst an ein paar Exemplaren unserer Spezies zu stillen. Da kommt ein Programm zum Einsatz, welches über Generationen läuft – was auch zu der Beobachtung passen würde, dass die Kinder von Entführten ebenfalls in den Fängen der Aliens landen. Trotzdem wäre es in diesem Fall fairer, das Ganze nicht in aller Heimlichkeit durchzuführen, sondern offen um Hilfe zu bitten. Oder ist dies – im Geheimen – schon längst geschehen, und die Regierungen der wichtigsten Nationen dieser Welt wissen Bescheid, wie uns manche Verschwörungstheoretiker immer wieder glauben machen wollen? Ein böser »Deal« ...

Die Zeichen stehen günstig

Gesetzt den Fall, der Mensch wurde tatsächlich durch außerirdische Gentechnik in grauer Vorzeit aus einem affenähnlichen Hominidenstamm geschaffen: Wer kann schon mit Gewissheit sagen, ob »sie« mit ihrer Schöpfung schon fertig sind? Haben sie vor Urzeiten – als Angehörige einer weit entwickelten Zivilisation sahen sie dieses Problem irgendwann auf sich zukommen – in der ganzen Galaxis »Genpools« hinterlassen, derer sie sich im Fall der Fälle bedienen könnten? Dann wären wir nur eine unter vielen Erden im weiten All, deren beherrschende Spezies buchstäblich »von außen gestartet« wurde. Folglich stünden ganz andere Intentionen am Anfang unseres Weges, nämlich die breit angelegte Schaffung von Ressourcen, die unbegrenzten Zugriff auf verwandtes genetisches »Material« garantieren würde.[178]

Vielleicht betrifft es auch uns. Der 2004 aus dem Leben gerissene Dr. John Mack hat diese Option ebenfalls bedacht: »Wir haben nur ein skizzenhaftes Wissen darüber, was es mit dem Hybrid-›Programm‹, das scheinbar das Zentrum der Entführungsphänomene bildet, wirklich auf sich hat. Dennoch ist mein Gesamteindruck der, dass der Entführungsprozess nicht böse ist und dass die arbeitenden Intelligenzen uns keinen

Schaden zufügen wollen. Ich habe vielmehr das Gefühl (...), dass es bei diesem Entführungsphänomen im Kern sogar um die Erhaltung des Lebens auf der Erde geht, in einer Zeit, in der das Leben auf unserem Planeten grundlegend bedroht ist.«[119] Dann vielleicht doch ein Geben und Nehmen?

Die Fragen und Spekulationen, Dispute und nicht selten wild ins Kraut schießenden Fantasien werden erst ein Ende finden, wenn die hinter den schillernden Facetten des UFO-Phänomens stehende Intelligenz endlich ihre Maske fallen lässt. Das vorgeblich Absurde aufklärt. Die Zeit wäre überfällig, und die Zeichen stehen günstig.

Seit ein paar Jahren haben etliche Staaten – darunter Russland, Frankreich, Dänemark und andere – sich dazu entschlossen, ihre UFO-Akten freizugeben. »Glasnost« in der UFO-Forschung und (hoffentlich) ein Ende der Geheimniskrämerei.[121] Beinahe täglich entdeckt man in fernen Sonnensystemen neue Planeten, die dort ihr Zentralgestirn umrunden und aller Wahrscheinlichkeit nach beste Voraussetzungen für organisches, wenn nicht gar intelligentes Leben bieten. Die noch aus dem finstersten Mittelalter stammende Lehrmeinung, unsere Erde sei *die* große Ausnahme im All, zerbröckelt förmlich. Das Gegenteil setzt sich durch: Astronomen und Astrophysiker gewinnen zunehmend die Überzeugung, dass wir in einem Universum leben, wo es vor lauter Leben nur so wimmelt.[179] Und selbst die katholische Amtskirche in Rom, von jeher ein Hort erzkonservativen Gedankentums, beeilt sich zusehends, andere Töne anzuschlagen. Monsignore Corrado Balducci, studierter Theologe und Vatikan-Insider, war bereits wiederholte Male im italienischen Fernsehen eingeladen, um dort seine Ansichten zum Thema Außerirdische zum Ausdruck zu bringen. Er betonte in diesem Zusammenhang, dass Kontakte zu extraterrestrischen Intelligenzen für ihn absolute Realität seien und dass es sich hierbei keinesfalls um Einbildung handle.[180]

Wie schon gesagt, die Zeichen der Zeit stehen so günstig wie kaum je zuvor in unserer Geschichte.

Von Angesicht zu Angesicht

Warum fand indes noch immer kein offizieller Kontakt statt, und warum ziehen »sie« es noch immer vor, im Schutze der Nacht zu agieren? Darüber haben sich schon viele kluge Köpfe dieselben zerbrochen und Hypothesen über mögliche Denkweisen, Strategien und Motivationen der Aliens aufgestellt. James Deardorff, vormals Professor für Physik und Atmosphärenphysik an der Oregon State University, ging in seiner »Leaky-Embargo-Hypothese« davon aus, dass uns wohlgesinnte, außerirdische Intelligenzen unseren Planeten in einer Art Quarantäne halten. Alle ihre Aktivitäten würden sich darauf beschränken, unsere gewissermaßen noch in den Kinderschuhen steckende Zivilisation zu beobachten, bis wir bewiesen haben, dass wir sowohl untereinander als später auch mit Außerirdischen umzugehen vermögen. Die Unfähigkeit hierzu würde sich am deutlichsten zeigen, wenn sich unsere Zivilisation selbst auslöschte.[181]
Doch das Embargo wäre durchlässig. Zuweilen könnten Einzelpersonen oder Gruppen mit der hoch entwickelten Alien-Technologie in Kontakt kommen. Teil der Strategie wäre, so Deardorff, sich ab und an zu zeigen, ohne Beweise ihrer Präsenz zu hinterlassen. Ein abruptes Auftauchen würde der Öffentlichkeit einen riesigen Kulturschock versetzen. Was geschehen würde, wenn ein UFO auf der grünen Wiese vor dem Weißen Haus in Washington – oder auf dem Roten Platz in Moskau – landete, das habe ich bereits wiederholt erläutert.[121,162]
Auf diese Strategie hin würde den Außerirdischen weder Politik noch wissenschaftlicher »Mainstream« Aufmerksamkeit

schenken – und nur mit Ablehnung reagieren. Steter Tropfen höhlt jedoch den Stein, vor allem, wenn das »Katz-und-Maus-Spiel« über Generationen andauert. Informationen, die ausgewählten Kontaktpersonen mitgeteilt würden, wären versehen mit gezielt hinzugefügten Absurditäten und obskuren Botschaften. Die Handlungsweise der Fremden wäre ebenso absurd, wenn diese gelegentlich in Aktion träten. Ernsthafte Forscher würden sich weigern, auch nur ein Minimum an Zeit für das Thema zu opfern.

Was bringt diese Vorgehensweise? Ganz behutsam würde eine Infiltration und ein langsamer Sinneswandel erfolgen, was zu einer Kontaktaufnahme ohne negative Folgen führen könnte.[181]

Eine noch subtilere Sichtweise bietet die »Mimikry-Hypothese«, die Dr. Johannes Fiebag (1956–1999) in den Themenkomplex eingebracht hat. Sie basiert auf der plausiblen Annahme, dass eine außerirdische Intelligenz mit der Fähigkeit zu interstellarer Weltraumfahrt einen derart hohen technologischen (»magischen«) »Standard« erreicht hat, dass sie ihr Auftreten dem jeweiligen intellektuellen Niveau der Menschen unterschiedlicher Kulturen und Epochen anpassen kann.

Das Verhalten der Außerirdischen würde also exakt dem Mimikry-Verhalten bestimmter Tiere entsprechen, die sich ihrer Umgebung optimal tarnend anpassen.[153,182]

Konfrontationen mit derart überlegenen Intelligenzen würden sich logischerweise an der Notwendigkeit orientieren, dass die Menschen einer jeweiligen Epoche die Begegnungen auch stets ihrem aktuellen Erlebnishorizont zuordnen können. Die dabei vorgeführten technischen Raffinessen müssen gerade noch sinnvoll interpretierbar bleiben. Die Deutung kann sich über die Zeiten ändern, die Ursache wird immer die gleiche sein.

Ein Beispiel: Was für die Bewohner des alten Reiches der Mitte oder im Lande der aufgehenden Sonne fliegende, Feuer speiende Drachen waren, kann heute dank unserer eigenen Fortschritte in der Raumfahrt mit wenig Fantasie als Errungenschaften einer Technologie erkannt werden, die für uns noch in der Zukunft liegt.

Wann »sie« sich uns endlich in aller Offenheit präsentieren werden, steht im wahrsten Sinn des Wortes noch in den Sternen. Dies kann schon morgen sein, oder wir müssen uns noch ein paar Jährchen gedulden. Wir werden sehen, dass wir mehr Ähnlichkeiten mit ihnen teilen, als wir denken – trotz der wohl ungeheuren zeitlichen Spanne, die uns in Sachen Entwicklung voneinander trennen mag. Wenn sie uns schließlich für reif und würdig erachten, mit ihnen auf derselben Ebene zu kommunizieren, so werden sie uns das sicher wissen lassen.

Der englische Historiker und Theologe an der Universität Oxford Clive Staples Lewis (1898–1963) brachte diese Überlegungen ungemein treffend auf den Punkt: »Die Götter werden mit uns erst dann von Angesicht zu Angesicht sprechen, wenn wir selbst ein Gesicht haben.«

Begriffserklärungen

Abductions. Im englisch-amerikanischen Sprachgebrauch die allgemeine Bezeichnung für Entführungen; seit einigen Jahren vornehmlich für Entführungen durch mutmaßlich außerirdische Wesen verwendet. → Unheimliche Begegnungen der 4. Art

Altaigebirge. Großräumiges Hochgebirgssystem in Asien, das in den russischen, den mongolischen und den Gobi-Altai gegliedert ist. Das sehr alte Gebirge stammt zum Teil noch aus dem Paläozoikum (Erdaltertum) und nimmt in etwa eine Fläche von 800 000 Quadratkilometern ein.

Atacama. Wüstenregion im nördlichen Chile, welche sich entlang der Andenkette und dem Pazifischen Ozean erstreckt. Die Atacama-Wüste ist eine Salzwüste; es werden dort neben Salpeter und Borax auch Kupfer, Silber und Eisen abgebaut. Der einzig interessante Ort in der Atacama-Wüste für die → Paläo-SETI-Forschung ist San Pedro de Atacama, in dessen archäologischem Museum sich neben Tausenden von teils deformierten Schädeln eine astronautenähnliche Figur unbekannten Alters befindet.

Autonome Regionen. Die Volksrepublik China umfasst neben ihren 22 Provinzen (Taiwan eingeschlossen) fünf »Autonome Regionen«. Diese sind vorwiegend von nationalen Minderheiten bewohnte Gebiete mit provinzähnlichem Status. Neben Tibet (Autonome Region Xizang) gibt es noch die A.R. Xinjiang, Ningxia, Guangxi sowie Innere Mongolei.

Cargo-Kulte (von der englischen Bezeichnung für Ware, Fracht). Weltweit anzutreffende, jedoch besonders häufig im asiatisch-pazifischen Raum beobachtete Handlungsmuster eingeborener Populationen nach ihrer ersten Begegnung mit Vertretern höher technisierter Kulturen. In den 1940er-Jahren waren dies vorwiegend Kontakte mit Truppenteilen der alliierten Kriegsparteien im Zweiten Weltkrieg. Dies führte dazu, dass – zum Beispiel in Neuguinea – die teilweise noch auf der Stufe von Steinzeitmenschen stehenden Eingeborenen die Fremden imitierten. Sie bauten die Ausrüstung der Soldaten, beispielsweise Funkanlagen, Antennen und sogar Flugzeuge, aus Stroh und Holz nach. Ethnologen belegten dies eindrucksvoll mit Filmaufnahmen und Fotos. Ziel der Handlungen war, dass auch der ansässigen Bevölkerung das Cargo, die Reichtümer der Fremden, zuteil würde.

Wenn nun unsere Vorfahren in grauer Vorzeit mögliche Begegnungen mit Vertretern hoch entwickelter außerirdischer Zivilisationen ebenso falsch interpretiert hätten? Dann ließe sich die Entstehung anscheinend sinnloser Rituale, die ihre Fortsetzung bis in die Liturgien der großen Religionen fanden, auf ganz reale Begebenheiten zurückführen. Und zwar auf die Konfrontation mit einer nicht von dieser Welt stammenden Technologie und die völlige Missdeutung derselben.

Chinesische Schrift. Die chinesische Schrift hat über die Jahrtausende im Wesentlichen vier Entwicklungsstufen durchlaufen:

1. Reine Bilderschrift, als schematische Darstellung konkreter Begriffe wie Werkzeuge, Tiere, Waffen usw.
2. Ideografisches Stadium, das bedeutet das Auswerten jener Abbildungen von Gegenständen oder Tätigkeiten als Symbole für abstrakte Begriffe.

3. Phonetische Entlehnung. Bereits existierende Schriftzeichen werden für das Schreiben gleichlautender Wörter benutzt, deren Bedeutung nicht bildlich ausgedrückt werden konnte.
4. Letztlich Schaffung einer komplexen Methode zur Bildung von Schriftzeichen. Ein Strukturbestandteil, der »Klassifikator«, ordnet den Charakter nach seiner Bedeutung ein, während der andere Bestandteil, das phonetische Element, die Aussprache des Schriftzeichens definiert.

Mehr als 90 Prozent der insgesamt ca. 60 000 Zeichen der modernen chinesischen Schrift sind Phonoideogramme, geben also die Aussprache an. Ursprünglich eine rein einsilbige Sprache, hat sich Chinesisch im Lauf der Zeit zu einer überwiegend mehrsilbigen Sprache entwickelt.

Dinosaurier (von griech. deinos: schrecklich, gewaltig). Nach offizieller Lehrmeinung am Ende der Kreidezeit, vor etwa 60 Millionen Jahren ausgestorbene Reptilien des Erdmittelalters, mit oft gigantischen Ausmaßen. Man unterscheidet zwei Ordnungen:

1. *Saurischia* mit den Fleisch und Aas fressenden Raubsauriern, den Theropoden, die sich auf den Hinterbeinen fortbewegten (z. B. Tyrannosaurus rex) sowie den vierbeinig schreitenden Pflanzenfressern (Sauropoden), die Längen bis zu 38 Metern erreichten (Beispiel: Argentinosaurus huinculensis, welcher im Jahre 2008 entdeckt wurde).
2. *Ornithischia*, Pflanzen fressende Saurier wie das Iguanodon oder der Triceratops.

Es gibt Spekulationen, wonach einige Saurier ein größeres Gehirn, aufrechten Gang und Intelligenz entwickelt hätten, wären sie nicht am Ende der Kreidezeit ausgestorben. Die → Kryptozoologie vermutet heute noch lebende Nachfahren der Riesenechsen aus dem Erdmittelalter in einigen ökologischen Nischen in Afrika und Südamerika.

Dynastien. Dies sind Herrschergeschlechter, die ihre Legitimation von einer Generation zur nächsten vererben. Besondere Bedeutung kommt der Abfolge der Dynastien in der Geschichte Chinas, Japans und Ägyptens zu. Meist führten die alten Dynastien ihre Herkunft direkt auf die Götter zurück wie etwa die Tenno genannten japanischen Kaiser, welche alle in gerader Linie von der Sonnengöttin Amaterasu abstammen sollen.

Entführungen. → Unheimliche Begegnungen der 4. Art

Evolutionstheorie. Die wichtigste Theorie in der Biologie, die die Entwicklung der Organismen im Verlauf der Erdgeschichte zu erklären versucht. Untrennbar mit ihrem Begründer, Charles Robert Darwin (1809–1882), verbunden, wird sie ebenfalls auf die Entwicklung des Menschen aus dem Menschenaffen angewandt. Doch sie beinhaltet zahlreiche Widersprüche. So suchen Anthropologen noch immer nach dem »missing link«, dem fehlenden Bindeglied in der Ahnenreihe vom Affen über den Hominiden zum Homo sapiens. Diese Lücke kann die → Paläo-SETI-Forschung füllen, indem Einflussnahmen außerirdischer Astronauten mithilfe einer fortgeschrittenen Gentechnik die Widersprüche klären und ein schlüssiges Bild der Menschheitsentwicklung liefern.

Fossilien (von lat. fossilis = ausgegraben). Die Reste zumeist ausgestorbener Pflanzen und Tiere, in Gesteinsschichten eingebettet. Fossilien können in vielfältigen Formen auftreten, wie etwa als unverändert erhaltene Hartteile (wie Knochen und

Zähne), durch Mineralien ersetzte Teile (Versteinerungen wie auch ausgefüllte Hohlräume und Abdrücke von Lebewesen). Bei Fossilien menschlicher Vorfahren handelt es sich meist um mehr oder weniger versteinerte Schädel- und Skelettreste. In den Anfangsjahren der Naturwissenschaften wurden Fossilien oft missgedeutet (z. B. »Homo diluvii testis«: Man bezeichnete das Skelett eines Riesensalamanders als einen in der Sintflut umgekommenen Sünder).

Gyalwa Karmapa. Im tibetischen Buddhismus verkörpert der Gyalwa Karmapa neben dem geistlichen und weltlichen Herrscher, dem Gyalwa Rinpoche oder Dalai Lama, die höchste Autorität in der Welt des Glaubens. Er wird als die wahre Wiedergeburt Buddhas angesehen. Die Linie des Karmapa gilt als die längste ununterbrochene Inkarnationsfolge (→ Reinkarnation), welche seit Dusum Khyenpa (1110–1193), dem allerersten Gyalwa Karmapa, bereits seit über 900 Jahren anhält.

Hesekiel (auch: Ezechiel, von hebr. Jechezkel, Gott möge stärken). Alttestamentarischer »Prophet«, entstammt dem priesterlichen Geschlecht. H. wurde 597 v. Chr. mit König Jojachin in die babylonische Gefangenschaft deportiert. Dort, am Ufer des Flusses Chebar, hatte er eine Begegnung mit offenbar außerirdischen Intelligenzen, die er im Buch Hesekiel der Bibel äußerst detailgetreu beschrieb. Die Einzelheiten des »Götterfahrzeugs« sind dabei so genau geschildert, dass auf die Rekonstruktion eines der Details sogar ein U.S.-Patent erteilt wurde. Dabei handelt es sich um ein aus einzelnen Segmenten zusammengesetztes und nach allen Seiten hin drehbares Rad. Von den meisten Theologen werden Hesekiels Beschreibungen als »Visionen« angesehen, doch sind sie hierfür viel zu exakt und nachvollziehbar.

Holografie. Bereits 1948 von dem britischen Physiker und Nobelpreisträger Dennis Gabor (1900–1979) erfundenes Verfahren der Bildspeicherung, das auf zweidimensionalen Bildträgern dreidimensionale Bildeindrücke erzeugt. Die dabei gewonnene Aufnahme – das Hologramm – hält in jedem Punkt Richtung, Phase und Amplitude (Schwingungsweite) des von dem Objekt ausgehenden Lichtes fest. Es entsteht eine reelle, räumliche Abbildung des Objekts, die in einem begrenzten Bereich aus verschiedenen Richtungen betrachtet und sogar fotografiert werden kann.

Hybriden. In der (allgemeinen) Biologie die aus Kreuzungen von genetisch unterschiedlichen Elternformen hervorgegangenen Individuen; in der Anthropologie auch die Nachkommen aus der Kreuzung von Angehörigen verschiedener Rassenkreise. Beim UFO-Entführungsphänomen wird, zumeist nach Anwendung hypnotischer → Rückführung, über hybride Kinder berichtet, die den weiblichen Entführten präsentiert werden und bei denen es sich um Mischwesen, also Kreuzungsprodukte zwischen Menschen und Außerirdischen, handeln soll. → Unheimliche Begegnungen der 4. Art.

Jaina-Religion (Jainismus). Indische Religion, die im 6. Jahrhundert v. Chr. begründet wurde. Sie ist benannt nach dem Ehrentitel der 24 Tirtankaras »Jainah« – im → Sanskrit »Sieger«. Der letzte Tirtankara war Mahavira. Die Geburt Mahaviras war sehr mysteriös: Sie wurde von dem Gott Harinaigamesin durch regelrechten Embryo-Transfer vorbereitet. Die Jaina-Religion beinhaltet den Glauben an Seelenwanderung (→ Reinkarnation), Askese und sittliches Handeln sowie Läuterung durch gute Taten. Heute gibt es noch etwa drei Millionen Anhänger des Jainismus in Indien, die ungeachtet ihrer vergleichsweise geringen Anzahl an der Gesamtbevölkerung einen großen Einfluss ausüben.

Kryptozoologie. Dieser Begriff wurde 1959 von dem Forscher Bernard Heuvelmans (1916–2001) geprägt und bezeichnet die Suche nach bislang unbekannten, meist verborgen (von griech. kryptos = verborgen) lebenden Tierarten. Augenscheinliche Rechtfertigung erhielt die junge Wissenschaft durch die Entdeckung zahlreicher neuer, noch unbekannter Spezies, darunter das Vu-Quang-Rind in Vietnam oder das Java-Nashorn. Es kommt aber auch immer wieder zur Entdeckung von Tieren, die man für lange ausgestorben hielt. Im Jahre 1982 wurde die »International Society of Cryptozoology« gegründet, der etliche namhafte und aufgeschlossene Biologen und Zoologen angehören.

Mahabharata. Das indische Nationalepos, das zwischen dem 4. Jahrhundert v. Chr. und dem 4. Jahrhundert n. Chr. erstmals in schriftlicher Form, in → Sanskrit, niedergeschrieben wurde. Es existiert eine »nördliche Überlieferung« mit 18 Büchern sowie eine »südliche« mit 24 Büchern. Der Gesamtumfang beträgt über 100 000 Doppelverse. Die Entstehungszeit des *Mahabharata* reicht in unbekannte Zeiten zurück. Bis zur ersten Niederschrift wurde der Inhalt mündlich weitergegeben. Auffallend sind die Schilderungen von Kriegen mit fürchterlichen Vernichtungswaffen, die verblüffende Parallelen zu den Atombombenabwürfen auf Hiroshima und Nagasaki 1945 erkennen lassen.

Paläo-SETI-Forschung (SETI von »Search for Extraterrestrial Intelligence«). Damit wird die Suche nach Indizien und letztlich nach Beweisen bezeichnet, die den Besuch oder sogar steuernde Eingriffe von außerirdischen Intelligenzen in vor-, früh- oder bereits seit erdgeschichtlichen Epochen belegen. Die Einflussnahme der Fremden soll sich hierbei sowohl auf die Entwicklung unterschiedlicher Arten als auch im weiteren Verlauf auf die kulturgeschichtliche Entwicklung des Menschen fokussiert haben.

Als prominentester Vertreter der Paläo-SETI-Forschung gilt unangefochten der Schweizer Bestsellerautor Erich von Däniken. In der Vergangenheit wurde zwar gelegentlich in spekulativer Weise die Möglichkeit vorzeitlicher Besuche von Außerirdischen in Betracht gezogen. Doch gebührt Erich von Däniken zweifellos das Verdienst, diese in keinem Widerspruch zu gültigen Naturgesetzen stehende Theorie weltweit einem Millionenpublikum bekannt und akademisch diskussionsfähig gemacht zu haben.

PSI (v. gleichnamigen 23. Buchstaben des griech. Alphabets). Der Begriff PSI dient zur gemeinsamen Bezeichnung für außersinnliche Wahrnehmung und → Psychokinese sowie weiterer paranormaler (= physikalisch derzeit noch nicht erklärbarer) Phänomene, die mit psychischen Vorgängen in Zusammenhang stehen. Da diese Sammelbezeichnung real existierende, also in der Natur vorkommende Erscheinungen umfasst, ist die Bezeichnung »übersinnlich« genau genommen unzutreffend. Mit der Erforschung von PSI-Phänomenen beschäftigt sich die Parapsychologie. Die vergleichsweise noch junge Wissenschaft, deren Name 1889 vom deutschen Philosophen Max Dessoir geprägt wurde, muss sich teilweise immer noch gegen Vorurteile in der akademischen Welt behaupten.

Psychokinese. Darunter versteht man die Fähigkeit einer Person, auf rein psychischem Weg materielle Gegenstände sichtbar zu beeinflussen, also auch Bewegungsvorgänge auszulösen. Die Psychokinese kann – wie viele andere PSI-Phänomene auch – derzeit physikalisch noch nicht hinreichend erklärt werden. Obwohl deren Existenz durch zahlreiche Laborversuche, im Osten wie im Westen, nachgewiesen werden konnte, wird sie von den traditionellen Naturwissenschaften nach wie vor heftig bestritten.

Quiche-Maya. Eine Sprachgruppe des in zahlreiche Untergruppen aufgesplitterten Volkes der Maya in Mittelamerika. Die Quiche-Maya leben in Guatemala; ihre Anzahl beträgt heute noch etwa 300 000 Häupter. Ihr heiliges Buch, das *Popol Vuh*, ist eins der wenigen Zeugnisse der Mayawelt, die der Vernichtung durch die Zwangschristianisierung entgangen sind, die die katholische Kirche in Mittel- und Südamerika verbrochen hatte. Es wurde im 16. Jahrhundert ins Lateinische übersetzt und auf diese Weise der Nachwelt erhalten.

Reinkarnation (auch Wiedergeburt, Seelenwanderung). Das Phänomen, dass das durch den körperlichen Tod freigesetzte Bewusstsein (auch Seele, Astralkörper) zu einem späteren Zeitpunkt einen neuen physischen Körper erhält, indem es sich mit einem Embryo verbindet. Vom Standpunkt der Naturwissenschaften dürfte nichts gegen ein Überleben der Psyche sprechen; ein wichtiger Lehrsatz der Physik besagt, dass Energie nicht verloren geht, vielmehr stets umgewandelt wird. Besonders im tibetischen Buddhismus spielt der Gedanke der Seelenwanderung eine sehr wichtige Rolle. Inzwischen kennt man auch bei uns im Westen zahlreiche gut dokumentierte Fälle, bei denen durch hypnotische → Rückführung Informationen zutage kamen, auf die die betreffende Person unter normalen Umständen nicht hätte zugreifen können.

Roswell. Stadt im US-Bundesstaat New Mexico, mit gleichnamigem Luftwaffenstützpunkt. In der Umgebung soll es Anfang Juli 1947 zum Absturz eines Flugkörpers außerirdischer Herkunft gekommen sein, nachdem in den Tagen zuvor unbekannte fliegende Scheiben gesichtet und auch von den Radaranlagen registriert worden waren. Nachdem das Militär die Absturzstelle gefunden sowie weiträumig abgesperrt hatte, wurden angeblich mehrere Leichen sehr kleinwüchsiger Wesen gefunden und sofort in geheime Militäreinrichtungen abtransportiert. Der Vorfall wird heute von den Behörden dementiert, aber in der Öffentlichkeit weiterhin lebhaft diskutiert. Tatsache ist jedoch, dass die U.S. Air Force seinerzeit zugegeben hat, auf Wrackteile einer abgestürzten »fliegenden Untertasse« gestoßen zu sein. Eine entsprechende Schlagzeile erschien auch in einer örtlichen Tageszeitung und rief großes Medieninteresse hervor.[183] Doch schon anderntags wurde vonseiten der Luftwaffe alles dementiert und die Wrackteile als Überreste eines Wetterballons ausgegeben. Doch gibt es zu viele Zeugen des damaligen Geschehens, als dass man die ganze Angelegenheit einfach ins Reich der Fabel verweisen könnte.

Rückführung, hypnotische. Eine Möglichkeit, verdrängte oder verschüttete Erinnerungen wieder ins Bewusstsein zurückzurufen, ist die hypnotische Rückführung, auch regressive Hypnose genannt. Erfahrene Psychotherapeuten wenden sie bei einer Reihe von psychischen Problemen an. Der Sinn dieser Therapie ist, dem Patienten durch Konfrontation mit seinen traumatischen Erlebnissen die Integration derselben in seine Alltagswelt und somit eine bewusste Bewältigung zu ermöglichen.

Was die Anwendung hypnotischer Rückführungen bei möglichen Entführungserlebnissen betrifft, wenden manche Kritiker ein, dass Patienten ihre Rückerinnerungen womöglich nur entwickelten, um damit den Erwartungen des Hypnotiseurs zu entsprechen. Wie der schon mehrfach zitierte Professor Dr. John Mack jedoch im Verlauf seiner Untersuchungen feststellen konnte, hat sich diese Methode »in Bezug auf die Wiederherstellung von Gedächtnisverlust als ein ausgezeichnetes

Werkzeug erwiesen«. Er vermochte keine Hinweise darauf zu finden, »dass Entführte ihre Erinnerungen hinsichtlich ihres Erlebnisses unter Hypnose signifikant veränderten«.[156]

Sanskrit (von ind. samskrta = zurechtgemacht). Uralte Sprache und Schrift in der klassischen Literatur des alten Indien, deren Ursprung sich im Nebel der Vergangenheit verliert. In Sanskrit wurden die altindischen Überlieferungen wie das Nationalepos → Mahabharata niedergeschrieben. Grammatikalische Regeln wurden erstmalig im 5. Jahrhundert v. Chr. durch den Gelehrten Panini aufgestellt. Heute wird Sanskrit nur noch von wenigen Fachgelehrten an speziellen Universitäten Indiens beherrscht.

Schöpfungsmythen. In den Überlieferungen praktisch aller Völker gibt es deutliche Hinweise, dass »göttliche« Wesen aktiven Einfluss auf die Entstehung des Menschen genommen haben. Diese »Götter«, die vom Himmel gekommen sein sollen, hätten es dabei nicht bei der bloßen Erschaffung des Menschen bewenden lassen. Ihren Geschöpfen brachten sie vielmehr auch Sprache, Kunstfertigkeit, Regeln und Gebote für ein friedliches und geordnetes Zusammenleben bei, fungierten somit gleichfalls als Kulturbringer.

Screen Memorys (Deckerinnerungen). Diese werden üblicherweise vom eigenen Unterbewusstsein als künstliche Erinnerung generiert, um ein traumatisches Erlebnis zu überdecken. Im Zusammenhang mit UFO-Entführungen (→ Unheimliche Begegnungen der 4. Art) wird angenommen, dass Screen Memorys von den Entführern gewissermaßen als Vorsichtsmaßnahme installiert werden, weil die Betroffenen sonst an ihren Erlebnissen zerbrechen könnten.

Trauma. Dieser medizinische Begriff wird hauptsächlich in zwei unterschiedlichen Bedeutungen verwendet:

1. Bei Gewalteinwirkungen auf den Körper, die eine Verletzung zur Folge haben.
2. Häufig schon in der Kindheit verursachte seelische Erschütterung, die sich schädlich auf die Entwicklung der Persönlichkeit auswirken und unter Umständen sogar Neurosen oder andere seelische Störungen erzeugen kann.

Bei den Opfern von Entführungen kommt es in der Regel sogar zu multiplen Traumata, die beide genannten Arten umfassen, da sowohl der Entführungsvorgang selbst als auch die gynäkologischen bzw. medizinischen Eingriffe anderer Art schwer traumatisierend wirken.

Unheimliche Begegnungen. Der 1986 verstorbene Professor J. Allen Hynek, zuletzt Leiter des »Center for UFO Studies« (CUFOS) in Evanston/Illinois, erarbeitete eine systematische Klassifizierung, die Beobachtungen von und Begegnungen mit unbekannten Flugobjekten und/oder deren Besatzungen in feste Rubriken einteilt.[184,185] Die in diesem Zusammenhang für uns interessanten »Unheimlichen Begegnungen« oder nahe Begegnungen umfassten ursprünglich drei Kategorien. In jüngerer Zeit hat es sich als unumgänglich erwiesen, die ursprüngliche Nomenklatur um weitere zwei Kategorien auszudehnen. Nachfolgend erläutere ich die Arten »Unheimlicher Begegnungen« im Einzelnen.

Unheimliche Begegnungen der 1. Art. Ein fliegendes Objekt, das augenscheinlich unter intelligenter Kontrolle steht, wird in einer Entfernung nicht über 100 bis 150 Meter gesichtet. Das UFO hinterlässt weder Spuren, noch sind Insassen darin auszumachen. Physikalische Wechselwirkungen des Objekts mit der Umgebung sind nicht festzustellen. Bereits bei Begegnungen dieser Kategorie lassen sich wesentliche Einzelheiten des gesichteten Fluggerätes sehr gut erkennen.

Unheimliche Begegnungen der 2. Art. Ein unidentifiziertes Flugobjekt hinterlässt meist im Verlauf einer Landung oder Beobachtung in Bodennähe deutliche Spuren. Das können entweder mechanische Einwirkungen am Landeplatz, aber auch Brand- oder Strahlungsspuren an Boden, Vegetation oder bei Lebewesen sein. Auch können Substanzen zurückgelassen werden, die man im Labor analysieren kann. Bei Augenzeugen kann es zu – vorübergehenden – körperlichen Schädigungen oder zu psychischen Ausfällen kommen. In zahlreichen Berichten ist von einer physikalischen Wechselwirkung die Rede, die massive Störungen in elektrischen Systemen betrifft oder Fahrzeugmotoren zum Stillstand bringt. Dieses Vorhandensein physikalisch verifizierbarer Effekte mindert die Gefahr, dass die Begegnung auf Schwindel oder Halluzinationen zurückzuführen ist.

Unheimliche Begegnungen der 3. Art. Innerhalb oder in unmittelbarer Nähe eines gelandeten Objekts werden Gestalten gesichtet, meist humanoide Lebensformen von kleinerem Körperwuchs. Häufig findet auch eine Kontaktaufnahme statt. Die Bezeichnung dieser Beobachtungskategorie lieferte auch den Titel zu einem äußerst erfolgreichen Kinofilm zu der Thematik: *Unheimliche Begegnung der dritten Art* von Regisseur Steven Spielberg.

Trotz des recht hohen Fremdartigkeitsfaktors steigt die Glaubwürdigkeit solcher Fälle erst durch eine Bestätigung durch unabhängige Augenzeugen. Eine weitere Möglichkeit zur Verifizierung wären physikalisch nachweisbare Wirkungen oder

Spuren am Landeort, wie unter der vorhergehenden Rubrik beschrieben. Bis zu dieser Kategorie reichte die anfängliche Einteilung, welche durch Professor Hynek aufgestellt worden war. In jüngerer Zeit musste diese indes um die beiden folgenden Beobachtungskategorien erweitert werden.

Unheimliche Begegnungen der 4. Art. Eine ständig wachsende Anzahl ernst zu nehmender Menschen behauptet, von Insassen eines offenbar nicht von dieser Welt stammenden Flugobjekts entgegen ihrem Willen in dieses verschleppt worden zu sein. Dort wurden medizinische Eingriffe und Experimente an den Betroffenen vorgenommen. Bei Frauen wurden eindeutige Zeichen einer Schwangerschaft festgestellt, die anscheinend im Verlauf einer weiteren Entführung beendigt wurde. Bei Folgeentführungen präsentierten die Fremden kleine Hybridkinder, die offenbar eine Mischrasse zwischen Menschen und Aliens darstellen.

In die Körper mancher Entführter wurden Implantate eingesetzt, von denen einige entfernt werden konnten. Inzwischen existieren Fotos und Röntgenaufnahmen davon, und erste Materialanalysen deuten auf biotechnische Produkte hin, die wir Menschen mit der uns zur Verfügung stehenden Technologie noch nicht herstellen können. Oft kamen Erinnerungen an Entführungen erst durch Einsatz hypnotischer → Rückführung zutage, und man ist teilweise davon abgekommen, derartige Erfahrungen voreilig als Geisteskrankheiten oder Schwindel abzutun. Das Phänomen findet in allen Teilen dieser Welt statt – auch bei uns!

Unheimliche Begegnungen der 5. Art. Ist das Entführungssyndrom an sich schon besorgniserregend und für die Opfer ohne Ausnahme traumatisch, haben wir es hier mit der »schwärzesten Seite« des gesamten UFO-Phänomens zu tun.

Von »Begegnungen der 5. Art« muss man sprechen, wenn das mit einem UFO oder dessen Insassen in Kontakt gekommene Opfer ernste und auch bleibende physische Schäden wie Verbrennungen oder Verstrahlungen erleiden musste. Häufig führen diese Begegnungen unmittelbar zum Tod. Zu derselben Kategorie gehören auch die Mutilationen – Verstümmelungen, die nicht nur Tieren, sondern auch menschlichen Opfern beigebracht wurden. Fälle dieser Art reichen zeitlich weit zurück und unterstreichen die Kontinuität dieses wohl bedrückendsten Kapitels eines an Facetten reichen Mysteriums.[186,187]

Danksagung

Nach über 20 Büchern, welche mittlerweile meiner Feder entstammen, halte ich es für wichtiger denn je, auch an jene Menschen zu denken, ohne deren Hilfe und Unterstützung dieses Buch bestimmt nicht zustande gekommen wäre. Ihnen hier meinen herzlichsten Dank auszudrücken ist für mich ein eminent wichtiges Anliegen und gleichzeitig eine Freude.

Dabei stimmt es mich sehr traurig, dass zwei meiner Freunde und Autorenkollegen, denen ich viel zu verdanken habe, bereits nicht mehr unter uns weilen. Johannes Fiebag und Peter Krassa, die mich nicht nur auf meinem literarischen Weg, sondern ebenfalls auf einigen Reisen begleiteten.

Ganz besonderer Dank geht an meinen »uralten« Freund, Erich von Däniken, der nicht nur das Vorwort sowie eine Reihe Bilder beisteuerte. Ohne seine »Initialzündung« gäbe es heute, so viel steht fest, keinen Buchautor Hartwig Hausdorf. Herzlichen Dank auch an Johannes von Buttlar, Franz Bätz, Alexander Knörr, Robert M. Schoch und Walter Hain. Kurz vor Fertigstellung dieses Buches bekam ich noch Bilder und Informationen zu einem schier unglaublichen Fund in China. Deshalb auch ganz herzlichen Dank an Luc Bürgin vom Magazin *mysteries* und Floyd Varesi für die Bilder und großzügige Erlaubnis, über ihre Entdeckungen zu berichten.

Ich bin kein Internet-Freak, aber manchmal kommt man offenbar ohne dieses Medium nicht mehr aus – darum vielen Dank auch an Andrea Benschig und Josef Schedel (vfgp) für deren unermüdliche Recherche und Arbeit am PC.

Danken möchte ich meiner rührigen Verlegerin im Verlagshaus Langen*Müller* Herbig nymphenburger, Frau Brigitte Fleissner-Mikorey, und dem ganzen bewährten Verlagsteam meiner »literarischen Heimat«. An dieser Stelle darf ich nicht versäumen, meinem einstigen und langjährigen Lektor Hermann Hemminger ganz herzlichen Dank zu sagen. Durch seine Arbeit am »Vorläufer« dieses nunmehr im neuen Gewande erstandenen Buches vor 20 Jahren legte auch er einen sehr bedeutenden Grundstein zu meinem Leben als Autor.

Vergessen darf ich hier nicht, einem befreundeten Journalisten zu danken, der seit ebenso langer Zeit, mitunter auch mal kritisch, aber immer wohlwollend, meinen Werdegang begleitete: Chefredakteur Mike Schmitzer. Dank geht auch an Herrn Ly Hanlam für seine Schriftkunst und seine köstliche chinesische Küche – wo immer er jetzt sein mag.

Last but not least: Als Autor wäre ich auf einsamem Posten, gäbe es da nicht meine immer größer werdende Leserschar in aller Welt, die mir seit zwei Jahrzehnten die Treue hält. An sie ergeht gleichfalls ein herzliches Dankeschön für das große Interesse an einem der spannendsten Themen unserer Zeit.

Hartwig Hausdorf

Quellenverzeichnis

[1] dtv-Lexikon in 20 Bänden. Mannheim und München 1997
[2] Knop, Doris: »Reisen in China«. Bremen 1988
[3] Drake, W. Raymond: »Gods and Spacemen in the Ancient East«. London 1968
[4] Dodson, Frederick: »Himmlische Herrscher«, in: *Sagenhafte Zeiten*, Nr. 2/2010
[5] o.V.: »China 1: Felsbild mit Helm«, in: *Sagenhafte Zeiten*, Nr. 1/2011
[6] o.V.: »Das Observatorium von Taosi«, in: *Sagenhafte Zeiten*, Nr. 3/2006
[7] Krassa, Peter: »… und kamen auf feurigen Drachen«. München 1990
[8] Kolosimo, Peter: »Sie kamen von einem anderen Stern«. Wiesbaden 1969
[9] Kolosimo, Peter: »Unbekanntes Universum«. Wiesbaden 1976
[10] o.V.: »2500 Jahre alte Maschinen«, aus: *Science*, Bd. 304, zitiert in: *Sagenhafte Zeiten*, Nr. 5/2004
[11] Gossler, Marcus: »Lexikon Grenzwissenschaften«. Landsberg/Lech 1988
[12] Ludwiger, Illobrand v.: »UFOs – Die unerwünschte Wahrheit«. Rottenburg 2009
[13] Meckelburg, Ernst: »Zeittunnel«. München 1987
[14] o.V.: »Teleportation – ein Schritt weiter«, in: *Sagenhafte Zeiten*, Nr. 4/2012
[15] Dopatka, Ulrich: »Lexikon der Präastronautik«. Düsseldorf 1979
[16] Charroux, Robert: »Phantastische Vergangenheit«. München 1966
[17] Wehner-v. Segesser, Sibylle: »Die Zwergmenschen von Flores. Spektakulärer Fossilienfund in Indonesien«, in: *Neue Zürcher Zeitung* vom 28. Oktober 2004
[18] Verrengia, Joseph: »Mensch oder Nicht-Mensch«, in: *Der Bund* (Bern/Schweiz) vom 28. Oktober 2004
[19] Däniken, Erich von: »Zurück zu den Sternen«. Düsseldorf 1969
[20] Charroux, Robert: »Die Meister der Welt«. Düsseldorf 1972
[21] Stoneley, J. und Lawton, A.T.: »Is Anyone out there?«. London 1975
[22] Diercke, C. und Dehmel, R.: »Diercke Weltatlas«. Braunschweig 1966
[23] Krassa, Peter: »Sie kamen aus den Wolken. Die Drachengötter des alten China«. Rottenburg 2003
[24] Hausdorf, Hartwig: »Göbekli Tepe – die älteste Stadt der Welt?«, Vortrag auf dem One-Day-Meeting der A.A.S. am 29. Oktober 2011 in Berlin
[25] Hausdorf, Hartwig: »The Chinese Roswell«. Boca Raton (Florida) 1998

[26] o.V.: »UFOs in der Vorzeit?«, in: *Das vegetarische Universum*, Ausgabe Juli 1962
[27] Hausdorf, Hartwig und Krassa, Peter: »Satelliten der Götter. In Chinas verbotenen Zonen«. München 1995
[28] Dendl, Jörg: »Die Steinscheiben von Baian Kara Ula: Der erste Bericht«, in: *Ancient Skies*, Nr. 1/1996
[29] Sachmann, Hans-Werner: »Pioniere der Paläo-SETI-Forschung (19): Wjatscheslaw Saizew«, in: *Sagenhafte Zeiten*, Nr. 1/2006
[30] Sachmann, Hans-Werner: »Pioniere der Paläo-SETI-Forschung (35): Dr. Dr. Matest M. Agrest«, in: *Sagenhafte Zeiten*, Nr. 5/2008
[31] Ritsch, V. und Tschernenko, M.: »Waren Besucher von anderen Sternen auf der Erde?«, in: *Russischer Digest*, Ausgabe Mai 1960
[32] Buttlar, Johannes von: »Leben auf dem Mars. Die neuesten Entdeckungen der NASA«. München 1997
[33] o.V.: »Welcome to China«. Beijing 1990
[34] Krassa, Peter: »Ich fand meine Fata Morgana«, in: Däniken, Erich von (Hrsg.): »Kosmische Spuren«. München 1988
[35] o.V.: »Das Dorf der Zwerge – Umweltgifte schuld?«, in: *BILD* vom 9. November 1995
[36] Williams, L.: »Für Experten ein Rätsel: Das chinesische Dorf der Zwerge«, in: *Täglich alles* (Wien/Österreich) vom 9. November 1995
[37] Zhou Weikang (CITS Shanghai): Fax-Nachricht zur Situation im »Dorf der Zwerge«, Provinz Sichuan vom 22. Januar 1996
[38] o.V.: »Ärztestreit um das Dorf der Zwerge«, in: *BILD* vom 27. Januar 1997
[39] o.V.: »Das Dorf der Zwerge – kamen ihre Vorfahren aus dem Weltall?«, in: *BILD* vom 2. Dezember 1995
[40] Hausdorf, Hartwig: »Nicht von dieser Welt. Dinge, die es nicht geben dürfte«. München 2008
[41] Dendl, Jörg: »Das Geheimnis der Steinscheiben von Baian Kara Ula: Fiktion oder Wirklichkeit?«, in: Däniken, Erich von (Hrsg.): »Das Erbe der Götter«. München 1997
[42] Lusby, Jo und Wan, Abby: »Has the Site of the Chinese Roswell actually been found?«, in: *City Weekend Magazine* vom 18. Juli 2003
[43] o.V.: »Neue menschliche Spezies?«, in: *Sagenhafte Zeiten*, Nr. 3/2012
[44] Däniken, Erich von: »Erinnerungen an die Zukunft«. Düsseldorf 1968
[45] Collington, Patrick: »Keiner kann das Rätsel der Wüste Gobi lösen«, in: *Passauer Neue Presse* vom 14. Juni 1986
[46] Pauwels, Louis und Bergier, Jacques: »Die Entdeckung des ewigen Menschen«. München 1975
[47] Needham, Joseph: »Science and Technology in China«. Oxford 1956

⁴⁸ Laufer, Berthold: »The Prehistory of Aviation« Chicago 1928
⁴⁹ Cathie, Bruce: »The Bridge to Infinity«. Boulder 1989
⁵⁰ o.V.: »U.S. Flyer reports huge Chinese Pyramid in isolated Mountains Southwest of Sian«, in: *The New York Times* vom 28. März 1947
⁵¹ o.V.: »Sight big Pyramid in China, so Californian Flyer reports seeing it in remote Area«, in: *The Los Angeles Herald Express* vom 28. März 1947
⁵² »Who's Who in Commerce and Industry Yearbook. 1964/65 Issue«. Chicago 1964
⁵³ Persönliches Schreiben von Donald E. Sheahan, Vacaville (California) vom 28. Januar 1997
⁵⁴ Hausdorf, Hartwig: »Die weiße Pyramide. Außerirdische Spuren in Ostasien«. München 1994
⁵⁵ Persönliches Gespräch mit Prof. Wang Shiping, Leiter der Forschungsabteilung im Provinzmuseum in Xian, im März 1994
⁵⁶ Krassa, Peter: Pers. Gespräch mit Professor Xia Nai, Akademie der Wissenschaften in Beijing, im April 1982
⁵⁷ »Giant China Pyramid found; dwarfs famed Ones in Egypt«. UPI-Meldung vom 27. März 1947
⁵⁸ »Die Steine werden sprechen – und der Himmel wird staunen«, in: *Xian Wanbao* vom 15. Januar 1994
⁵⁹ Bürgin, Luc: »Verbotene Pforten in eine andere Welt«, in: *mysteries*, Nr. 6/2012
⁶⁰ Bürgin, Luc: »Chinas vergessenes Weltwunder«. Vortrag auf dem One-Day-Meeting der A.A.S. am 27. Oktober 2012 in Dresden
⁶¹ Interview der staatlichen chinesischen Nachrichtenagentur *Xinhua* mit Qin Jianwen, Vertreter der Provinzregierung von Qinghai, vom 16. Juni 2002
⁶² Biedermann, Hans: »Wesen, die es fast nicht gibt«, in: o.V.: »Mysteriöse Fabeltiere und geisterhafte Wesen«. Augsburg 1987
⁶³ Dougherty, C.N.: »Valley of Giants«. Cleburne/Texas 1971
⁶⁴ Blavatsky, H.P.: »Die Geheimlehre«. Berlin 1932
⁶⁵ Hausdorf, Hartwig: »Die Rückkehr der Drachen. Den letzten lebenden Dinosauriern auf der Spur«. München 2003
⁶⁶ Scheuchzer, Johann J.: »Museum Diluvianum«. Zürich 1716
⁶⁷ Scheuchzer, Johann J.: »Physica Sacra«. Zürich 1731
⁶⁸ Cuvier, Georges: »Recherches sur les ossements fossiles«. Paris 1812
⁶⁹ Wendt, Herbert: »Ehe die Sintflut kam«. Oldenburg 1965
⁷⁰ Langelaan, Georges: »Die unheimlichen Wirklichkeiten«. München 1975
⁷¹ Dodson, Frederick: »Chinas Himmelsdrachen«, in: *Sagenhafte Zeiten*, Nr. 3/2011

[72] Yang/Deming/Turner: »Handbook of Chinese Mythology«. Oxford 2005
[73] Sänger-Bredt, Irene: »Ungelöste Rätsel der Schöpfung«. Düsseldorf 1971
[74] Ferguson, J.C.: »Chinese Mythology«. New York 1964
[75] Stevens, K.G.: »Chinese Mythological Gods«. Oxford 2001
[76] Hennig, Richard: »Zur Vorgeschichte der Luftfahrt«, in: *Beiträge zur Geschichte der Technik und Industrie. Jahrbuch des Vereins Deutscher Ingenieure*, Berlin 1928
[77] Giles, Herbert: »Adversaria Sinica«. Shanghai 1910
[78] Giles, Herbert: »Spuren der Luftfahrt im alten China«, in: *Astronomische Zeitschrift*, Heft 9. Hamburg 1917
[79] Aus: *China Pictorial*, Beijing, Nr. 8/1958
[80] Christie, A.: »Chinesische Mythologie«. Wiesbaden 1968
[81] o.V.: »Chinas Aufbruch in den Weltraum«, in: *Magazin 2000 plus. UFOs und Kornkreise spezial*, Nr. 22/305, September 2011
[82] o.V.: »Das Götterschiff«, in: *Sagenhafte Zeiten*, Nr. 2/2003
[83] Berlitz, Charles: »Das Drachen-Dreieck«. München 1990
[84] Werner, E.T.C.: »Myths and Legends of China«. London 1956
[85] o.V.: »Rätselhafte Funde im Fuxian-See«, in: *Sagenhafte Zeiten*, Nr. 6/2007
[86] Couling, Samuel: »The Encyclopaedia Sinica«. Oxford 1917
[87] Buttlar, Johannes von: »Drachenwege«. München 1990
[88] Holbe, Rainer: »Phantastische Phänomene«. München 1993
[89] Michel, Aimé: »Flying Saucers and the Straight-Line Mystery«. New York 1958
[90] Stevenson, Ian: »Reinkarnation«. Freiburg/Br. 1976
[91] o.V.: »Weltalmanach des Übersinnlichen«. München 1987
[92] Hausdorf, Hartwig: »Rückkehr aus dem Jenseits«. Marktoberdorf 2006
[93] Dalai Lama: »My Land and my People«. New York 1962
[94] Kuby, Clemens: »Living Buddha«. München 1994
[95] Bätz, Franz: »Geheime Kräfte«. Gnas (Österreich) 2000
[96] David-Néel, Alexandra: »With Mystics and Magicians in Tibet«. London 1936
[97] Henss, Michael: »Tibet. Die Kulturdenkmäler«. Zürich 1981
[98] Feer, Léon: »Annales du Musee Guimet, Extraits du Kandjour«. Paris 1883
[99] Kanjilal, D.K.: »Fliegende Apparate in altindischen Sanskrit-Texten«, in: Dopatka, Ulrich (Hrsg.): »Neue Beweise der Prä-Astronautik«. Rastatt 1979
[100] Burckhardt, Georg: »Gilgamesch. Eine Erzählung aus dem alten Orient«. Frankfurt/Main 1958
[101] Grünwedel, Albert: »Mythologie des Buddhismus in Tibet und in der Mongolei«. Leipzig 1900

[102] Fiebag, Peter: »Geheimnisse der Naturvölker. Götterzeichen, Totenkulte, Sternenmythen«. München 1999
[103] Knörr, Alexander: »Astronauten im alten Tibet?«, in: *Sagenhafte Zeiten*, Nr. 5/2003
[104] Roerich, Nikolai: »Urata v Boudouschie«. Riga 1936
[105] Pauwels, Louis und Bergier, Jacques: »Aufbruch ins Dritte Jahrtausend«. Bern und München 1962
[106] Roerich, Nikolai: »Altai-Himalaya. A Travel Diary«. New York 1929
[107] Kolosimo, Peter: »Woher wir kommen«. Wiesbaden 1972
[108] o.V.: »US-Astronomen entdecken zehnten Planeten unseres Sonnensystems«, in: *Passauer Neue Presse* vom 28. Oktober 2005
[109] Spießberger, Karl: »Der Tschöd-Lama aus Graz und seine Initiation im ›Kloster zum Schwarzen Khan‹«, in: *Esotera*, Nr. 1–3/1971
[110] Eliade, Mircea: »Schamanismus und archaische Ekstasetechnik«. Zürich 1975
[111] Guariglia, Guglielmo: »Prophetismus und Heilserwartungsbewegung als völkerkundliches und religionsgeschichtliches Problem«, in: »Wiener Beiträge zur Kulturgeschichte und Linguistik«. Wien 1959
[112] Steinbauer, Friedrich: »Die Cargo-Kulte als religionsgeschichtliches Problem«. Erlangen 1971
[113] Däniken, Erich von: »Auf den Spuren der All-Mächtigen«. Gütersloh 1993
[114] Däniken, Erich von: »Habe ich mich geirrt?«. München 1985
[115] Däniken, Erich von: »Der Götter-Schock«. München 1992
[116] Däniken, Erich von: »Reise nach Kiribati«. Düsseldorf 1981
[117] Dünnenberger, Willi: »Außerirdische Leichen in Chile gefunden? Neue Recherchen zu einer alten Pressemeldung«, in: *Ancient Skies*, Nr. 2/1993
[118] Hausdorf, Hartwig: »Experiment: Erde«. München 2001
[119] Mack, John E.: »Entführt von Außerirdischen«. München 1995
[120] Hopkins, Budd: »Missing Time. A documented Study of UFO Abductions«. New York 1981
[121] Hausdorf, Hartwig: »UFOs. Sie fliegen noch immer«. München 2010
[122] Persönliches Gespräch des Autors mit den Zeuginnen vom Oktober 1994
[123] Matsumura, Y. J.: »Flying Saucers over Ancient Nippon«, in: *Brothers*, Vol. 3, Nr. 1, Yokohama 1962
[124] Kramer, S. N.: »Mythologies of the Ancient World«. New York o.J.
[125] Hammitzsch, H. und Brüll, L.: »Japan«. Wiesbaden 1981
[126] Numazawa/Kiichi/Franz: »Die Weltanfänge in der japanischen Mythologie«. Freiburg/Br. 1946
[127] Aston, W. G.: »Nihongi or Chronicles of Japan«. London o.J.
[128] Florenz, Karl: »Japanische Mythologie«. Tokyo 1901

129 Munro, N.G.: »Ainu Creed and Culture«. New York 1963
130 Etter, C.: »The Ainu Folklore«. New York 1949
131 o.V.: »Jomon-Kultur – älter als Sumer?«, in: *Sagenhafte Zeiten*, Nr. 3/2012
132 Matsumura, Y. J.: »Those Straw Rope Pattern Flying Suits«, in: *Brothers*, Vol. 2, Nr. 1–4, Yokohama 1962
133 Schneider, Adolf: »Besucher aus dem All. Das Geheimnis der unbekannten Flugobjekte«. Freiburg/Br. 1974
134 »Die Bibel oder die ganze Heilige Schrift des Alten und Neuen Testaments« (nach der deutschen Übersetzung Martin Luthers). Württembergische Bibelanstalt Stuttgart 1968
135 o.V.: »Megalithe in Japan«, in: *Sagenhafte Zeiten*, Nr. 2/2009
136 Däniken, Erich von: »Die Steinzeit war ganz anders«. München 1991
137 Schoch, Robert M. und McNally, Robert A.: »Die Weltreisen der Pyramidenbauer«. Frankfurt/Main 2002
138 o.V.: »Unterwassermauern vor Taiwan«, auf: www.chinapost.com vom 2. Dezember 2002, zitiert in: *Sagenhafte Zeiten*, Nr. 1/2003
139 Roy, Chandra P.: »The Mahabharata«. Calcutta 1888
140 Hausdorf, Hartwig: »Das Jahrhundert der Rätsel und Phänomene«. München 2011
141 Strieber, Whitley: »Die Besucher«. Wien und München 1988
142 Good, Timothy: »Jenseits von Top Secret«. Frankfurt/Main 1991
143 Ludwiger, Illobrand von: »UFOs – Die unerwünschte Wahrheit«. Rottenburg 2009
144 Shi Bo: »UFO-Begegnungen in China«. Berlin 1977
145 Hausdorf, Hartwig: »Geheime Geschichte III – Wer manipuliert den Lauf unserer Geschichte?«. Marktoberdorf 2005
146 Dong, Paul und Stevens, Wendell: »UFOs over modern China«. Tucson/Arizona 1983
147 Spencer, John: »Geheimnisvolle Welt der UFOs«. Wien 1992
148 Berichte in der Tageszeitung *People's Daily* (China) vom 28. Juli und 9. August 1995
149 Good, Timothy: »Beyond Top Secret. The Worldwide UFO Security Threat«. London 1996
150 Rosenthal, Elisabeth: »In UFOs, Beijing finds an otherworldly Interest it can live with«, in: *New York Times Service* und *International Herald Tribune* vom 12. Januar 2000
151 Bourdain, G.: »The Death and Rebirth of Official French UFO Studies«, in: IUR, Vol. 31, Nr. 2/2007
152 Woolley, Charles L.: »Ur in Chaldäa«. Wiesbaden 1956
153 Fiebag, Johannes: »Die Anderen«. München 1993

154 Pritchard, D. E.: »Physical Analysis of purported Alien Artifacts«, in: Laibow, R. L., Sollad, B. N. und Wilson, J. P. (Hrsg.): »Experienced Anomalous Trauma: Physical, Psychological and Cultural Dimension«. New York 1992
155 Hopkins, Budd: »Intruders«. New York 1987
156 Jacobs, David: »Secret Life. Firsthand Accounts of UFO Abductions«. New York 1992
157 Archiv Josef Schedel/vfgp: Humanoidensichtungen 2005
158 Archiv Josef Schedel/vfgp: Humanoidensichtungen 2007
159 Strieber, Whitley: »Transformation«. New York 1988
160 Magin, Ulrich: »Von UFOs entführt. Unheimliche Begegnungen der vierten Art«. München 1991
161 Hopkins, Budd: »Fehlende Zeit«. Rottenburg 1993
162 Hausdorf, Hartwig: »Götterbotschaft in den Genen. Wie wir wurden, wer wir sind«. München 2012
163 Interview des Gynäkologen Dr. Vladimir Delavre mit der Psychologin Dr. Rima Laibow auf der MUFON-CES-Tagung 1991, in: *Transkommunikation – Zeitschrift für Psychobiotik*, Nr. 1/4, Frankfurt/Main 1992
164 o.V.: »In memoriam Dr. John E. Mack«, in: *Sagenhafte Zeiten*, Nr. 6/2004
165 Bonwetsch, N.G.: »Die Bücher der Geheimnisse Henochs. Das sogenannte slawische Henochbuch«. Leipzig 1922
166 Berdyczewski, M. J. (Bin Gurion): »Die Sagen der Juden von der Urzeit«. Frankfurt/Main 1913
167 Däniken, Cornelia von: »Embryo-Transfers im alten Indien«, in: *Ancient Skies*, Nr. 3/1991
168 Evans, Hilary: »Beweise: UFOs«. München 1988
169 Fiebag, Johannes: »Sternentore. Sie sind hier«. München 1996
170 Krassa, Peter: »Gott kam von den Sternen«. Freiburg/Br. 1974
171 Däniken, Erich von: »Der Tag an dem die Götter kamen. 11. August 3114 v. Chr.«. München 1984
172 Cordan, Wolfgang: »Das Buch des Rates. Schöpfungsmythos und Wanderung der Quiche-Maya«. Düsseldorf und Köln 1962
173 Kramer, S. N.: »History begins at Sumer«. London 1959
174 o.V.: »Progerie«, auf: Wikipedia, die freie Enzyklopädie, http://www.wikipedia.de
175 Brown, W. T. et al.: »Progeria, a Model Disease for the Study of accelerating Ageing«, in: *Molecular Biology of Ageing*, 1985
176 Stringfield, L. H.: »Retrievals of the Third Kind«, in: *MUFON Symposium Proceedings*, Colorado 1978
177 o.V.: »Hutchinson-Gilford-Syndrome«. Veröffentlichung der »National Organization for Rare Disorders«. o.A.

[178] Hausdorf, Hartwig: »Führt ein seltener Gen-Defekt zur Lösung des Rätsels?«, in: *Sagenhafte Zeiten*, Nr. 1/2013
[179] o.V.: »Gibt es doch noch mehr Leben im All?«, in: *Passauer Neue Presse* vom 7. Dezember 2011
[180] Greer, Steven (Übers.: Barneveld, Marleen van): »Vatikan-Experte: Außerirdische existieren!«, in: *UFO-Nachrichten*, Nr. 377, Mai/Juni 2006
[181] Deardorff, James und Fiebag, Johannes: »SETI und die Leaky-Embargo-Hypothese«, in: Däniken, Erich von (Hrsg.): »Neue kosmische Spuren«. München 1992
[182] Fiebag, Johannes: »Die Mimikry-Hypothese«, in: Däniken, Erich von (Hrsg.): »Neue kosmische Spuren«. München 1992
[183] o.V.: »RAAF Captures Flying Saucer on Ranch in Roswell Region«, in: *Roswell Daily Record* vom 8. Juli 1947
[184] Hynek, J. Allen: »UFO-Report. Ein Forschungsbericht«. München 1978
[185] Hynek, J. Allen: »UFO-Begegnungen der ersten, zweiten und dritten Art«. München 1979
[186] Hausdorf, Hartwig: »UFO-Begegnungen der tödlichen Art«. München 1998
[187] Hausdorf, Hartwig: »Unheimliche Begegnungen der 5. Art«. Marktoberdorf 2002

Register

Abductions 206, 242
Acari, Bergland von 229
Agrest, Matest M. 44
Ainus 150, 156 ff., 162
Akzeleration 57
Altai-Gebirge 120, 129, 183, 242
Amaterasu 151 ff., 245
Anhui (Provinz) 84
Apollo-Missionen 83
APRO (Aerial Phenomena Research Organization) 188
Arnold, Kenneth 181
Atacama-Wüste 142, 242
Autonome Regionen 242
AWACS 102

Bacon, Sir Francis 11, 12
Baian Kara Ula 16, 21, 36 ff., 45 ff., 50 ff., 58 ff.
Banpo-Museum 50 ff.
»Beamen« 32
Beijing 19, 20, 30, 32, 33, 40, 65 f., 85, 95, 111, 149, 197, 199
Bergier, Jacques 67, 121
Blavatsky, Helena P. 90
Brückenechse 93
Bürgin, Luc 85, 257
Bunsen, Robert Wilhelm 18
Buttlar, Johannes von 45, 257

Cargo-Kulte 133, 158, 243
Chang Heng 28
Chang-kuei-feng 101
Chi Chong 66

Chi-Handschrift 20
China Daily 61
Chinesische Schrift 20, 243
Chi Pu-Tei 36 ff., 61
Chi Yuan 99
Choch-Nuur 122
Chrom 18, 48
Chromosomen 55
CIA 198
City Weekend Magazine 60
Ciyou Di 96
CSICOP 12
Cuvier, Georges 91

Däniken, Erich von 44, 74, 142, 161, 249, ,257
Dalai-Lama 107 ff., 246
Darwin, Charles R. 90, 186
David-Néel, Alexandra 112, 113, 133
Davis, Kathie 216 ff.
DDR 38, 124
Deardorff, James 239
Deckerinnerungen 212, 252
Dendl, Jörg 43, 58
Derge 113, 114
Dezimalsystem 27
Dinosaurier 89 f., 244
DNS 55
DNS-Replikation 236
Dogu-Figuren 159 ff., 163
Dong, Paul 188
Donnervogel 25
Dorf der Zwerge 54 ff., 62

267

Dorje 119, 126
Drachen 20, 88 f., 92 ff., 97 ff., 106, 151, 204, 226, 240 f.
Drachenpalast 101, 102
Drachenstich 89
Drachenwagen 99
Drachenwege 103 ff.
Dropa 42, 45, 57
Dünnenberger, Willi 142
Dynastien 245

Einstein, Albert 97, 154, 155
Ejina Qi 63
Eliade, Mircea 133
Embryonendiebstahl 215, 223
Embryo-Transfer 222, 223, 247
Evolutionstheorie 90, 245

Feilong 94
Felgenhauer, Norbert
Feng-Shui 103 ff.
Fiebag, Johannes 142, 240
Flying Tigers 71, 83
FOIA (Freedom of Information Act) 198
Foo Fighter 185
Fort, Charles H. 226
Fossilien 90 f., 245
Fujian (Provinz) 194
Fuxian-See 101, 102

Galdhan (Kloster) 124
Ganescha 134, 135
Gansu (Provinz) 20, 63, 192
Gaussman, James 69, 70, 73, 82
Gaxun Nuur 63
Gen-Auffrischung 236
Genpools 237
Gilgamesch-Epos 116
Glen Rose 90

Gobi, Wüste 62 f., 65 f., 172, 190 f.
Göbekli Tepe 41
Gottesanbeterin 209, 211
Graue, kleine (Little Greys) 206, 207, 216 f., 223, 234, 235
Guangdong (Provinz) 22
Guangxi (Provinz) 22, 183, 242
Guan Zhong 94
Guizhou (Provinz) 183, 196
Gyalwa Karmapa 111, 246
Gyalwa Rinpoche 107 ff., 246
Gyelrap 115

Han-Dynastie 18, 27, 79, 81, 104
Han Yangling 78
Harappa 171
Harinaigamesin 222
Heian-Zeit 173
Heilongjiang (Provinz) 19, 195
Henan (Provinz) 20
Henoch 221
Hesekiel 163, 221, 246
Hezhe 19
Himalaya 34, 107, 122
Hiroshima 169 ff., 248
History Channel 77
Hiyeda-no-are 151
Hokkaido 150, 157, 162
Holografie 124, 247
Homo diluvii testis 91
Homo florensis 37
Homo sapiens 60, 89, 231, 245
Hongkong 104
Honshu 162, 176
Hopkins, Budd 211, 216 f., 219 f., 232, 235
Huang Di (»Gelber Kaiser«) 49, 96 f., 200
Huangshan 84 f., 87
Huilong 56

Hutchinson-Gilford-Syndrom 233 ff.
Hyaden 155
Hybriden 233, 247
Hybridkinder 216 f., 233, 255
Hynek, J. Allen 253, 255
Hypnose, regressive 146, 204, 213, 215, 217, 231

Implantate 205
Inkarnation 107, 111
Ise 67, 152
ISS (Internat. Raumstation) 154

Jacobs, David 219 f.
Jaina-Religion 222, 223, 247
Jakuten 24
Jangtsekiang 38, 113
Jianxi (Provinz) 84
Jimmu Tenno 154, 163
Jin-Dynastie 85
Jomon-Zeit 159 ff.
Jukagiren 24
Jungsteinzeit 22, 150
Jura (Insel) 92, 93

Kaiserliches Ritualamt 200
Kami-kaze 148, 149
Kanjur 113
Kappas 134, 173 f.
Kasanzew, Alexander 44, 161
Kham 42
Khara-Khota (Char Choto) 63 ff.
Kimura, Masaaki 165, 168
Klein, Donald F. 210 f.
Knörr, Alexander 118, 257
Kobalt 48
Kojiki 151, 152
Kolosimo, Peter 124
Komodo-Waran 93
Kompass 27

Koslov, Pjotr K. 63
Krassa, Peter 51, 74, 77, 81, 257
Kryptozoologie 93, 248
Kublai-Khan 148, 149
Kuby, Clemens 111
Kulturrevolution 46 f.
Kun-Lun-Gebirge 36, 99
Kut 158
Kyushu 149, 150, 152, 181

Laibow, Rima 221
Langelaan, George 93
Leaky-Embargo-Hypothese
LePaige, Gustavo 142 ff.
Levitation 26
Lewis, Clive Staples 241 L
Ley-Lines 105, 106
Lhamo Latso 109
Lhasa 109, 110
Lichtgeschwindigkeit 31, 197, 154, 156
Liu An 26
»Living Buddha« 111
Lung-gom-pa 27, 112
Lung-mei 103, 104

Mack, John 219 f., 227, 237, 252
Mahabharata 170, 171, 221, 248, 252
Mahavira 222, 223, 247
Mantis religiosa 211
Mao Ling 79, 81 f.
Mao Zedong 29, 46, 49, 186, 187
Marduk 88
Materialisation 29, 117
ME 262 185
Michel, Aimé 105
Mimikry-Hypothese 240
Minamata 55
Ming-Dynastie 118

Missing-Time-Syndrom 145, 208
Mohenjo Daro 171

Nagasaki 169, 248
Nara 164
NASA 161, 162
Nationale Minderheiten 19
Nehru, Pandit 108
Nihongi 151, 152, 154
Ninigi-No-Mikoto 153, 154, 163
No-Cha 101
NSA 198
Nyatri Tsenpo 115, 116

Okiki-Rumi-Kammi 156
Okinawa 165, 168
Oppenheimer, J. Robert 170, 172
Orthotenie 106

Padmasambhava 116, 117
Paläolithikum 41
Paläo-SETI-Forschung 34, 143, 248
Paläo-SETI-Hypothese 9
Paluxy River 90
Panden Lhamo 109
Parapsychologie 34, 249
Pauwels, Louis 67, 121
Photonen 31
Plejaden 137, 141, 155
Political Correctness 14, 236
Popol Vuh 141, 229, 230
Potala-Palast 109, 110
Präsentationsszenario 216
Progerie 233 ff.
PSI 29, 34, 249
Psychokinese 30, 249
Pygmäen 37, 57
Pyramiden 22, 49, 69 ff., 76 ff., 80 f., 118, 168

Qin Chuan, Ebene von 75, 81
Qinghai (Provinz) 16, 21, 36 ff., 56 ff., 87, 107, 122
Qinghua-Universität 85
Qin-Ling-Shan 69, 71, 72, 82, 84
Qin Shi Huangdi (Kaiser) 49 f., 68, 77, 80, 96
Quastenflosser 93
Quecksilber 55, 80
Queensland 59, 208
Quiche-Maya 229, 250

Rajmahalberge 172
Ramayana 170
Red Deer Cave People 62
Reinkarnation 111, 247, 250
Renmin Ribao 187
Resch, Alois 127 ff.
Roerich, Nikolai K. 120 ff., 183
Roswell 250, 251
Rote Garden 46
Rückführung, hypnotische 250, 251, 255
Rüsselwesen 134, 135, 174

Saizew, Wjatscheslaw 44
Sandverglasungen 171
San Pedro de Atacama 142
Sanskrit 170, 247, 252
Scheuchzer, Johann J. 91
Schiwa 134
Schoch, Robert M. 166, 257
Schöpfungsmythen 96, 229 f., 252
Screen Memories →
    Deckerinnerungen
Seismometer 28
Shaanxi (Provinz) 22, 49, 72, 75
Shambhala 121, 122
Shanghai 25, 31 ff., 101, 118, 119, 189
Shanxi (Provinz) 22

Shao Hao 96
Sheahan, Maurice 71 ff., 82 f.
»Shenzhou 4« 100
Shi Bo 188
Shinto 152
Shuowen Jiezi 94
Sichuan (Provinz) 38, 54, 56
Sima Qian 80
Sogo Nuur 63
Song-Dynastie 28
Spencer, John 135 ff., 140, 145, 146, 208
»Sternen-Meer« 38
Strieber, Whitley 210 f., 214, 218, 219, 227, 231
Syuan-Yuan-Stern 97

Takla-Makan 99, 120
Tal der Pyramiden 75 f.
Tango-Fudoki 141, 154
Tanjur 113
Taosi 22, 23
Telekinese 30
Teleportation 29 ff.
Terrakotta-Armee 50, 96
Tertiär 90, 91
Thai 23
Thai-Eulen 23
Thule-Gesellschaft 121
Tiamat 88
Tianlong 94
Tomas, Andrew 119
Toneri, Prinz 151
Toson-See 87
Traumata 212, 221, 253
TREAT 221
Trisala 222, 223
Tschöd 131 ff., 135
Tsuboi, Shigoro 160, 161
Tsum Um-Nui 40 ff.

Tuerin, Kloster von 135 ff., 146, 208
Tumo (Gtummo) 34, 35
Tungusen 24

UFO-Absturz 56 f., 63
UFOs 11, 12, 15, 43, 53, 99, 102, 108, 109, 122, 123, 145 ff 148, 175, 176 ff., 180 f., 186 ff., 192 ff., 199 ff., 205 f., 213, 225, 238 f., 252 ff.
Unheimliche Begegnungen der 1. Art 253, 254
Unheimliche Begegnungen der 2. Art 254
Unheimliche Begegnungen der 3. Art 254, 255
Unheimliche Begegnungen der 4. Art 145, 202, 204, 205 ff., 217, 245, 255
Unheimliche Begegnungen der 5. Art 255, 256
Urgyen Thinley Dorje 111
Urkaiser 23, 49, 81, 96 ff., 199, 200, 226

Vatikan 238
Vauquelin, Nicolas 18
Viererbande 47
Vimanas 102

Wang, Shiping 66, 79
Wang, Zhijun 52
»WB 444« (Königsliste) 200
Wechselbalg 223
Wegerer, Ernst 50 ff.
Weisse Pyramide 70, 81 ff.
Wudi (Kaiser) 79

Xia-Dynastie 98
Xian 17, 18, 50, 52, 68, 69 ff., 74 ff., 79 ff., 83, 96

Xianong Di 96
Xian Wanbao 83
Xianyang 75, 76, 79
Xi Gong 98
Xin'an (Fluss) 84 f.
Xinhua 22
Xinjiang (Autonome Region) 63, 192, 242
Xizang (Autonome Region; Tibet) 38, 107, 242

Yamantaka 118
Yan Di 96
Yehi (tibet. König) 115
Yinglong 94

Yonaguni 16, 165 ff.
Yoritsume, General 176
Yucatan 75
Yü (Kaiser) 98, 141
Yünnan (Provinz) 23, 62, 102

Zeitdilatation 97, 154, 155
»Zeitschrift für UFO-Forschung« 188, 196
Zhangpo-Bezirk 194
Zhejiang (Provinz) 84, 201
Zhou-Dynastie 21, 29
Zhou Enlai 114
Zhuang 19